税收结构优化与税收效率提升的探析

李嘉明 著

科学出版社
北京

内 容 简 介

本书在基础理论分析的基础上，运用文献归纳法，采取实地调研、数理统计分析、数据包络分析等方法，梳理各种（包括国内与国外、国内不同区域间、“国税”与“地税”之间、税种之间）税收征管效率的现状及存在的主要问题，尤其对“国税”与“地税”的征管效率进行重点描述和分析；利用结构方程模型或因子分析法分析“国税”与“地税”征管效率问题产生的原因，并据此进行影响因素分析；创新征管效率的评价指标体系，对“国税”与“地税”的征管效率进行有效区分，克服目前仅从定量角度测算征管效率而缺乏定性描述的弊端；构建以优化我国税收结构和提高国家整体征管效率水平为核心的宏观理论模型，并运用实例加以验证；提出提高征管效率、优化税收结构和完善分税制的思路。

本书适合各高校经管类学子、对税收结构及税收效率方面感兴趣的书友阅读。

图书在版编目（CIP）数据

税收结构优化与税收效率提升的探析 / 李嘉明著. —北京：科学出版社，2020.3

ISBN 978-7-03-058526-4

Ⅰ. ①税… Ⅱ. ①李… Ⅲ. ①税收管理－研究－中国 Ⅳ. ①F812.423

中国版本图书馆 CIP 数据核字（2018）第 186591 号

责任编辑：马　跃 / 责任校对：王丹妮

责任印制：张　伟 / 封面设计：正典设计

科学出版社出版

北京东黄城根北街 16 号

邮政编码：100717

http://www.sciencep.com

北京虎彩文化传播有限公司印刷

科学出版社发行　各地新华书店经销

*

2020 年 3 月第　一　版　开本：720×1000　B5

2020 年 3 月第一次印刷　印张：14 1/4

字数：288 000

定价：128.00 元

（如有印装质量问题，我社负责调换）

目　　录

第一章 绪　论

第一节　中国税收发展历程及现状

一、税收发展历程

20 世纪 80 年代末 90 年代初，中国中央财政陷入严重危机，财政收入占 GDP（gross domestic product，国内生产总值）比重和中央财政收入占整个财政收入比重的迅速下降，导致了中央政府的“弱财政”状态。薄弱的中央财政使得许多需要国家财政投入的国防、基础研究等的建设资金严重匮乏。为了改变这种“弱财政”状态，中国拉开了具有深远意义的分税制改革序幕。

在 20 世纪 80 年代后，中国经济出现持续性的快速增长。1980~1990 年，GDP 平均增长率为 9.5%，但是高速增长的经济并没有促进国家财力的同步增长。政府财政收入占 GDP 的比重由 1978 年的 31%下降到 1992 年的 14%，不断下降的中央财力削弱了中央政府对经济的宏观调控能力。

经济的快速增长与财政收入占 GDP 比重的反向变化使中央政府陷入“弱财政”状态，财政部原部长项怀诚认为造成这种局面的主要原因是税收体制问题。他说：“在分税制改革之前，我国的财政体制始终处于多变、不稳定的状态之中。在 1993 年之前，在 40 年里，变动了不下 15 次，最短的一次财政体制只维持了一年。”①一个市场经济国家的财税体制应该是稳定、规范，并且符合市场经济原则的、公平及透明的分配体制。而我们国家频繁的、轮番变换的财税体制，造成了地方和中央在财政收支上问题重重。

1990 年，《中共中央关于制定国民经济和社会发展十年规划和“八五”计划的建议》提出，“八五”期间，继续稳定和完善包干体制，同时进行分税制的试点。1992 年党的十四大报告提出“深化分配制度和社会保障制度的改革。统筹兼顾国

① 赵忆宁. 分税制决策背景回放——方案初定体制创新的艰难跋涉[J]. 瞭望，2003，（37）：20-21.

家、集体、个人三者利益，理顺国家与企业、中央与地方的分配关系，逐步实行利税分流和分税制”①。同年中央在天津等 9 个地区进行分税制试点。江泽民在十四届三中全会上的讲话中提出“实行分税制，合理划分中央和地方的事权，合理确定中央和地方的收支比例”②。分税制改革被正式写进《中共中央关于建立社会主义市场经济体制若干问题的决定》。1994 年，分税制改革全面启动。此次改革重整了税收结构，取消了一些不合理的税种，代之以较为符合市场化改革的税种；重新划分中央税、地方税和中央地方共享税。同时，为保护各省（自治区、直辖市）的既得利益，建立了税收返还制度。

为了配合此次分税制改革，1994 年 7 月 1 日，税务局分为国家税务局和地方税务局，并对税收收入和税收征管权限进行了划分。

国家税务局与地方税务局是两个相对独立的行政执法主体，有各自的工作职责和征管范围，但它们执行统一的税收法律和法规。国家税务局所征管的税称为国税或者中央税，是中央政府收入的固定来源，归中央所有。地方税务局征管的税称为地税，与中央税对应，归属于地方固定财政收入。

二、我国税收现状

（一）税收收入总额现状

1994 年以来，我国税收收入一直保持稳定较快的增长趋势，税收规模迅速扩大。“十一五”期间，全国累计税收收入突破28万亿，是“十五”期间总收入的2.6倍，税收增收额年均 9 305 亿元，比“十五”的增收额年均高出 5 665 亿元。

近年来，我国税收整体收入在轻松迈过“万亿元”台阶中实现稳步增长。国家税务总局统计数据显示：2001 年，全国税收收入在不包括关税和农业税的情况下共完成 15 166 亿元，税收总收入突破 15 000 亿元，国税收入首次突破万亿元大关；2003 年突破 2 万亿元，为 20 466 亿元；2005 年突破 3 万亿元，为 30 867 亿元；2007 年税收收入突破 4 万亿元、接近 5 万亿元，为 49 452 亿元；2009 年突破 6 万亿元，为 63 104 亿元；2010 年税收收入突破 7 万亿元，为 77 394 亿元；2011 年突破 9 万亿元，为 95 730 亿元；2012 年全国税收收入突破 10 万亿元，达 110 764 亿元；2013 年全国税收收入达 119 960 亿元。图 1.1 截自国家统计局网站，形象地反映了我国税收收入情况。

---

① 江泽民. 加快改革开放和现代化建设步伐，夺取有中国特色社会主义事业的更大胜利——江泽民在中国共产党第十四次全国代表大会上的报告[EB/OL]. http://www.china.com.cn/guoqing/2012-09/12/content_26748045.htm，2012-09-12.

② 柯华庆. 财税分级制原则的体系建构[J]. 理论视野，2014，（12）：34-37.

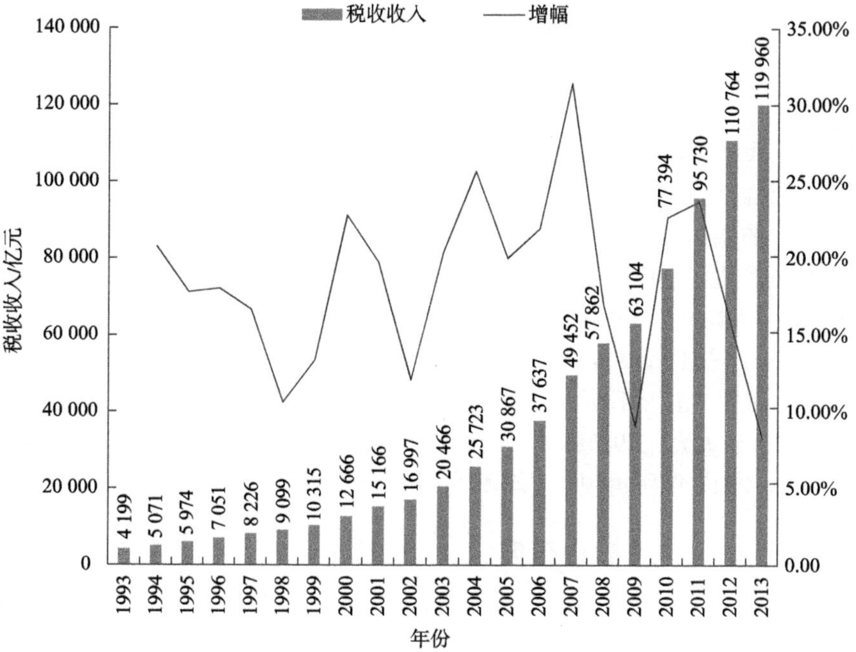

图 1.1　1993~2013 年我国税收收入情况

资料来源：国家统计局网站

税收的大幅度增长主要源于我国快速发展的国民经济，同时也得益于我国税务机关对税收征管体制和机制的完善，以及科学管理方法在征管过程中的运用。

（二）宏观税负情况

宏观税负是指一个国家的税负总水平，通常以一定时期（一般为 1 年）的税收总量占 GNP（gross national product，国民生产总值）或 GDP 或国民收入（national income，NI）的比例来表示。合理的宏观税负水平对保证政府履行职能所需财力、发挥税收的经济杠杆作用具有重大意义。

宏观税负的计算口径有小口径、中口径和大口径之分。小口径宏观税负是税收收入占同期 GDP 的比重；中口径宏观税负是预算内财政收入占同期 GDP 的比重；大口径宏观税负是全部政府收入占同期 GDP 的比重。

国家税务总局称，自 1995 年开始，我国宏观税负持续上升（在 2008 年及 2013 年略有下降），但仍处于较低水平。1995~2013 年的宏观税负水平分别为 9.8%、9.9%、10.4%、10.8%、11.5%、12.8%、13.8%、14.1%、15.1%、16.1%、16.7%、17.4%、18.6%、18.4%、18.5%、19.3%、20.2%、21.3%、21.1%。但有专家采用大口径计算宏观税负，结果显示，在2007年时已经超过30%，2012年达到

35.58%，中国宏观税负水平较高。

（三）税收结构现状

近年来，我国税收结构有所优化。

1994 年税制改革时规范了所得税，我国的所得税体系初步形成，并且成为我国税制结构中的主体税种。从此，我国的税制结构从以流转税为主转变为以流转税和所得税并重的双主体税制结构。

2002 年，货物和劳务税收入占税收总额的比重为 67.55%，2011 年，这一比重为 59.08%，比重下降 8.47 个百分点。与此同时，所得税比重明显提高。2002 年，所得税占税收总额的比重为21.97%，此后几年，这一比重逐年提高：2004 年为 22.03%，2005 年为 23.96%，2006 年为 24.65%，2007 年为 25.29%，2008 年为 26.76%，2009~2012 年所得税占总体税收比重始终保持在 24%~26%。

（四）我国税收领域存在的问题

从我国的税收现状看，税收发展的总体方向是好的，但是仍存在不少问题。

1. 税收结构不合理

我国税收结构不合理表现在：税制结构仍有待完善的地方；税负在产业之间、行业之间及地区之间存在较大差异。税收政策不统一，不同所有制之间、不同地区之间执行有差别的、有区域性的税收政策，直接导致税负不公。

根据《中国税务年鉴》和《中国统计年鉴》，将统计的数据整理后，得到三大产业的税负变化图和各地区税负变化图，分别见图 1.2 和图 1.3。

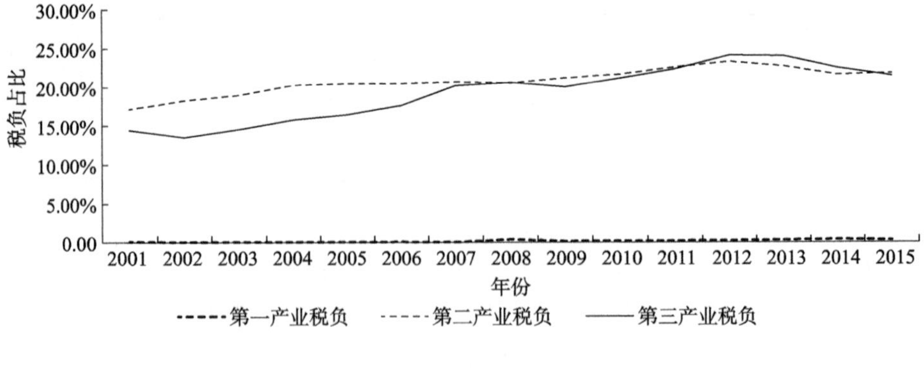

图 1.2　2001~2015 年三大产业税负变化图

资料来源：《中国税务年鉴》（2002~2016 年）

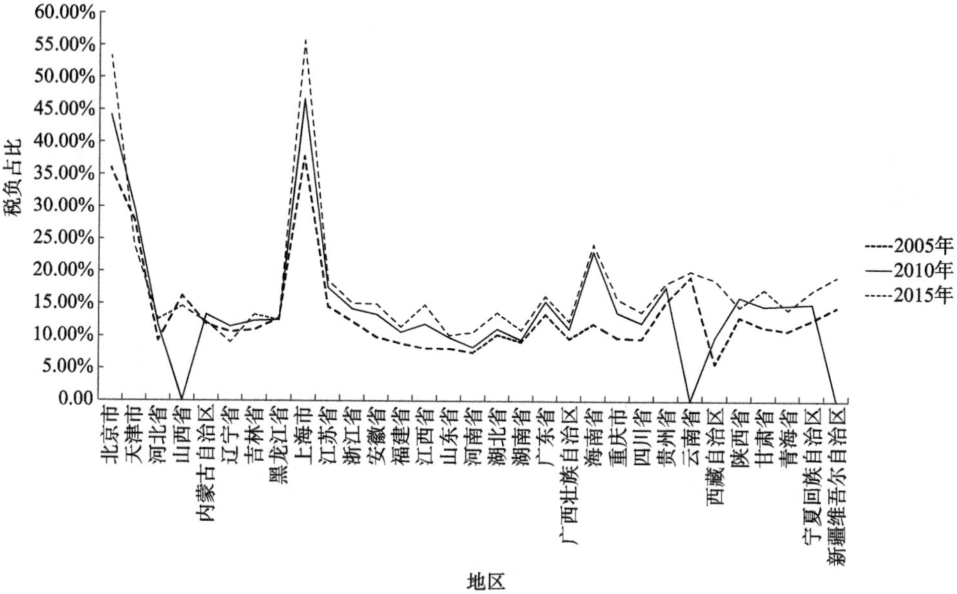

图 1.3　2005~2015 年各地区税负变化图

资料来源：《中国税务年鉴》（2006~2016 年）

图 1.2 显示，三大产业税负变化整体呈上升趋势，在 2008 年均出现峰值。但是，图片结果明显显示，2011 年以前第二产业税负是三大产业中最重的，第三产业次之，最后是第一产业，二、三产业的税负在趋近。为了进行宏观调控，国家通过税收政策对某些产业进行鼓励或者抑制，这是调控的可行办法之一。图 1.2 显示我国二、三产业税负有趋同的趋势，这是税收结构优化的表现。但是，二、三产业税负比第一产业高出许多，这与我国取消农业税有很大关联，但也反映了我国税制安排在一定程度上偏离了税收公平原则。

图 1.3 显示我国各地区的税收负担情况不均衡：北京市、上海市两地的税负比其他地区高出许多。这表明，我国税负具有较大的地区差异，同样违反了税负公平原则。

2. 重复征收现象较为严重

现行税制存在重复征税问题，违反了税收公平、税收中性和合理负担的原则。2008 年施行的《中华人民共和国企业所得税法》和 2009 年增值税转型对减少我国重复征税现象具有重要意义。然而这些措施并没有彻底解决重复征税问题，流转环节重复征税现状仍然存在。

3. 税收效率低下

“国税”与“地税”并行，在解决原有问题的基础上也给税收征管带来了新问题；机构分设，税务人员膨胀；税务人员分散，征管力量不足；税收成本增高；“国税”与“地税”之间“争抢”税源，使得税款流失严重；税收征管系统建设各成体系并不断强化，整合税收征管难度加大；各自为政，整体征管效率低下。

各种经济成分的重新组合、所有制形式的频繁变动、行业间的相互交融，使得企业的经济性质、经营方式具有不稳定性，最终征管范围无法划清，给税收征管带来困难。

（五）我国现有税收政策导向

针对我国税收征管中出现的问题，政府近几年来试点、实施了许多税收新政，力图优化税收结构。其中，影响范围比较广的政策如下。

2009 年将生产型增值税改为消费型增值税：允许企业抵扣新购入设备所含的增值税；取消进口设备免征增值税和外商投资企业采购国产设备增值税退税政策；将小规模纳税人的增值税征收率调至 3%；将矿产品增值税恢复到 17%。

2009 年合并企业所得税，取消原内外资企业采用不同税率的规定，实行 25%的统一税率，同时进一步调整税收优惠，将更多的直接优惠转为间接优惠，区域优惠转向产业优惠。

2012 年营改增在上海部分行业试点，拉开了营业税改增值税的序幕。此次改革，将部分原缴纳营业税的行业改征增值税。在原增值税 17%和 13%两档税率的基础上，新增 11%和 6%两档税率。2016 年 3 月 18 日，国务院常务会议审议通过全面推开营改增试点方案，明确从 5 月 1 日起，将建筑业、房地产业、金融业、生活服务业纳入试点范围，告别营业税时代。营改增在完善增值税抵扣链条的同时，达到结构性减税的目的。

分税制改革后，我国税收收入不断增长，但是税收问题仍然存在，特别是税收结构不合理和税收征管效率低下，国家出台了相关政策力图使其得到改善。为了配合税收改革的大趋势，从理论上给予建议，本书从“国税”系统与“地税”系统角度，针对税收结构优化与税收效率问题进行研究。

第二节　课题的研究价值

优化税收结构，提高税收征管效率是税收理论研究和征管实践的一个重要课题。本书立足于税收结构优化和税收征管效率整体水平的提高，旨在分析、建议我国税制建设与税收政策导向，完善我国现阶段的税制改革，以促进社会经济的健康发展。本书的研究，在理论上和实践上都具有极其重要的意义。

一、理论意义

1. 结合国情，丰富理论研究内容

本书在研究过程中，查阅借鉴国内外许多学者关于税收结构和税收效率研究的研究成果。针对前人研究的盲点，综合考虑我国特有的税收结构和“国税”与“地税”系统分设的现状，运用定性与定量相结合的思维对我国现阶段税收效率进行分析。这在更加符合具体问题具体分析的哲学思想之外，也拓宽了研究视野。

2. 思考角度创新，丰富理论研究思维

本书从有利于资源优化配置角度提高税收征管效率，也是理论研究的一种创新，为以后完善我国税制改革的研究提供了新方法。

本书在综合考虑了税收主体、政策制度、社会层面、环境等方面之后，对税收征管效率评价指标体系进行了完善，克服了原有评价指标体系评价角度单一的不足。

二、实践意义

1. 经济意义

税收征管是一项实践性很强的经济管理活动，在征管过程中不可避免地会发生一定数量的征管费用，造成社会资源的纯耗费。在合理的基础上，以尽可能少的征管成本取得更多的税收收入，即不断地提高税收征管效率，是税收理论和税收实践工作者应该深入研究的课题。本书通过对税收征管效率问题进行研究，找出提高税收征管效率的有效途径，可以避免或减少税收工作人员在征管工作中的部分费用耗费，在提高税收征管投入–产出的同时，降低社会耗费。

本书的研究可以增强税收征管人员的效率意识，摒弃长期以来形成的“无本治税”的观念，提高社会资源的利用效率。

2. 建议、应用意义

本书的研究是在分税制改革和结构性减税政策导向的背景下进行的，对税收结构与税收征管效率的研究在丰富理论研究的同时，也为我国现阶段税制改革的改革措施提供了理论依据和政策建议。

建立并完善已有的税收征管效率评价指标体系，可以在将更多的因素纳入考虑范围之后，对我国税收征管效率做出更为科学、合理的评价。科学、合理的税收评价可以让相关人员更为公正、客观地看待我国税收现状，摆正自己的位置。

通过本书的研究结论可以探索出有关税收结构优化和提高税收征管效率的有

效途径。将本书的研究成果运用到税收征管的实践当中，改善已有的征管模式，有助于税收征管工作更为有效地开展。

第三节　本书的内容框架

本书研究的目标主要包括以下几个方面。

（1）梳理我国税收结构现状，找出现有税收结构中有待优化的地方。随着经济的发展，我国税制结构也处于不断的调整过程中。“国税”系统和“地税”系统并行之后，我国税收结构发生了比较大的变化。要优化税收结构，首先应当对我国税收结构现状有所了解，有针对性地解决问题。

（2）正确认识我国税收征管效率，合理定位我国税收征管效率。分税制改革之前，我国税收征管只有唯一的一个系统，分税制改革之后，税收征管系统由较为独立的“国税”系统与“地税”系统分而管之，各司其职。但是，改革后的征管系统的征管效率与改革前的征管系统相比是否有所提高，并行的两个系统之间各自的征管效率如何，这都是本书研究过程中应了解的，也是本书研究应达到的目标之一。

（3）建立较为合理的税收征管效率评价指标体系。在本书研究之前，无论是国外还是国内，均有不少学者就税收征管评价指标体系进行了研究。但是，国外的研究并没有结合中国的特有国情，所以不能直接运用到我国实际税收工作的评价当中。国内学者在研究此问题时，纳入思考的范围比较窄。因此，立足中国实际国情，着眼更广的范围，完善已有的税收征管效率评价指标体系，并将其运用到实际当中，对我国税收征管效率进行更为客观的评价，是本书要达到的第三个目标。

（4）为优化税收结构，提高税收效率提供合理建议。本书的研究是在分税制改革之后，结构性减税这样的背景下提出的。本书对税收结构和税收征管效率研究的最终目的是探索出优化税收结构，提高税收征管效率的有效途径，为目前结构性减税的政策导向献言献策。

本书的研究由基础理论研究、统计比较分析、实证分析、评价指标体系建设和实例检验、政策建议五大部分构成，分为七个专题，且专题与专题之间还包含若干个具有内在逻辑联系的章节。这七个专题分别如下：①不同税种和“国税”与“地税”系统征管权限、征管效率等基本概念的界定；②税收征管效率的国别、区域、税种之间的现状及存在的问题分析；③分税制改革以来“国税”与“地税”系统和不同税种征管效率的比较分析；④影响税收结构和“国税”与“地税”系统征管效率的原因分析；⑤构建评价征管效率的创新体系；⑥税收征管效率评价实例验证；⑦提高征管效率整体水平的政策建议。

一、基础理论研究

本部分的主要研究内容：比较各国不同的税种和税系划分；对我国“国税”与“地税”两大税系的历史由来、理论应用依据、征管权限、税种、范围、比例等进行界定；区分税收效率的几种不同表现形式，明确征管效率的基本含义，评述征管效率的常用指标和表示方法；等等。

二、统计比较分析

本部分的主要研究内容：运用已有文献的研究成果，归纳整理出国内与国外、国内不同区域间税收征管效率的现状；采用实地调研、数据分析处理方法分析我国税收结构；采取实地调研、数理统计或数据包络分析（data envelopment analysis，DEA）或随机前沿方法（stochastic frontier approach，SFA）等方法，运用常用指标分析比较我国不同地区、直接税与间接税、“国税”与“地税”系统的征管效率水平。

三、实证分析

本部分的主要内容：明确影响征管效率水平的各种潜在因素，用容易量度的外显变量来反映这些潜变量；利用结构方程模型（structural equation modeling，SEM）或因子分析法考察各种潜变量、外显变量之间的关系，进而总结出各种因素对不同地区、直接税与间接税、“国税”与“地税”征管效率水平的影响程度。

四、评价指标体系建设和实例检验

本部分的主要内容：采取定性与定量相结合的方法（如层次分析法），创新征管效率的评价指标体系；从全局出发，以提高税收征管效率整体水平为目的，推导出税收结构优化和征管资源的最优配置要求；运用实例从新的评价指标体系角度加以检验。

五、政策建议

本部分的主要研究内容：归纳总结前几部分的研究成果；对分税制进行理论

评价，探讨完善我国分税制的思路；从不同角度（如税收结构、征纳双方、效率方式）提出提高税收征管效率整体水平的政策建议。

第四节　理论依据

一、税收原则理论

税收原则是指政府征税（包括税制的建立和税收政策的运用）所应遵循的基本准则，是税务行政和税收征管应当遵循的理论标准。

最先系统、明确提出税收原则的是亚当·斯密，他提出了“税收四原则”——税收公平原则、税收确定原则、税收便利原则和税收节省原则。而税收原则集大成者是阿道夫·瓦格纳，他提出了“四项九端”：财政政策原则，包括充分原则和弹性原则；国民经济原则，包括税源的选择原则和税种的选择原则；社会正义原则，包括普遍原则和公平原则；税务行政原则，包括确实原则、便利原则和节省原则。现代西方学者将“公平、效率、稳定经济”作为税收三原则。

根据研究的内容，本节涉及的税收原则有以下几个。

（一）公平原则

税收公平原则要求政府征税（包括税制的建立和税收政策的运用）应确保公平，公平是税收的基本原则。

在先秦时期，中国税收原则思想就已经开始萌芽。先秦时期，掌权者要求对土地划分等级征税。《禹贡》从平均负担原则出发，根据土地的质量、经济或生产发展状况、各地与王城距离远近及交通条件，将田地划分为九等，征收不同的税赋，表现出了公平税负的朴素思想。春秋时期，管仲明确提出“相地而衰征”，要求按照土地的肥沃程度来确定税收负担的轻重。西周、春秋战国、汉、唐四个时期的税负制度均体现出“轻徭薄赋”和“税负公平”。《周礼》中提到“平土地之政”“均齐天下之政”。战国后期，商鞅实行土地改革，废除西周以来的井田制，提出“为田开阡陌封疆而赋税平”。曹操也曾在《收田租令》中指出“有国有家者，不患寡而患不均”。

西方税收公平原则起源于17世纪的英国。英国古典政治经济学家威廉·配第在其所著的《赋税论》和《政治算术》中首次提出了税负公平的原则。其后，德国的攸士第明确表示，赋税课征时必须公平、平等。18世纪，英国古典政治经济学家亚当·斯密在其著作《国民财富的性质和原因的研究》中首次将公平原则提到了理论的高度。19 世纪末，阿道夫·瓦格纳在“四项九端”的社会正义原则中也将公平纳入税收原则当中。现代，税收理论研究者将公平定为税收三原则之一。

随着时间的推移和税收制度的变迁，公平原则一直是税收原则之一。公平原则要求税收负担应当公平地分配于各个纳税人，国家征税要使每个纳税人的税收负担与其经济状况相适当，并使各纳税人之间的税负水平保持平衡。

（二）效率原则

税收效率原则指政府征税（包括税制的建立、税收政策的运用和整个税收管理）都应讲求效率。通常情况下，税收效率包括两层含义：一为行政效率，即征税过程本身的效率，它要求征缴税收过程中成本最小化；二为经济效率，即税收征管应有利于促进经济效率的提高，或者，至少对经济效率的不利影响最小。前者要求尽可能降低税务支出占税收收入的比重，后者强调税收中性，征税不应对市场机制的有效运行产生干扰和扭曲。

中国古代并未明确提出税收效率原则，但在多次改革措施中均有所体现。唐朝中期，杨炎推行两税法，改实物赋税为货币赋税，一改以前的实物赋税，简化了整个税收征管工作。明朝时期，赋、役分开征收，赋役制度混乱，张居正主张在全国推行一条鞭法。一条鞭法将原来众多的赋役项目合并为一条鞭，并入田赋的夏、秋两税中统一征收，简化了税制，提高了税收效率。

西方重商主义后期，威廉·配第在提出税收“公平”的同时，也提出了“便利、节省”。其后的亚当·斯密同样将“税收便利”和“税收节省”作为税收原则，阿道夫·瓦格纳在税务行政原则中提出便利原则、最少征收费原则（节省原则）。英国福利经济学代表庇古在赋税理论中将均等牺牲发展成为最小牺牲说（最大效用说），并认为最小牺牲原则是税收的最高原则。

税收便利和税收节省是税收效率原则的前身。便利原则强调税制的建立应使纳税人缴纳方便，包括纳税的时间、方法、手续的简便易行，因而，该原则节约了税收缴纳成本。最少征收费原则（节省原则）强调征税费用应尽可能少。

（三）适度原则

税收适度原则是指政府征税（包括税制的建立和税收政策的运用）应兼顾需要与可能，做到取之有度。也就是说，税收的征收应该兼顾财政的需要以及经济的承受能力，并使得税收收入既能满足正常的财政支出需要，又能与经济发展保持协调和同步，在此基础之上力求宏观税负从轻。适度原则是从财政角度对税收的量的基本规定。税收的首要职能是满足财政支出的需要。

曹操执政时采用“平赀”法，根据民户贫富程度确定纳税标准，将纳税户分为上下九等，据以征税，富者重税，贫者轻税，依据纳税人的经济能力征缴税款，是适度原则在当时实际工作中的运用。唐朝中期，杨炎在进行税制改革时提出的一个重要原则是“量出以制入”。“量出以制入”是指国家先预算一年所需的经费开支，再据此规定相应的课征收入。杨炎的“量出以制入”开创了国家财政预算思想上的先河。

阿道夫·瓦格纳把财政政策原则放在四端之首，包含了充分原则和弹性原则。其中，充分原则要求税收收入应能满足政府财政支出的需要。因而，政府征税应选择充沛、收入可靠的税源。弹性原则要求税收应具备良好的征收机制，以便在财政支出增加或其他非税收入减少时，税收收入能相应增加。但是科学的财政政策原则不强调收入充裕，而是收入适度，也即税收应遵循适度原则。拉弗曲线表明，税收收入并不总是与税负呈正相关关系，税负高与收入充裕不具有等价关系。税负过高可能导致税源的萎缩，当税负超过某个临界点后，实际税收收入可能下降，同时制约经济的发展。

适度原则从性质上说，是兼顾财政正常需要和经济可能，从量上说，是力求使宏观税负落在或接近拉弗曲线上的最佳点位置。

二、税收作用理论

税种的开征都有着一定的目的，或为了增加财政收入，或为了调控经济……明确税种开征的目的，有利于税收征管工作的顺利进行。

法国古典政治经济学家布阿吉尔贝尔分析了人民贫困与财政贫乏之间的因果关系，指出赋税制度及包税制使得农业贫困化，要求改革旧税制。他认为，法国当时的重税使得农业生产遭到破坏，土地荒废。阿尔文·汉森认为税收是刺激投资的重要手段，其中以所得税的作用最为突出；税收减免对防止经济衰退有重大影响，当政府的预算达到一定数额时，税收将对防止经济萧条有巨大影响。就两位经济学家的观点看，税收对经济发展既有积极作用也有消极方面，关键在于税收的设计是否符合具体的经济情况。

在经济发展的不同阶段，税收的主要作用有所不同。总的说来，税收的作用可以大致分为以下几种。

（1）国家财政收入的主要来源和方式。税收具有强制、无偿和固定三种特性，相比较其他财政收入取得方式更加稳定，而且税收征收范围十分广泛，能够从多方筹集财政收入，集中力量办大事。所以税收是各国政府取得财政收入的主要方式。

（2）调节经济的重要杠杆。市场经济中，市场是资源配置的主要手段。但是，市场具有其不可避免的弊端，如盲目性、自发性等。这些弊端的存在使得市场在资源配置时并不是完全正确的。因此，需要国家适当地通过某种方式干预市场，担当市场导向作用。国家通过税种的设置以及税目、税率、优惠政策等，可以调节社会生产、交换、分配和消费，促进经济的健康发展。

（3）经济监督的重要手段。在理性经济人的假设下，经济主体都有着各自的利益并为了实现自身利益最大化而努力。利益寻求过程使得经济表现出多种多样的形式，同时也可能存在各种不法行为。税收的征管工作对政府监督了解整个经济状况具有重要作用。

三、税制结构与优化税制结构理论

税制结构是指税收制度中各税系、各税种、各税制要素之间相互结合、相互制约而构成的有机整体。它是一个国家税制建设、改革和完善的关键点之一，要从整体上使税制合理必然要求税制结构合理。

阿瑟·拉弗认为，无论是马克思主义经济学，还是凯恩斯主义经济学均是建立在对日益缩小的经济馅饼之上进行再分配，而他则认为应该扩大供给才能扩大经济馅饼。拉弗在此基础之上建立了供给学派，该学派的一个突出理论是减税以刺激生产，并提出以减税为核心的拉弗曲线。

庇古在其税收思想中指出，应当利用税收进行国民收入再分配，促使财富分配趋于平均，而在税务实践中，所得税比商品税更能贯彻最小牺牲原则，所以应当对储蓄和固定财产征税，这有利于国民收入的均等化。同时，庇古赞成利用税收手段达到资源配置的最优化，并提出“边际私人纯产品”和“边际社会纯产品”、“边际私人纯产值”和“边际社会纯产值”用以说明资源配置最有条件或最适度。

汉森在分析了税收结构对消费和储蓄的影响后发现，税收必然影响消费函数和储蓄函数，其影响程度取决于税收的多少和税收结构。他主张建立一个对消费和储蓄影响较小的税制结构。

埃奇沃思提出，当每个人的边际牺牲相等时，社会效用损失最小，这意味着最大边际税率为100%。

税制结构并非一成不变，同一地区或国家在不同的历史时期，或同一时期的不同国家和地区，税制结构存在较大的差异，且各自具有相对的最优税制结构。

最优税制理论研究的是政府在信息不对称的条件下，如何兼顾效率与公平。信息的不对称使得政府在税收博弈过程中处于不利地位，只有通过制度的安排，才能使税收征管接近帕累托最优状态。最优税制理论的基本假设条件之一是政府必须通过一套交易成本较低的、有限的税收工具体系来筹措既定的收入。

优化税制结构是指通过对税制构成要素、改革、完善，最终实现税制优化的一个过程。它研究的是将税制要素按何种目的和形式进行组合以达到最优程度。一般情况下，只有税制结构、税负结构和税收征管构成都达到最优的情况下，才能认为税制是合理的，是优化的。三个条件缺一不可，否则不能论及其优化问题，因而在税制改革时，应通过税负效应来评判和选择税制模式。

拉弗、庇古、汉森和埃奇沃思的税收理论为本书如何优化税收结构以及在税收结构优化过程中应注意的问题提供了依据。

四、交易成本理论、奥卡姆剃刀理论和分工效率理论

经济领域的交易成本理论是在1937年由英国经济学家罗纳德·哈里·科斯在《论企业的性质》中提出的。交易成本理论围绕交易费用最小化问题，将交易作为分析单位并对交易的特征进行分析，然后分析每种交易适宜用怎样的体制组织。科斯将交易成本分为信息搜寻成本、谈判成本、缔约成本、监督履约情况的成本和可能发生的处理违约行为的成本。

14 世纪，逻辑学家奥卡姆的威廉提出了奥卡姆剃刀理论。奥卡姆的威廉认为：如无必要，勿增实体，切勿浪费较多东西去做用较少的东西同样可以做好的事情。奥卡姆剃刀理论倡导“简化”，认为保持事物的简单化是针对复杂与烦琐的最有效方式，并且提出三条建议：精兵简政，不断简化；关注组织的核心价值，始终将组织资源集中于自己的专长；简化流程，避免不必要的文书作业。

亚当·斯密的经济成就之一就是分析了分工效率理论和竞争效率理论。亚当·斯密认为劳动生产率与分工有关，分工使得劳动者在劳动时更加熟练、具有技巧和判断力。杨小凯和黄有光（1999）认为分工导致专业化经济，专业化水平随着每个人的活动范围的缩小而提高。杨格（1996）在对分工效率进行分析时认为纯粹的分工并不一定会带来效率的提高，只有通过协调才能提高分工效率。

交易成本理论、奥卡姆剃刀理论和分工效率理论虽然在某些方面具有一定的局限与不足，但是它们启示我们：在税收征管过程中要达到交易费用最小化，就应该采用合适的组织模式；为了提高税收效率，应该精简某些不必要的组织；而“国税”系统与“地税”系统的划分与并行，只有相互协调才能整体上提高税收效率。

第五节　技术路线与方法

本书的基本思路：首先进行基础理论分析，根据对基础理论的分析提出研究问题，以提高国家税收征管效率整体水平为核心，确立研究目标，建立概念框架。通过统计分析与实证研究，完成宏观构想，最后给出政策建议。技术路线图如图 1.4 所示。

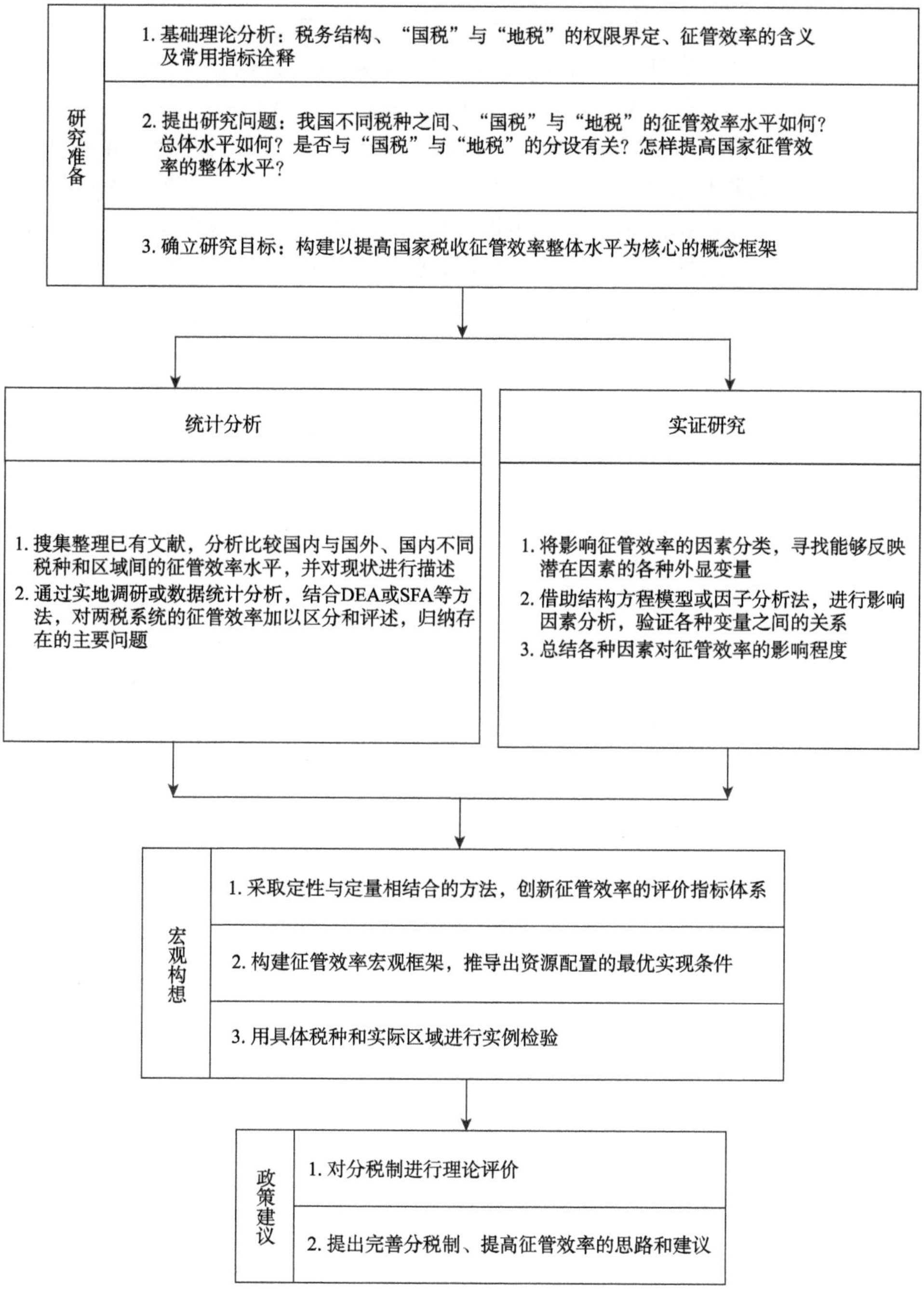

图 1.4　技术路线图

本书的主要研究方法：研究准备阶段以比较分析法和历史分析法为主。统计分析在基础理论研究的基础上展开，搜集关于税收征管效率的已有文献，采取实地调研或个案访谈等方法取得研究的相关数据；取得的数据除了采用常规分析法外，还主要运用 SPSS、EViews 等统计软件工具进行统计描述或 DEA。实证研究主要运用结构方程模型或因素分析法，结合 LISREL 统计软件进行变量指标和影响因素分析。宏观构想部分主要运用定性与定量相结合的思维制定评价指标体系，突破现有研究仅从狭义税收成本即征税成本角度评价征管效率的局限，最后构建出的理论模型用新的指标体系进行实例验证。

第二章　国内外相关研究

第一节　关于税收结构研究的文献及评述

一、国外税收结构研究的文献及评述

（一）对税收结构本身的研究

1. 税收结构理论研究

Atkinson 和 Stiglitz（1976）认为，已有的对间接税最优结构的研究忽略了禀赋的差异，仅仅集中在效率问题上，不具有完整性，所以，他们在调查分析税收所产生的影响的基础上，权衡分析税收政策中的不同项目，并对税制改革中的结构性问题进行了探讨。他们在对某些特殊税收问题（如最优税收率和最优的所得税安排）的最优结构进行考察后，提出了更为宽广的税收框架，且对不同税种之间的相互作用进行了研究，包括：直接税和间接税以及这些税与税收效率目标的关系，税收的纵向公平与横向公平。

Hettich 和 Winer（1988）认为，税制的基本要素（关键要素）是某种模式中理性行为的结果。在这种模式中，政府是否得到最大化的拥护，税收是否遭到反对，均取决于全部收入中的损失。在他们的研究中，政府支出水平被视为政治和经济管理成本的内源性的、整体的影响，税收结构所表现出的是一种相对均衡的体系。他们提出：如果决策的制定是在私有部门和公共部门共同作用下进行的，那么税制可以被解释为自利决策的必然的结果，其表现出的特征受到政治和经济行为的影响。税基、税率结构和特殊规定是所有税制的主要组成要素，在对税收结构进行理性分析时必须对其产生的过程、设计时的影响因素及其在整个税制体系中的重要性进行分析。

Warskett 等（1998）以一定的政治和经济体制作为背景，对税收结构做了重点研究，并就税基、税率结构和特殊规定的不同选择，以及税率和税收收入之间

的关系做了分析。他们发现，税收因素之所以能够组成不同的税收结构，是因为各国（各地区）管理成本和政治经济体制所固有的特征有所不同。税收结构是相关组成部分以较为均衡的方式组合而成的，而不是各组成部分以不恰当的方式组合而成的。

Gemmell 和 Morrissey（2010）发现，低收入国家的正式税收结构往往是比较狭窄的，对个人收入或企业所得的征税范围相当有限。税收结构的演变形式似乎呈现这样一种模式：在低收入国家，贸易税比所得税重要。随着收入的提高，贸易税变得相对不那么重要，而所得税的重要性上升，甚至高于销售税。在发展中国家的税收结构中，间接税占主导地位。间接税与所得税不同，它不能直接对个人征税，而是依靠于所消费的商品和服务。其原因就像 Mintz（2003）所说的：间接税更容易征收，也更容易达到预定的经济目标。

Atkinson（2007）认为，直接税与间接税的选择是税收政策中最老的问题。有学者以“个体具有几个不可观察的特性（如生产力和禀赋）”为前提，对直接税和间接税的最佳结构问题进行了研究，并着重阐述最优商品税。其论证结果显示，即使偏好在劳动和商品之间是可以分离的，且非线性的商品税不具有灵活性，但商品差别课税仍然是税收政策中的有用工具。他们发现，间接税在欧洲各国的税收收入中扮演着重要角色，但是并不是美国税收收入中的主要角色。而且，即使在欧洲，各成员国对间接税的依赖程度也是具有较大差别的。

Gordon（2010）对学者们就不同国家以及一个国家在不同时期所表现出来的不同税收结构的解释进行总结后，得出两种不同的看法：其一，税收结构的不同只是公共物品和私人物品在社会层面的不同表现；其二，税收结构差异是对政治中不同的再分配政策进行反映。

Koenig 和 Wagener（2013）建议政府在制定税收结构政策时应该平衡三个政策性目标：即使国际流动性较强也应该保持稳健的资本基础；获取足够高的税收收入；避免扩大资本收益税和劳动收益税之间的不均衡。

2. 税制改革研究

Atkinson 和 Stiglitz（1976）在研究中指出，当引入收入分配时，税收政策应该进行修改，但是，税收制度的改革必须通过政治和经济的考验，因为税制的改善是对经济、管理和政治等一系列因素的变化的反映。

Gemmell 和 Morrissey（2010）提到，自 1980 年起，在过去 20 多年的时间里，为了提高税收效率以及税收在政府收入中所占的比重，发展中国家进行了广泛的税制改革，包括将贸易税转为国内销售税、所得税合理化等。Gemmell 和 Morrissey 通过整理发现，出口税和商品（特别是穷人消费的商品）税通常是累退税，而一些奢侈品的税收是累进的，如汽车税、酒精税。销售税较之进口税而言，具有轻微的累进性质，或者说是具有较少的累退性。他们建议，实施税制改革不应该恶化穷人的税收结构。

（二）税收结构与政治司法、财政的关系研究

1. 税收结构与政治司法的关系研究

Hettich 和 Winer（1984）提出，具体税收结构是自利政治行为的“自然”产物。在其建立的假设模型中，他们假设：政治代理人对税收结构进行选择的最终目的是最小化政治成本或者减少拥护损失，但是又能在既定的规模下，提高预算。他们对政治成本函数的性质进行假设并具体运用后，对美国各地区在所得税的依赖程度上的差异进行了解释。他们认为，在一个政治司法管辖区域的财政体制中，税收结构包含两个独立含义：它描述了公共收入的组成和模式，如不同税源的划分；它表明了特定税的结构特征，如税基的定义、减免的性质和范围、例外事项以及税率的安排。

Goodspeed（2000）就以下两个问题进行了研究：地方政府所使用的税基是否与中央政府一致；某个地方政府对税率的选择是否会影响另外一个地方政府对税率的选择。理论上，这两个问题的答案通常是肯定的，其原因在于，当多个政府在同一时期归属于同一个财务制度时，具有纵向和横向的外部性。但是，现实中很少有数据能对此加以证明。Goodspeed 对联邦国家地方政府税率选择中纵向和横向外部性的影响程度进行估计后发现，较高的中央所得税率和较低的财产税率导致了较低的地方所得税率。他用数据证明了地方政府在中央政府政策发生变化时会做出相应的反应：中央政府的收入税率每提高 1%，地方收入税的税率会下降 0.17%。因此，联邦政府在分配和协调税收收入时应将这种关系考虑在内。

Goodspeed（2002）站在税收竞争角度指出，一个开放经济中的政府不应该也不会依赖非利税收，如所得税。但是，现实状况却与此相反，许多国家的地方政府都依赖所得税，而且这种依赖随着时间的变化而变化。

Ashworth 和 Heyndels（2001）对如下问题进行了分析：政治家为了赢得选举或达到其他目的，是否能够操纵税收结构战略，如果可以，其程度如何。在研究中，他们引入了衡量一个国家税收结构在各年之间变动情况的指标，并利用部分经济合作与发展组织成员的相关数据对此做了研究。研究发现，国家税收结构存在如下规律：在选举年份，税收结构的变化程度显著低于其他年份；在由四个以上政党组成的国家中，税收结构的变动频率比较小。此外，他们还发现，政治权力的分散显著降低了政府改变税收结构的能力。总而言之，政治因素对税收结构的变动有重大影响。

Borck（2003）就税收竞争多数投票模型中的税制结构的选择进行了研究。他在研究中认为，地区政府可能对流动的资本和非流动的劳动力进行征税，但是由于劳动和资本的禀赋不同，每个个体所负担的税收是有区别的，而资本税的采用具有一定的政治因素。在对称平衡中，如果处于中间位置的资本禀赋小于平均禀赋，即使定额税是可用的，但是对于一个管辖区域而言，使用平衡资本税仍然是有意义的。此外，他发现，征收资本税会产生财政外部性（对资本征税的司法区域忽视了其他司法区域由于资本外流而产生的正的外部性）；即使资本能在两个司法区域之间自由流动，民主选择也会趋向于资本税而非劳动税；如果一个区域足够大，以至于能够影响净资本回报率，资本税收入会在地区之间及地区内部进行重新分配，故而，具有较低资本禀赋的个人更加喜欢资本税。

Aidt 和 Jensen（2009）认为在税收政策中，税收结构的选择能够反映出税基与政府规模之间的依赖情况。他们强调，税收征收成本是影响政府规模和税收结构的重要因素，而且，他们还就政治权力和民主权利如何影响税收结构这个问题进行了调查。调查结果显示，政治权力和民主权利对税收结构的影响并非线性的，但是，在满足一定条件时，政治权力和民主权利更高的国家倾向于通过所得税获得更多的收入。Aidt 和 Jensen（2009）认为，正确认识税收征税成本有助于理解财政政策。

2. 税收结构与财政的关系研究

Brennan 和 Buchanan（1980）在不采用财政幻觉模型的前提下，对税收结构和公共预算进行分析后发现，在收益最大化模式下，政府更喜欢对无弹性商品使用宽税基的税收制度。Breeden 和 Hunter（1985）发现，已有的关于财政幻觉的实证研究主要集中在对税源和收入弹性的复杂性上。他们撇去“信息不对称”的严格假设后，所采用的模型得到的结果与标准财政幻觉模型得到的结果一致，验证了 Brennan 和 Buchanan 在 1980 年关于税收结构的研究。

Breeden 和 Hunter（1985）以 37 个大城市的数据为样本对税收工具的选择与公共预算规模之间的关系进行了研究。他们提出了一个可以替代财政幻觉模型的模型。在该模型中，Breeden 和 Hunter 假定：预算最大化的政府更倾向于使用无弹性税种所组成的宽税基税收制度，而不是无规律地使用许多税种。在这个假定下的实证检验表明，依赖弹性税基的城市倾向于使用较低的资本收益税，与之相反，使用无弹性税基的城市倾向于采用更高的资本收益税。

Misiolek 和 Elder（1988）的研究发现，政府收入以及政府收入的可变性对政府规模会产生影响。他们通过增加变量（用出口税的等级和现存的税收–支出的限制性来衡量的变量）来完善和规范政府规模模型并对税收与政府收支之间的关系进行了研究，结果表明：出口税的增加显著提升了税收和财政支出的水平。

Gentry 和 Ladd（1994）在研究税收对政府决策的影响时发现，在北加利福尼亚和马萨诸塞州的政府税收收入中，所得税占据主导地位。但是，由于两个地方政府在自身内部各种特性（如增长性和稳定性、累进性和稳定性）之间的权衡上有所差异，而且两个政府在经济上的不同，导致了其在最优税收的选择上存在差异。他们同时认为，税收政策要达到的主要目标之一是为政府财政支出提供一个公平、高效和可预测的方式。为了达到预定目标，决策者多采用具有不同公平性、有效性和可预测性的混合税收。他们发现，如果决策者将注意力集中在税收制度的性质上（如增长性、公平性和竞争性），可以帮助他们更加清晰地权衡政策目标。

Goodspeed（2002）用面板数据证明了横向和纵向的财政外部性之间具有相互影响的关系。他的研究结果同时显示：加大欧盟成员国国内的税基差距会降低国家所得税率，但是这也受人口流动性的影响；包括欧盟所得税水平在内的财政扩张可能会在纵向外部性的影响下降低政府对所得税的依赖，但也可能会使不同国家的税基趋于平衡。所以，政府对所得税依赖的增加是通过横向外部性进行的。

（三）税收结构与社会经济的关系研究

1. 税收结构与宏观经济的关系研究

Widmalm（2001）以经济合作与发展组织成员的截面数据为依据对税收结构与经济增长之间的关系进行了分析。通过分析得出结论：采取征收个人所得税的方式来提升税收收入占财政收入的比重会降低经济增长。Widmalm 在系统控制其他可能影响经济增长的关键因素之后，通过敏感性检验发现，这种负相关关系是稳健的。他依靠经验证据指出，如果用长期税收收入弹性进行衡量的话，累进税通常与较低的经济增长有关。在保持其他条件不变的情况下，累进税会对经济增长产生不利影响；征收消费税可以促进经济增长；在剔除日本数据的情况下，资本税的份额与经济增长关系具有稳健性。

Gill 和 Haurin（2001）在"政府支出是产出的一个既定比例"的假设前提下对税收问题进行了研究。他们解释了劳动税税率与企业税税率平衡的平头税是如何成为次优选择的；测算了波罗的海国家的税制改革对经济增长和福利变化的实际影响程度。通过对比改革实际效果和税收实验假设发现：在个人和企业所得税上表现出公平的平头税能够增加波罗的海各国的福利；通过改变一个税率，劳动税税率和资本税税率会更趋向于公平；当税收发生改变时，经济也会受迫由一个稳定的状态调整并达到新的稳定状态。

Gill 和 Haurin（2001）的税收实验结果表明，不论是减少个人所得税还是平衡个人所得税和企业所得税，其增加的效用都比实际改革高；当波罗的海国家的税率既定时，由税收引起的福利变化是不平衡的；如果以年金为收益模式，社会保障税对个人所得税的影响会有所不同；通货膨胀税所包含的内容能够提高复杂劳动税税收。他们建议，一个国家或地区应该更多地依靠资本收益税而非劳动收益税，并以此为方向优化税收。

Ashworth 和 Heyndels（2002）指出：税收结构具有经济根源，经济实际增长情况、通货膨胀和国家对外贸易的开放程度会促使税收结构变动；税基对经济增长（通货膨胀）的反应会影响个别税种的相对重要性，从而提高税收结构的变动频率；受合作伙伴国政策的影响，更加开放的经济或多或少地促进了税收结构的改变。

Ismagilova 和 Orlova（2007）对大量不同征税主体的有效税负进行了模拟分析，描述了在税率变动情况下，通过模拟大量同质的征税主体的税负来模拟税收体系的方法，该方法使得在内外部环境改变下，通过确定税率来满足不同层面的利益成为可能。另外，还构建了在不同征税主体与征税类别下确定最优税率的模型，并且该模型有望促进经济增长及增加税收收入。

2. 税收结构与微观经济的关系研究

Gentry 和 Hubbard（2000）发现累进的个人所得税结构鼓励冒险。Cullen 和 Gordon（2002）就税制对企业活动的潜在影响进行了研究，其研究得到了美国相关数据的经验支持。

Lee 和 Gordon（2005）总结道：过去的研究发现，高的公司税会降低经济增长率，个人所得税税率对经济增长的影响并不显著。为了验证已有结论，他们利用截面数据探讨了税收政策对一个国家经济增长率的影响情况。研究结果显示：在控制影响经济增长的其他各种因素和其他税率变量后，法定公司税税率与经济平均增长速度呈显著负相关关系；在固定效应回归模型中，提高公司税的税率会降低国家未来的增长速度；所得到的估计值显示，每降低 10%的公司税可以使得每年的经济增长提高 1.1%；劳动收入的平均税率、整体边际有效税率对经济增长的影响并不显著。

Aidt 和 Jensen（2009）在“特许经营对税收结构中税收成本的影响是有条件的”假设下，对欧洲国家的税收结构进行研究后发现：在相关税收征收成本低于一个给定的比例时，延长特许经营的期限会对直接税（包括个人所得税）所占比例产生正影响。

Gordon（2010）在研究中假设，政府需要依靠银行记录的信息确定应税实体，衡量应纳税的活动，那么，只有当纳税人选择使用金融部门时才会缴税。如果税率足够高，纳税人可能会放弃利用金融机构而可能获得的利益，达到避税的目的。虽然这样的威胁对富有国家可能不具有重要性，但是在贫穷的国家，这种威胁可能成为国家税收收入和大范围施行政策受到限制的关键因素。

（四）税收结构与家庭、个人关系的研究

Hines（1988）认为，当各个家庭除了收入以外的各个方面均处于相同状态时，一个非递减的平均税率是必要的，同时，该税率也会使得税后收入等于税前收入。当 Hines 将这个论断扩展到具有不同需求的家庭当中进行研究时得到以下结论：一个永远不会增加不平等程度的税收结构很难在不同的家庭中被区分开；如果一种税收结构永远不会降低贫困成员的相对收入，那么，同样比例的税收应该运用到所有的家庭中去，而再分配在不同需求的家庭之间是不可能的。此外，Hines 还对累进税率对不同需求家庭的影响情况做了探讨，他发现，在现实当中，典型的税收结构通常考虑了各类家庭之间存在的差异。

与 Gill 和 Haurin 所提出的建议相反，Koenig 和 Wagener（2013）发现小型开放经济体的税收并不依赖资本税。同时，他们发现，人们对自身的税收结构似乎很关心，当劳动收益税高于资本收益税时，人们会对此产生不满情绪。

（五）国外税收结构研究评述

国外学者从税收结构本身、税收结构与政治关系、税收结构与经济、税收结构与家庭个人等多个角度对税收结构做了较为广泛的研究。

在文献整理中，我们发现，国外对税收结构的研究更加侧重其与政治和经济关系的研究，并从政治权力、财政收入、宏观经济和微观经济等多个细分角度进行了更为细致的分析。值得一提的是，国外学者在对税收结构进行研究的早期就将家庭和个人因素纳入了考虑范围之内，这是国内学者在研究时应予以借鉴的地方。

虽然国外已有的相关研究比较全面，但是仍然存在某些不足之处，最为突出的表现如下：缺少对税收结构基本内涵和性质的研究，很少明确给出“什么是税收结构”；很少有研究以数据的形式对研究对象国国内税收结构现状进行细致描述，即使有，也只是就直接税和间接税的比例结构进行简单描述，缺少从税种结构角度对税收结构进行的研究。

二、国内税收结构研究的文献及评述

我国就税收结构问题的研究始于20世纪，集中于21世纪初期。研究的内容主要如下：对税收结构本身的研究；税收结构影响因素研究；税收结构与经济

增长的关系；税收结构与其他对象的关系；对我国税收结构的评价；如何优化税收结构。

（一）对税收结构本身的研究

1. 对税收结构定义及性质的研究

叶静（2010）认为不同的税收结构反映了国家与社会的关系，包括国家对社会的渗透能力（从一个国家税收制度是倾向于间接税还是直接税可以反映出来）和国家对不同社会群体的回应性。

吴玉霞（2009）借鉴曾国祥的观点，将税收结构分为税种结构和税负结构。税种结构从税制的选择和结构两方面反映了一个国家在一定时期税收制度的总体格局和作用；税负结构反映了税收运行的结果。

尹吉明（2012）将税收结构定义为一个国家根据其经济发展情况和财政需求，设置若干既相互独立又相互协调、相互补充的税种，以及在这种税收配置下形成的税收收入结构。他认为，税收结构主要包括两方面的内容：一是税种结构；二是税收收入结构。

税种结构是指税收体系中包括的各个税种以及各税种之间的关系，其中心内容是一国的税收制度中所有税种的分类以及主体税种和非主体税种的划分。税种结构是一个国家税收制度的重要内容，它从税种的选择和税收结构方面反映了一个国家在一定时期内所实行的税收制度的总体格局以及这种税收制度所能发挥的作用。

税收收入结构是指各税种在税收收入中所占比重的不同，反映其收入手段和经济调节能力的不同。按照这种能力的大小，可以划分为主体税种和辅助税种。一般来说，主体税种和辅助税种的选择主要取决于经济发展水平、国民经济结构等客观经济条件，当客观经济条件发生变化时，主体税种和辅助税种的选择也会发生变化。

2. 对税收结构演变规律的研究

和大多数的事物发展一样，税收结构的变化也存在一定的规律。

国家税务总局“直接税与间接税的关系”课题组（2004）的研究结果显示：大多数高收入国家均是高税负国家，且其税收收入中直接税所占比重较大；中等税负国家以高收入和中等收入国家为主，税收结构以直接税为主或者直接税与间接税并重；低税负国家以中等收入和低收入国家为主，税收结构以直接税与间接税并重或以间接税为主。

宋庆瑜（2010）从历史和现状中发现，低收入国家多实行以商品税为主体的税制结构，中等收入国家多实行以商品税和所得税为双主体的税制结构，发达国家多实行以所得税为主体的税制结构。

尹吉明（2012）认为税收结构的一般演变模式如下：以直接税为主体，到以间接税为主体，再到以现代直接税与间接税为“双主体”并重的发展过程。我国的税收结构整体表现出以间接税为主，直接税为辅，间接税比重不断下降，直接税比重不断上升的特征。

（二）税收结构影响因素研究

影响一个国家税收结构的因素是多方面的，因角度不同，学者们得出的结论存在一定的差异，但是这些差异是可接受的。

邹薇和刘勇（2008）将外部习惯与内部习惯纳入考虑范围，认为税收结构取决于人口增长、资本效率和经济发展水平。他们的研究表明，在世界各国中，最优税收结构和与之相应的经济增长路径受习惯形成的影响。其原因在于，不论是外部习惯还是内部习惯，都对年轻人、老年人消费的替代性产生了影响，进而又影响了社会保障体系和税收结构。二者之间的替代效率具有一定的临界值，由于临界值受时间偏好、资本产出弹性和人口增长率的影响，故税收结构也间接受它们的影响。

吴玉霞（2009）从宏观角度和微观角度对税收结构的影响因素进行了分析，认为经济发展水平、宏观经济政策的目标和社会经济结构是影响税收结构的宏观因素；税基的宽泛程度和管理成本等从微观层面影响税收结构。

赵志耘和杨朝峰（2010）以及张胜民（2012）认为税收负担也是影响税收结构的一个重要因素。赵志耘和杨朝峰（2010）的研究发现税收负担加重使得直接税的比重有所提高。与赵志耘和杨朝峰的观点一致，张胜民也认为税负水平对税收结构产生重要影响。张胜民（2012）发现，在 1998~2009 年，随着税负水平的不断上升，企业所得税份额显著上升，增值税、营业税和个人所得税份额显著下降，消费税份额无显著变化。这种变化说明在我国不断增加的税收收入中，更多来自于企业所得税的增长；也意味着税收的快速增长促使我国税收对企业所得税的依赖越来越重，并开始减弱对商品税的依赖。

除了税负水平，张胜民（2012）还将经济发展、货币变化水平、城市化进程、物价变化和市场开放程度纳入税收结构影响因素之列。他通过实证研究发现经济发展水平对我国税收结构影响显著，现阶段经济发展水平带动了所得税税制地位的提升，然而增值税地位未被动摇；货币化水平影响着一国可得税收规模的大小，在我国，货币化水平的提高显著提升了营业税和个人所得税的份额，这说明货币化水平的提高，增大了营业税和个人所得税的税基；我国的城市化进程显著提升了营业税在税收结构中的地位，但个人所得税受城市化影响并不显著；物价的上升显著提升了增值税和营业税的比重，说明在物价不断上涨的经济环境下，商品税的绝对主体地位因此得以加强；市场开放显著降低了增值税和消费税的份额，贸易的自由化减弱了我国对增值税的依赖。

尹吉明（2012）认为经济因素、政策取向、国际经济一体化和不同税种的弹性作用是影响税收结构的重要因素。经济因素通过改变“税收把柄”影响税基和税收制度，进而影响税收结构；国家在不同的宏观目标下所采用的税收政策不同，税收结构也会不同；经济一体化为各国税收制度的相互借鉴提供了条件；各税种弹性的大小与方向并非一致的，在控制其他因素的条件下，人均收入的变化会影响税收结构。

叶静（2010）从政治经济学角度对税收影响因素的已有研究进行了评述，并对前人从经济水平、社会力量和制度要素角度分析一个国家税收结构的影响因素的研究进行了评述，认为这些研究都是在“国家是一元的”这个内在假设下进行的，区别在于三个角度的理论对一元国家的假设不同。但是，现实中的国家并非一元的，而是呈现出不同的层级，中央和地方所代表的利益是不同的，二者之间存在利益矛盾。1994 年，税制改革后，我国形成了以间接税为主体、直接税比重较低的税收结构，其中一个原因在于中央政府尚未对地方政府的行为进行有效规制。

（三）税收结构与经济增长的关系

马拴友（2001，2002）认为，在分析税收对经济增长的影响时应考虑财政支出。当前，直接税对经济增长有显著负影响，而间接税对经济增长的影响并不显著，他认为，直接税规模/GDP 为 3.5%是能使我国经济增长最大化的最优比重，而税收内部，最优的比率是直接税/间接税为 0.45。

国家税务总局“直接税与间接税的关系”课题组（2004）发现，直接税、间接税税负与经济发展水平直接相关：经济发展、总体税负上升时，直接税税负呈上升趋势，间接税税负可能上升也可能下降，总体税负下降时，直接税税负和间接税税负的变化不一定同方向。税收结构与经济发展水平有很大相关性；税负水平与税收结构之间也存在一定的关联性。

曹燕萍和付淑琴（2004）认为税制结构和税收管理体制上的问题是我国三大区域经济差距扩大的主要原因。李绍荣和耿莹（2005）实证分析得出：中国在现阶段所采用的经济制度与税收结构下，流转税、所得税、资源税和财产税份额的增加会扩大劳动所有者和资本所有者市场收入分配的差距，行为税和特定目的税的增加会缩小劳动要素和资本要素之间的收入分配差距。所得税、资源税和行为税份额的增加能提高经济的总体规模，但特定目的税和财产税份额的增加会降低经济总体规模。

吴玉霞（2009）认为，税收结构通过影响交易费用、市场价格体制，进而影响经济增长。他的分析结果显示：在我国，流转税一直逆向调节着经济增长；财产税对经济增长有微弱的负向调节；以 2002 年为界，之前的所得税负向调节经济增长，之后转为正向调节。

何茵和沈明高（2009）发现，除去经济发展对税收的影响之后，我国宏观税负水平在 1999~2007 年呈现出高水平状态，这降低了经济总量的上升。现阶段，在营业税、增值税、个人所得税和企业所得税中，营业税与个人所得税分别对中国经济增长产生最弱和最强效应。在税收总额恒定的前提下，流转税、所得税和土地相关税收之间的比例变化不会显著影响中国经济发展。

崔治文等（2010）发现，流转税和所得税份额的增加会提高人均 GDP 的增长率，其中以个人所得税的影响效应最为明显；财产税和资源税份额的增加通过提高二、三产业的经营成本，阻碍它们的发展，进一步阻碍人均 GDP 的增长。

刘海庆和高凌江（2011a，2011b）利用内生增长模型和面板数据对税制结构与经济增长的关系进行的实证研究结果证实不同的税类以及不同的税种对经济增长产生的作用有很大差异。税类中的流转税与财产税有利于经济增长，所得税与其他税对经济增长不利；税种中的增值税和车船税有利于经济增长，个人所得税和城市维护建设税对经济增长不利。

汪柱旺（2011）利用面板数据对税收结构、人力资本与经济增长的关联度进行分析，结果显示：就直接影响看，所得税和消费税对经济增长产生负面影响，增值税和营业税与经济增长正相关；就间接影响看，以人力资本为中介，企业所得税、增值税、营业税和消费税使得经济增长率上升，但是个人所得税却使得经济增长率下降。

高凌江（2011）以 Cobb-Douglas 模型为基础对中国税收结构进行分析发现：财产税和所得税并没有发挥其应有的调节作用；流转税份额的增加会通过资本产出效率的提高进而增加资本收入份额，加大资本所有者和劳动所有者的收入差距；并且流转税本身对经济的影响也是负面的，没有体现其中性税收的作用。资源税不合理，没有促进资源合理价格的形成，导致资源使用浪费严重，对环境影响较大。特定目的税和行为税，在国民收入初次分配中的比重较低，没有有效地调节要素的价格，发挥其应有的调节作用。

林江和徐世长（2012）实证发现，个人所得税及营业税对经济增长产生负贡献，增值税、消费税和关税对经济增长产生正影响。

张婷婷（2012）采用 1996~2009 年我国东、中、西部地区的样本数据对税收结构与区域经济发展进行研究，结果显示：流转税、所得税和资源税三大税种对区域经济增长的影响具有不同效应。

黄夏岚（2012）认为间接税对税负的地区差异性贡献更大，增值税税负的区域不平衡性较小，对地区税负差异是抑制的；营业税和消费税促进了地区税负差异，但贡献小；直接税对地区税负差异影响作用呈增大的趋势，企业所得税的地区差异性对总体差异性的影响很大。

张胜民（2013）在内生增长理论框架下对税收结构、生产性支出对经济增长率的影响进行了实证分析，并对这种影响在三大地区之间的差异进行了考察。结果显示，所得税与财产税的上升没有导致经济增长率的上升，但税收结构的变动对经济增长率的影响在三大区域之间存在显著差异。所得税上升对东部经济增长有显著的正向作用，对西部却是负向作用，从而扩大了东西地区之间的差距；财产税的上升对东中部经济增长不利，而有利于西部地区经济增长，故而缩小了东西地区之间的差距。

（四）税收结构与其他对象的关系

1. 税收结构对消费的影响

申嫦娥（2006）将税收结构引入汉森–萨缪尔森模型中，研究税收结构对投资和消费的影响，实证结果显示，增加流转税（间接税）对投资增长有促进激励作用，但对边际消费倾向无显著影响，增加直接税的比重可以抑制投资和经济的过快增长，提高边际消费倾向，促进消费。

叶静（2010）认为，税收在构成财政收入的同时，其本身的结构和水平对生产、分配和消费具有重大影响。站在这个角度，国家可以通过调整税收影响一个国家的经济发展。

2. 税收结构对行业和企业发展的影响

陈金保等（2011）在 Barro 内生经济增长模型的基础上，定量研究了服务业税收负担、税收结构对服务业增长的影响。实证分析结果表明：第一，近年来，我国服务业存在明显的增税趋势。第二，服务业税收负担对服务业增长有负作用，但这种负作用存在明显的地区差异。在服务业发达地区，这种负作用显著；在欠发达地区，这种负作用并不显著。第三，提高服务业直接税的比例有助于促进服务业产出增长。

蒋小平和叶子荣（2013）的研究表明直接税对中小企业规模的正向影响要比间接税的正向影响大，即同间接税相比，直接税更有利于中小企业规模的扩大；随着中小企业规模的扩大，同间接税相比，直接税也更有利于国家来自中小企业税收的增加。

（五）对我国税收结构的评价

何茵和沈明高（2009）对我国税收结构进行分析并得出，所得税和流转税是中国最主要的两大类税收，增值税和企业所得税是我国税收收入的主要来源，二者约占税收总额的一半。与经济合作与发展组织国家相比，我国所得税比重相对较低而流转税比重相对较高，而在所得税中，个人所得税比重较低，企业所得税比重较高。若中国税收结构不变而总量持续上升，中国经济将会受到高税负的威胁。

宋庆瑜（2010）认为我国虽已建立以商品课税与所得课税为主体的税制结构，但是过低的所得税比重，不利于所得税调控功能的发挥。我国税制改革后，形成商品税和所得税双主体模式，两大主体税种的比例不平衡，内部结构有待完善。我国采用分类所得对个人所得课税，并依据所得的性质不同采用不同征收办法，容易产生制度性的漏洞，包括扣除标准的制度缺陷、税率设计不合理、边际税率不一致等，进而产生税负不公。

许崴（2011）对直接税与间接税进行比较发现，前者符合实现税负公平与量能纳税的原则，有助于社会财富的合理分配；后者征收相对简便，税源稳定，有助于财政收入稳定。

高凌江（2011）认为，我国流转税占的份额较大，财产税和所得税制度不健全，没有发挥出税收调节收入分配，实现社会公平的职能。资源税和特定目的的行为税也不尽合理，没有发挥对资源价格形成的促进作用，没有有效地调节要素的价格，发挥其应有的功能。

黄夏岚（2012）的实证结果表明，我国税负水平地区间差异很大，部分省份承担了和其经济发展水平不对应的税负；变异系数展示出经济水平地区差异性与税负水平地区差异性变动趋势的不一致。

（六）如何优化税收结构

面对我国税收结构仍然存在一些问题，还有待完善的现状，不少学者就如何优化税收结构进行研究。在这些学者中，有的就税收制度整体优化进行研究，有的就特定的一个或几个税种进行研究。

就税制整体而言，部分学者就直接税与间接税的比重关系提出建议。马拴友（2001，2002）认为，21 世纪初期，我国税收内部比率并不是最优的，直接税及其与间接税的比率均超过最优数量，应适当降低直接税的比例。与之相反，申嫦娥（2006）认为为了抑制投资，促进消费，最终实现经济结构的调整，税收结构的调整方向是逐步提高直接税所占比重，降低流转税所占比重。与申嫦娥的观点类似，叶静（2010）也赞成我国要增加直接税的比重，并且认为，要提高我国直接税比重，就必须加强中央政府对地方政府的有效规制，完善本身官僚机构的缔造。许崴（2011）称，为实现我国由间接税为主向直接税为主的税收结构转变，应重视税收结构与财政支出结构的匹配与协调；从现阶段开始便将税收增量的大部分用于教育、医疗、社会保障、低收入人群转移支付等社会福利支出；将地方政府土地财政转型为房产税或物业税财政；逐步形成以企业所得税支撑财政一般性公共服务、国防、公共安全等开支，高收入群体个人所得税与财产税收入支撑低收入群体社会保障转移性支付，中等收入群体个人所得税收入与教育、卫生、社会保障等财政转移性支付相平衡，间接税收入和非税收财政收入支撑工业商业金融等事务、城乡事务、农林水事务、科学技术与环境保护等财政支出的税收结构与财政支出结构。

不少学者从税种和税类数量角度分析了税收结构优化问题。李绍荣和耿莹（2005）认为，应就财产税类和所得税类进行结构和职能的改革，单纯地从数量角度看，应提高所得税份额，降低财产税类的份额，调整税收结构。何茵和沈明高（2009）发现，减少个人所得税而增加营业税的比重，可以在不改变税收总量的同时提高经济运行效率。建议税收结构的优化方向如下：短期内可以增加营业税比重，减少个人所得税；长期内可以发展财产税；提高所得税的起征点并转为低单一税率。宋庆瑜（2010）建议在所得税课税模式上，应实行分类与综合结合的综合所得税制，以年为课税期，对原有扣除标准进行改革，降低低档次应纳所得税的税率，降低所得税的最高边际税率。他同时建议，扩大征税范围，缩小营业税范围；扩大增值税扣除范围；将财产税定为地方主体税种，合并内外有别的财产税制，完善财产税的配套措施，扩大财产税的征收范围；扩大资源税的征收范围，设计合理的资源税税率，调整资源税的计税方法。汪柱旺（2011）建议税制改革时提高个人所得税的扣除额，改分类征税模式为分类与综合相结合的征税模式；保持以间接税为主的单主体税制结构，完善消费型增值税制度，降低营业税税率。刘海庆和高凌江（2011a，2011b）认为应该减少所得税和其他税，增加流转税和财产税比例。改革方向是将营业税并入增值税，优化税制结构；对消费税进行调整时应注重结构性调整，降低常用品和低档品的税率，提高高档品税率；适当降低城市维护建设税比重；优惠研发、投资等方面的所得税；降低个人所得税比重，增加房地产税。林江和徐世长（2012）对个人所得税和消费税改革都提出了建议。个人所得税的总体改革思路是降低个人所得税，在体制和方式改革上，可以探索综合的所得税制，该税制要求将纳税人所得作为一个整体看待，提高税收征管的要求。对消费税改革的建议如下：加快消费税立法进程，在税源稳定的基础上，进一步扩大征税项目；注重对消费税的使用和税收效应研究，探讨消费税专款专用，引导居民消费，促进经济结构转型；优化消费税税率结构，使得消费税的征收和管理能够促进经济结构调整和实现税收公平原则；探讨“价外税”，提高消费税的透明程度。张胜民（2013）认为税收结构调整方向是在不降低所得税的前提下，提高财产税份额。

除了上面的研究，也有学者从产业角度分析了税收结构优化问题。刘凤良等（2009）认为，我国现阶段宏观税负比最优税负高，就经济增长目标而言，减税的目的在于刺激技术创新，而目前的 TFP（total factor productivity，全要素生产率）增长主要源于服务业，所以在降低宏观税负时，重点降低营业税。陈金保等（2011）建议我国在落实服务业的"结构性减税"政策时，应推行地区差别化的税收政策，并对税收结构进行适当调整。对于北京、上海等服务业发达地区，税收负担已经过高，应该实行减税政策。而对于服务业欠发达地区，税收负担对服务业增长的负作用并不明显，适当增税以筹集财政收入改善公共服务，反而会促进服务业的增长。林江和徐世长（2012）在探讨优化税收结构问题时提出，应考虑降低个人所得税和营业税总量或调整其结构，对增值税、消费税和关税进行调整时不能盲目降低该种税收，应加强监管，提高该项税赋的总量。同时，在税收结构调整时，应根据产业的具体情况，测算最优税率和税收规模。

（七）国内税收结构研究评述

与国外研究相比，国内对税收结构的研究比较晚。在相关研究中，学者们以税收结构为核心，辐射研究了税收结构的影响因素、税收结构与其他对象的关系，并立足我国实际情况，对我国现实中的税收结构做了研究和评价且给出了改革建议。

从研究内容看，已有的相关研究已经较为全面。相对于国外研究，国内研究发展、拓宽了国外研究内容：对税收结构的含义、界限和性质做了比较深入的研究，方便读者更为清楚地认识税收结构；结合我国现实情况，评价了我国税收结构现状，适用性更强；在如何优化税收结构问题上，所给出的建议比国外学者所给出的建议更加具体和细化。从研究方法看，国内的研究综合利用了规范研究、实证研究和调查研究等多种研究方法，相对于单一的研究方法，其研究结论的可信性更高。

进入21世纪后，国内对税收结构问题的研究相对集中，其研究的内容也比较集中，但是和国外研究一样，国内的研究也很少从税种角度税收对税收结构进行现实刻画。更进一步，结合我国"国税"和"地税"系统的划分，也很有必要对国税收入和地税收入以及其内部结构进行实际数据描述。

第二节　关于税收效率研究的文献及评述

一、国外税收效率研究的文献及评述

（一）税收效率原则研究

税收征管效率的思想在西方古典经济学家的著述中早有体现。威廉·配第

在其代表作《赋税论》中提出了“公平、简便、节省”的税收三原则。18 世纪末期，古典经济学创始人亚当·斯密在《国民财富的性质和原因的研究》中提出的赋税四原则中就有两条与税收征管有关，一是税收便利原则，二是税收节省原则。直到 19 世纪下半叶，德国学者瓦格纳将赋税原则加以归纳，最终提出了“四端九项”的税收原则，其中，税务行政原则主要指税收征管应遵循“确实、便利和最少征收费”原则。这一原则第一次对税收征管效率进行了较完整的界定。当代美国著名财政学学者马斯格雷夫在《财政理论与实践》中建立了较为完善的税收原则体系，明确提出了“管理和征纳费用应当尽可能减少”的原则。

（二）税收成本研究

一直以来，税收成本都是衡量税收效率的重要指标之一，所以要很好地研究税收效率，税收成本是不可或缺的研究对象。

20 世纪 70 年代以后，税收成本的研究成为西方对税收征管效率研究的主要内容之一。随着纳税成本的重要性逐渐被人们所关注，学术界对税收成本的研究重点逐渐由征税成本扩展到了纳税成本。Stanford（1973）以 2 700 名纳税人的调查结果为基础，研究得到英国个人所得税纳税成本占个税收入的 4%~4.4%。Slemrod 和 Nikki（1984）对美国明尼苏达州约 600 名居民的个人所得税纳税成本进行研究，测试得出美国全国个人所得税纳税人纳税时间约 21.3 亿小时，约为 267 亿美元，所占联邦和州所得税收入达 7%以上。Plamondon 和 Zussman（1998）在 *The compliance costs of Canada's major tax systems and the impact of single administration* 中对联邦和各省征收的一系列税收考察后估计，联邦税收的遵从成本在 3.3%~6.6%，而各个省之间的税收遵从成本差异较大。Clemens 等（2007）在 *Tax efficiency：not all taxes are created equal* 中对加拿大税收成本中的超税负担、税收遵行效率和税收行政效率进行了研究，其中对效率成本的测算他们采用的是传统的货币测算方法，即以每征收 1 元税收收入所带来的边际效率成本（marginal efficiency cost，MEC）测算。

（三）对税收征管有效性的研究

Allingham 和 Sandmo（1972）率先对税收遵从问题进行研究，建立了逃税模型的基本框架，并逐渐得到完善和扩展。同时进行经验分析，通过调查数据等统计资料分析得到，影响纳税人决策的因素包括不遵从被发现的概率、对不遵从行为的处罚程度、税率水平、社会规范程度及心理因素。

Anderson 等（2001）对不完全竞争下从价税与从量税的相对有效性进行了研究。他的研究表明，短期内，当所有企业生产成本相等时，从价税具有优于从量税的社会福利性。但站在长期角度或企业生产成本非对称情况下，所得到的结论不同。在非对称成本结构下，从价税加大了不同企业之间边际成本的绝对差异。当税收水平低下时，从价税在寡头垄断均衡中是有利的，因为高成本企业倾向于超高定价，并且从价税能纠正生产者均衡。从长期来看，计征从价税对企业利润的影响比从量税更大，因为在从价税下，企业利润更多地转移到税收收入中去。

Amromin（2003）认为在应税账户与延税账户基础上的投资组合模型中，税收效率是首要考虑因素，因此对税收效率进行了实证研究。但是实证观察资产配置的结果显示并不节税。Amromin 构建了一个模型，用来缩小现有差距并证实他对家庭层面组合投资的预测。实证结果表明选择税收效率低下和非均匀性的资产配置方式都与可获取性性质以及预防性动机的存在及其程度相关。家庭通常都未能挖掘养老金计划的税收优势，因为他们都选择持有高税负的资产如应税账户中的债券，同时也持有可观数目的延税账户中的权益资产。他还强调了区分应税账户与延税账户习性的重要性。有关两类账户课税方式、储蓄动机的显著差异将会是解决实证问题的关键因素。另外，在 Amromin 的研究基础上，还可进一步延伸在实务中是否有必要选择标准化的模型进行研究。

Raimondos-Moller 和 Woodland（2004）引入了税收最优化指数，用来衡量对现有公共品而言，税收结构与最优税收结构之间的差距，即税收制度的有效性。税收最优化指数有其直观的优势：它能直接得出现有税收的有效性及其程度，并且该指数还具有横纵向可比性。因此，税收最优化指数克服了税收超额负担对税收有效性衡量的缺陷。

Aizenman 和 Marion（1993）评估了政治经济和结构性因素对增值税的征收效率的影响。假定征收效率是由审计的概率和对欠付工资的惩罚所决定的。实施滞后意味着目前政策制定者决定了税收制度今后一个时期的工作效率。理论表明，税收征收效率受政治经济因素影响，两极分化的加大以及政治不稳定将降低税收征管的效率。

此外，影响逃税难易程度的结构因素也将对税收的征收产生影响，如城市化水平、农业的份额、贸易开放度等。Aizenman 定义了增值税的征收效率，即增值税收入占消费总额的标准增值税税率划分的比例，并通过对 44 个国家 1970~1999 年的增值税征收效率进行评估后，所得的结论与理论一致。Aizenman 的分析主要集中在增值税的实际征收效率上，其中一个重要的局限是它同时受到由增值税逃税法定豁免额（如允许对某些类别采取较低的税率）的影响。

（四）对提高税收效率的途径研究

Jarass 和 Obermair（2008）认为在欧盟区的税基应扩大，才能用所有资本补偿即营业收入代替应税收入作为征税基础进行征税，提高税收效率。其中所有资本补偿应包括的三大重要元素如下：一是对权益资产使用的补偿，即归属于所有者的利润；二是对外部资本的补偿，即向债权人支付的利息；三是对外部权利或知识的补偿，如对专利所有者所支付的使用费等。对所有资本补偿征税的税基在欧元区所有国家都相同，但是税率却可以在各国间存在差异，该税收征收地为产生资本补偿的企业所在地。因此，在一个国家所有经济活动都被征税，而不论被征收企业的名义税收征收所在地或者其母公司所在地。这是考虑到该国需要这些税收收入来支持其公共设施的开发与维护。另外 Jarass 和 Obermair 认为对金融工具也应征税。在欧元区里特定国家的虚拟产品的支出也应列为该国的征税对象之一。这样一来，可不必建立对金融服务及虚拟产品的跨国控制体系。

Mourougane（2007）为了提高人民的生活标准，为人民储蓄和投资提供更好的支持，对新西兰的税收体制改革进行了研究。他发现，因地理环境的变化、人口老龄化等带来的财政压力，经济全球化带来的劳动力与资本的流动让新西兰的税收制度不具吸引力。在研究新西兰现行税收制度基础上，他认为新西兰需要站在长远发展的方向进行税制的改革。Mourougane 认为总的来讲有两大类可采用的税收体制改革方案：一是沿用现行的综合所得税制；二是采用双重所得税制。综合所得税制适用于税收基础单一、广泛且税率低的经济环境；而双重所得税制则适用于资本收入与劳动收入使用单独税基和税率的经济环境。为满足经济长期发展需求，Mourougane 还对税制改革提出以下建议：降低边际税率，为儿童保育提供更多的补贴；加强利用公司税的中立性；设立财产税；等等。

Gravelle（2009）针对保加利亚的所得税税收制度提出了相关税制改革方案。他认为有效的税制改革应缓慢进行，不宜操之过急。但是，为了显著地提高个人所得税税基，与改革相抵触的措施都应当被撤回。另外，还有广泛的空间进行公司税税制的改革，让税率有所下降。

Das（2011）从提高在收集活动中使用资源的成本收益的角度出发，考虑税收收集效率低下的问题，对税收征管提出了一个简单的“生产模式”。其研究采用了静态、政治利益方法将税收征管部门劳动力就业纳入模型中，税收收入压力增加的影响通过静态方法得出。结果表明：收入压力一旦诱发这种低效率，这就意味着收入的压力将导致在税收管理“改革”中的非技术工人的就业机会变少、技术工人就业机会增加，同时也会提高计算机资金方面的政治需要。这些结论成立，即使非熟练劳动力的边际产品为正。更一般的情况是，来自于税收管理部门的劳动力就业问题、税率设置，以及更大的税收收入压力等多方的政治压力诱导政治家在就业、税收两个方面变得更加不明智。这也就揭示了整体政治价值的下降，迫使政治家的行为更像是一个社会计划者。

（五）国外税收征管效率的实证研究

国外对税收征管效率的实证研究主要涉及运用数据模型分析影响税收征管效率的因素方面。Raghbendra 等（1999）研究印度 15 个州 1980~1993 年的税收征管效率，结果表明印度税收征管存在道德风险问题，提高政府补贴金额会降低税收征管效率，贫穷的地方征管效率较高；同时，运用税收征管指数对税收征管效率进行衡量，发现税收征管效率指数应该加大某些指标的权重，如政府补贴金额。Vlassenko（2001）采用数据模型研究英国、法国和瑞典的财产税公平性和效率性，发现法国税收效率最低，瑞典税收效率最高。Lewis（2006）利用 SFA 模型研究印度尼西亚地方政府税收征管，结果显示，财政转移支付会降低税收征管效率，自主选举的地方官员比政府任命官员更能提升税收征管效率。Araujo 和 Arvate（2016）等用非参数方法评估了 2004 年巴西 3 359 个自治市的税收征管效率，研究发现，转移支付对地方税收征管效率具有负向作用，并对粘蝇纸效应做了解释。Aizenman 等（2013）采用 44 个国家 1970~1999 年的数据，实证分析了政治、经济和结构等因素对增值税征管效率的影响，研究认为税收征管效率受审计概率和逃税惩罚的影响，并发现经济发展、政治稳定、城镇化、贸易开放及有效的政治参与等有利于税收征管效率的提高，而收入差距与农业比重的提高则会降低征管效率。

（六）对国外税收效率研究文献的评述

20 世纪 70 年代左右，国外学者就将税收效率的研究纳入了税收理论研究范畴之中，具有很好的前瞻性。税收效率被归为重要的税收原则之一，被世界多数国家的政府当局所采用，并为各国税收征收管理政策的执行和税收制度的改革方向提供了重要的理论依据。

税收成本是税收效率原则在税收实际工作中的运用情况好坏的重要评价指标之一。对税收成本的研究，特别是将税收成本的研究重点由征税成本转向纳税成本是税收效率研究及税收效率思想的一大进步。

学者们关于提高税收效率的建议给各国提供了可供选择的有效途径，至少对各国提高其自身的税收效率有很好的借鉴意义。因此，在实践上，这些研究的意义都是重大的。

但是，我们同样也发现，国外学者在对税收效率进行实证研究时，比较偏重于从微观角度进行分析，尤其是偏重于对具体税种（如增值税）的税收效率进行研究，在一定程度上忽视了宏观角度税收效率的实证研究。

二、国内税收效率研究的文献及评述

我国对税收效率的研究主要是从理论层面和实证层面进行的，在两大层面内部又从不同的角度进行了研究。

（一）理论层面的研究

学者们对与税收效率有关的理论研究包括税收效率的研究、税收征管效率的研究、建议研究和其他研究。

1. 税收效率的研究

对税收效率的研究主要是对税收效率内涵、税收效率内容和边界、影响因素的研究。

学者们对税收效率内涵的研究多是从收入和成本两个角度进行考虑的。

程永昌（1995）认为税收效率反映了一定时期内国家在税收方面的投入或耗费与取得的在组织财政收入、调控经济活动和日常监督管理等方面的效益或成果之间的比例关系，集中体现了税收分配过程中的投入与产出关系。

阮家福（1997）认为税收行政效率可通过税收成本进行说明，税收成本与税收行政效率是反比例关系。

李占国和王波冰（1997）认为，税收的行政效率应有两层含义：一是指税收成本，与税收效率成反比例关系，税收成本越高，税收效率越低，反之亦然；二是指税务部门的工作效率与税收效率成正比。

顾长虹等（2000）认为税收效率是税务行政管理机关科学运转的标志，集中反映在一个国家税制的落实情况、征管措施是否到位和人员素质等方面。在宏观上，体现为税收职能是否得到有效发挥；在微观上，体现为一定的成本投入是否取得了最大的税收效益。随着税收征管由传统管理模式向高效、科学的管理模式过渡，由粗放向节约转变，税收效率将得到提高。

肖加元（2009）认为，税收征管效率的研究包括税收行政效率和税收遵行费用的研究。税收行政效率将税务行政视为一个投入-产出过程；税收遵行费用是从纳税人角度对税收征管效率进行研究。对税收征管效率的评估一般从两方面进行：一是通过税收努力指数，即税收实际收入和预计收入的对比评估；二是通过税收成本率，即税收的成本与效益的比较进行，这种方法考虑了税收收入的成本与效益对比，但并没有考虑未征收行为的机会损失，即对那些应征而未征或者偷逃税款行为导致的税收效率损失。

董晓岩（2010）对有关税收征管效率的研究进行了综述。他认为税收征管效率是对税收征管投入与产出之间的关系的衡量。税收征管的投入是税收成本，衡量指标是税收成本收入率（包括征税成本收入率和纳税成本收入率）；税收征管的产出是税收征管的有效性，即通过税收征管过程保证纳税义务人依法纳税目标实现的程度，其最终衡量指标是纳税遵从度或税收征收率，中间衡量指标包括税务登记率、纳税申报率、申报准确率和税款入库率。在纳税遵从度（税收征收率）一定的前提下，税收成本收入率越低，税收征管效率越高；在税收成本收入率一定的前提下，纳税遵从度（税收征收率　）越高，税收征管效率也就越高。税收征管效率的评价指标是税收征管效率指数，税收征管效率的高低主要受经济税源因素、税收制度因素和税收征管因素的影响。

对于税收效率内容和界限，学者们的观点在大方向上具有一致性，但仍有细微差异。

程永昌（1995）认为分析税收效率问题，应该从生财、聚财、调控和管理等多个方面进行考虑，除税收经济效率和行政效率外，税收效率还有收入效率、支出效率、征管效率和纳税效率等。税收的经济效率反映国家运用税收杠杆在调节经济活动和控制经济运行等方面的效果；行政效率反映国家在组织税收收入过程中投入的人力、财力和物力等方面的效果，从投入产出角度反映国家为取得一定的收入所牺牲的代价；收入效率反映国家在组织或筹集税收收入方面的效果，从质和量两个角度反映税收收入的效益或成果；支出效率反映国家为实现各种预期目标而采取税收优惠或便利措施所收到的效益或成果，体现国家放弃的或应收未收的收入与实际优惠效果之间的关系；征管效率反映税务机关在日常征管过程中的效益和效果；纳税效率反映纳税人在履行纳税义务缴纳税款方面的效果。

阮家福（1997）认为税收效率包含税收规模效率、税收经济效率和税收行政效率。而税收规模是指一个国家（地区）政府利用各种手段筹集到的总收入，反映了政府在特定背景下凭借政治权力无偿获得的可支配资源量。在一定的经济条件下，政府能取得的税收总额是既定的。若用制约税收规模的客观限量来衡量税收规模效率，那么只要政府实际得到的税收收入与客观限量有数量差异，则表明税收规模效率不高。

李占国和王波冰（1997）认为，税收效率应包括三个方面：在增长速度和规模上，税收收入要与 GDP 接近同步增长；在税收的经济效应上，税收要有利于社会资源的有效配置和经济机制的有效运行；税收制度必须科学、简便，征纳双方的费用必须节省，税务部门必须具有较高的工作效率。税收效率的三种表现形式：税收收入效率、税收经济效率和税收行政效率。税收收入效率是针对税收的数量而言，包括两个方面的含义：一是衡量税收收入的增长速度（增长效率）；二是衡量税收收入的总量规模（规模效率）。

吕术业和刘晓光（1998）将税收效率分为行政效率、经济效率和收入效率三个方面。

郑榕（1998）认为我国税收效率原则长期以来都只涉及经济效率和行政效率，忽视了税收的财政收入效应和对社会生态环境的保护。他将税收效率原则分为税收规模效率原则、经济效率原则、行政效率原则和社会生态效率原则，且要求在税收政策制定和税收制度设计时应尽可能体现这四个原则。他同时认为我国现行税制的效率和四个原则存在一定差距，需要改进和完善。税收规模效率是指在一定时期一国政府通过税收方式取得的总收入与客观存在的税收收入规模限量之间的比率，在一定的经济背景下，政府能够取得的税收收入总量是既定的，存在客观限量。税收经济效率主要是考察税收对社会资源配置和经济机制运行的影响状况，其标准是税收的额外负担最小化和额外收益最大化。税收行政效率考察的是税务行政管理方面的效率状况，其标准是税收成本所占税收收入的比重。税收社会生态效率原则在于通过制定税收政策，影响那些与社会生态环境有关的经济行为主体的活动，诱导其最大化正外部效应、最小化负外部效应。

肖加元（2009）认为对税收效率的研究，除了研究税收制度对经济效率的影响外，应就税收制度对社会环境、国家关系和税收分配等方面的影响进行研究。税收效率今后研究的方向：从税收调控的深度和广度对税收经济效率进行研究；考虑人事制度和财政体制改革对税收征管效率的影响；税收制度效率。

王宝顺和于海峰（2012）认为税收征管效率是税收效率的重要组成部分，一般认为，税收征管效率是税务机关在征税过程中的行政效率，效率实现的主体是税收征收机关。

研究者所站的角度不同，其得出的税收影响因素是不一样的。

程永昌（1995）认为造成我国税收效率较低的原因在于：对税收杠杆期望过高；司法宣传导向有误；税收征管存在漏洞；税制设计不够周全；客观环境不尽理想。

阮家福（1997）认为我国税收效率被长期忽视的原因在于计划体制的实行和传统的粗放型经营方式。

顾长虹等（2000）认为，税制改革时，配套政策没有及时跟上，传统管理方式的沉淀在一定程度上阻碍着税收效率的提高。具体表现在以下方面：税制改革的不完善，给中央和地方的利益带来了冲突，给“国税”与“地税”的管理带来了裂痕；征管思路错位，产生新的摩擦，影响税务效率；机构重叠，分工细化，没能最大限度地发挥人的潜能。

2. 税收征管效率的研究

税收征管效率的研究主要集中在税收征管效率内涵研究、税收征管效率评价指标研究、税收征管效率影响因素研究方面。

（1）税收征管效率内涵研究。应亚珍和陈洪仕（2004）认为税收征管是税务部门依法取得税收收入的具体操作过程，税收征管效率就是对这一过程的有效性所进行的判断。董晓岩（2010）提到：基于对“效率”的不同理解，人们对税收征管效率的认识有两种不同的观点：一是将效率理解为效益，对税收征管过程进行成本收益分析；二是将效率理解为有效性，对税收征管过程进行有效性分析，目标在于通过税收征管活动，保证纳税人依法纳税。但是，他认为两种说法都具有一定的偏颇，他将税收征管效率的内涵理解为，在税收征管有效性一定的前提下，税收成本占税收收入的比重越低，税收征管效率越高；在税收成本占税收收入比重一定的前提下，税收征管的有效性越高，税收征管效率越高。提高税收征管的效率，应当尽可能降低税收成本占税收收入的比重，或者尽可能提高税收征管的有效性。

（2）税收征管效率评价指标研究。谢滨（2008）认为可以通过评价得出税收征管系统实际达到的目标程度，而且可以较为直观地发现整个系统与征管目标之间的差距。通过因素分析，能够找出改进征管系统评价结构的有效路径。他通过建立税收征管的相关指标体系并引入模糊综合评价法，尝试着对税务部门的税收征管质量和征管效率进行评价。在他的研究中，他把完整性原则、适度性原则和层次性原则纳为评价指标的设置原则。肖加元（2009）认为地方税征管效率评价指标选取基本原则是全面性、简便易行、数据可得、定量分析与定性分析相结合。董晓岩（2010）将税收征管效率的评价指标分为征管投入指标、征管产出指标和衡量税收征管有效性的中间指标。杨得前（2010）发现人们常用征管成本率、人均征收额、税收计划完成程度、税收收入增长率等指标来评价征管效率的高低。但是他认为，由于我国各地经济社会发展不平衡，仅仅依靠这些指标来评价征管效率无疑具有极大的不合理成分。

（3）税收征管效率影响因素研究。应亚珍和陈洪仕（2004）分析了税收法律制度的科学合理性、对税收法律制度的依从度、税收征管模式的适应性、经济组织的规范化程度和税务征管人员的努力程度对税收征管效率的影响状况。肖加元（2009）认为影响地方税征管效率的因素有税收征管的经济基础、地区产业结构、税收法制基础环境、税收激励因素、税收经费投入和税收征管人员因素。王乔和龚志坚（2010）发现我国征管效率有较大损失。制约大城市税收征管效率的因素有很多，但相对而言，征纳交易费用、征管资源配置、税收服务体系建设是三大关键因素。杨得前（2010）认为经济发展水平是影响征管效率的重要因素，现有技术手段的作用并没有得到充分发挥，庞大的税务人员数量是造成征管效率低下的一个原因。董晓岩（2010）发现影响税收征管效率的因素很多：经济税源因素，包括经济发展水平、经济结构的复杂性和税源分布的集中程度；税收制度因素，包括税收制度与税收征管的适应性、税制结构的选择和税收制度的繁简；

税收征管因素，包括税收征管模式的选择、税收征管手段的高低和税收管理体制的形式都可以影响税收征管效率。谭韵（2012）称，在传统的税收征管体制下，纳税服务和税收遵从的对立关系是导致税收征管效率低下的原因。他以客户关系管理理论、新公共管理理论和委托代理理论为基础对此进行了分析。

3. 建议研究

李占国和王波冰（1997）称，建立科学、规范的税制，建立有效的征管制度，增加税收宏观调控的科学性、预见性，建立精简有效的税务机构和高素质的税务干部队伍能够提高税收征管效率。郑榕（1998）发现税收规模效率存在的问题表现在以下方面：我国宏观税负偏低，影响了财政收入和政府的宏观调控功能。而改善的方法是堵塞税收流失；拓宽税基，扩大税源；整理预算外资金，费改税；有必要对我国税制中的主体税种进行改革。石子印（2008）认为仅依靠公众从辖区中退出提升财产税效率只有理论意义，因为居民退出辖区的成本很高。而呼吁（意愿表达）是提升效率的另一种手段。呼吁的作用机制需要两个条件：退出的可置信威胁；组织管理者对呼吁的漠视会产生一定的政治成本。在退出路径可行性不大时，降低呼吁成本，减少“下情上达”的成本，增加地方官员漠视呼吁的政治成本，可以提高财产税的现实效率。王乔和龚志坚（2010）认为随着城市化水平的提高，经济税源向城市集中，客观上要求将税收的管理重心转向大城市，实现集约化管理。大城市的税收征管由于存在各种问题而导致征管效率的较大损失。节约征纳交易费用、科学配置征管资源和完善税收服务体系可以提升大城市税收征管效率。

4. 其他研究

郑榕（1998）将税收效率思想的发展分为三个阶段：第一阶段是亚当・斯密在四原则中所表现出来的税收效率思想；第二阶段是在福利经济学的基础上表现出的效率思想，主张通过最适度地配置社会生产资源达到国民收入和社会经济福利最大化；第三阶段是以凯恩斯主义为基础，力求实现宏观经济均衡的税收效率思想。由此可以看出，税收效率思想随着时代背景的变化而变化。

肖加元（2009）认为，税收制度效率是指税收在社会公平、伦理道德和经济可持续发展等方面体现出来的效率。税收效率的理论前提是经济效率，而经济效率是指资源分配的效率。经济效率主要是针对生产的初次分配，而税收效率主要是针对社会生产的再分配。他对税收效率思想的演变进行了总结：税收效率理论是随着西方财政实践的发展而逐步产生和发展的；20 世纪后，税收效率思想得到全面发展，税收经济效率、税收征管效率、税收超税负担和税收制度效率均被纳入研究范围。

（二）实证层面的研究

不少学者从实证层面对税收效率的现状进行了研究，在研究过程中，由于分析角度和所采用的方法与样本的差异，所得出的结果具有多样性和复杂性。

胡怡建（1994）以社会主义市场经济环境为出发点，就税收对经济效率的影响问题进行了研究，并探讨了有利于提高经济运行效率的税收政策制度。他分析了税收对资源配置、劳动要素产生的影响，在他的分析中，税收从不同层面影响着资源的配置方式和效益，同时也对劳动供给效率造成影响。站在效率角度分析，商品税主要影响资源配置，而所得税影响劳动供给。程永昌（1995）认为，我国税收效率在总体上是不够理想的，与税收相关的效率均偏低。李占国和王波冰（1997）从税收收入效率、税收经济效率和税收行政效率对我国税收效率进行了实证研究。结果显示：税收收入效率存在的问题包括实际税收规模与应当规模有较大差距、税收收入增长速度不快；税收经济效率存在的问题包括税制建设离中性原则还有差距、税收宏观调控的效果不够理想；税收行政效率存在的问题包括稽征成本过高、税务部门工作效率仍有待提高。

周建军和王韬（2002）利用 Cobb-Douglas 函数对税收效率进行分析，结果显示：我国税收收入增长的原因在于行政开支的增加促进了征收。应亚珍和陈洪仕（2004）发现我国税收收入质量并不高，具体表现如下：税收收入质量不高，有“寅吃卯粮”的情形；税收流失严重，有较多的漏征漏管户存在；税收收入计划任务完成与否几乎成为税收征管的唯一考评机制，这在客观上必然造成在税收征管工作中只顾收入数量，不顾质量及征管成本的做法。吉淑英（2004）称，就我国而言，税收征管成本呈不断攀升的态势。吕冰洋和樊勇（2006）采用 DEA 技术对分税制改革以来各省（自治区、直辖市）税收征管效率的进步水平和差异进行分析后，得到结论：由于管理水平和税源集中度的影响，省际的税收征管效率存在巨大差异；分税制改革后，绝大部分省（自治区、直辖市）的税收征管效率有大幅度的提高，这促进了税收的超常增长；税收征管效率之所以提高较多，一是财政支出迅速增长导致税收增收压力加大，二是分税制改革使得中央政府和地方政府财政收入主体分配契约由定额分成合同和比例分成合同性质向分占所有权性质转变，提高了税收激励。刘穷志等（2009）通过论证发现税源集中度从正面影响前沿技术进步，从负面影响技术效率；税务人员素质并不显著影响征管前沿技术和技术效率，但与征管前沿技术进步大致为正相关关系，与技术效率呈负相关关系。我国税权分配制度改革对征管前沿技术进步与技术效率的作用都只是有限的，没有单一的、正向的激励作用，更严格地说，综合作用也可能是不显著的。

谢滨（2007）以随机前沿模型理论为基础，通过建立数学模型，分析投入与产出指标系统，描述各项数据的基本特征，对税收系统的相对效率进行了估算，使用软件对我国税收征管效率进行实证检验并对结果进行了解释分析。杨得前（2008）利用 1994~2005 年的面板数据对我国的税收征管效率进行了量化研究。结果显示，我国税收征管效率在此期间对税收增长的贡献率为 28.11%。他认为，1994 年后，我国税收征管效率的提升对税收征收有重要作用；但是当征管效率达到足够的高度时，税收征管效率就不再是税收征收的重要手段。

刘穷志等（2009）采用非参数 Malmquist 指数法分离出税收征管前沿技术进步和征管技术效率指数，利用面板数据和计量方法对税权划分和征管前沿技术进步、技术效率的长期动态关系进行了考察。他们发现，中央与地方进行税收分权的制度改革，对征管前沿技术进步与技术效率都存在着当期的正向促进作用与滞后一期的抑制作用。税权划分对税收征管效率的激励作用不强，主要原因是税收分权带来了税收成本的激增，包括机构设置成本、人员成本、培训成本和纳税遵从成本。他们认为要提高税收征管效率应该在税收征管过程中控制征管成本，谨慎设置税收结构，压缩征管过程中不必要的开支；规范、理顺“国税”与“地税”系统的关系，相互协调配合，减少不必要的竞争。肖加元（2009）指出分税制改革以来，“国税”与“地税”分立，我国税收征税成本率呈不断上升趋势，机构臃肿，税务行政效率低下，纳税人的负担加重。现有的税收征管考核体系在考核地方税征管效率上比较缺乏，为了满足现实的需要，应当对地方税收征管效率考核体系进行优化设计。

王德祥和李建军（2009）利用 SFA 方法和面板数据实证分析我国税收征管效率，结果发现，1997~2005 年我国各地区的征管效率整体上呈现上升趋势，但整体水平仍然不高，1997~2005 年各地区总的平均征管效率为 0.156 78，2005 年平均征管效率为 0.167 2，说明我国税收征管效率整体仍不高，还有很大的提升潜力；而地区间的征管效率虽然具有很大的差距，但是呈现出了收敛趋势；税务从业人员的性别比例和年龄构成均会影响税收征管效率；经济发展水平对税收征管效率有较弱的正效应；适量减少税务机构人员可以提高税收征管效率。陈工等（2009）发现，我国东部地区的平均税收征管效率是三大地区中最高的。他们同时发现市场发育程度和税收征管效率之间存在密切关系，在市场发育越完善的地区，征管效率也越高。分税制改革抑制了地方税收的增长，人均资本和经济效率显著地促进了税收增长。龚志坚等（2009）认为目前我国的税收征管资源是按照行政区域的划分进行“一刀切”式的配置，税务人员的数量、征管设施的配置和行政经费的拨付等税收征管资源的安排没有考虑到各行政区域的税源规模、税源结构特点、税种征收难易程度等复杂因素，从而在很大程度上造成了税收征管效率的损失。通过以上税收征管效率损失模型的构建与实例运用，我们得到以下结论：当所有子区域税收征管资源与自身税收潜力规模按正比例配置，所有子区域税务部门取得最优征管能力，并与各自的最大税收潜力相等时，可实现母区域整体税收征管效率损失最小，税收征管效率最大。龚志坚等建议：实际人均税收收入大于单个税务人员最优税收征管能力的区域税务部门，应通过增加税务人员实现优化配置；实际人均税收收入小于单个税务人员最优税收征管能力的区域税务部门，则应通过减少税务人员实现优化配置。

杨得前（2010）采用DEA对税收征管效率进行测算的结果表明，我国税务机关现在的综合效率和技术效率都是处在较低水平，还有很大的提升空间。因为经济上发达的地区，税源数量较充足，税源质量较好，纳税能力较强，税务机关的人均征收额自然也较高，且经济上较发达省份的税务机关有较多的资金用于信息化建设，税收征管综合效率高。李建军等（2011）利用我国省级数据对地方税收效率和公平性进行计量分析发现：在效率维度，除资源税外，所得税、财产税、流转税和行为税比重的增加会引起经济总体产出减少，也就是说，降低宏观税负有利于增加经济产出。增值税、行为税、企业所得税和营业税比重的增加有利于资本要素产出效率的提高，但增值税和行为税不会显著影响劳动要素的产出效率，而企业所得税与营业税会降低劳动要素的产出效率；个人所得税和财产税比重的提高有利于劳动要素产出效率的提高，个人所得税对资本要素产出效率的影响不显著，而财产税会降低资本产出效率；城市维护建设税对经济产出和生产要素产出效率均不具有显著作用。

何平林和石亚东（2012）运用DEA效率评价模型，对22个区县税收征管效率进行了分析，结果显示，各区县税收征管效率整体上有进一步提升的空间，决策单元（decision making unit，DMU）之间的税收征管效率存在明显差异。税收征管效率的高低受经济税源因素、税收制度因素和税收征管因素的影响。通过敏感度分析发现，税收人员变量和成本费用变量对税收征管效率影响显著。他们的研究还发现，部分地区地方税务局在征管成本费用和税收人员变量方面还有大幅度降低的空间。王宝顺和于海峰（2012）采用三阶段 DEA 方法对我国 2009 年各省（自治区、直辖市，不包括港澳台地区）的税收征管效率进行了实证分析，分析结果显示：经济发展水平等外生环境变量、税源质量和税务人员比例对税收征管效率有显著影响；在投入比例和产出水平不变的条件下，控制随机因素，地方税收征管平均存在26.2%的投入浪费，地区间税收征管效率有明显差异。李建军等（2012）采用修正的 DEA 方法，通过控制松弛变量、外部和随机误差，评估了我国 30 个省（自治区、直辖市）1997~2007 年的税收征管效率。结果显示：如果忽略松弛变量对征管效率的影响，且不控制外生环境和随机因素，会导致各地的征管效率被低估，而且会导致各地区所估得的效率相对值产生偏误；我国税务部门的整体效率比较高，但是近年来的税收征管效率略有下降；分区域看，我国税收征管效率整体水平在中部、西部和东部表现出从高到低的趋势，不同区域间的差距较小；经济开放程度和税务工作人员中女职工的比例越高，越有利于税务部门征管效率的提高；由于经济生活的复杂性、税源对征税的逆向激励等，经济增长在一定程度上会制约税收征管效率的提升；人口密度、人口税务人员比、税务人员大学及以上教育程度比三变量与各投入松弛量的系数在统计上都显著。宋英杰（2012）利用 SUPER-SBM DEA 模型对税收征管机关的投入要素控制力进行了辨析，在效率评价指标体系中引入了不可控要素，并且在构建投入产出指标进行实证之后，对地区间税收征管效率水平进行了评价，探讨了税收征管效率的提升路径。他的研究结果显示：我国税收征管效率整体水平较低，而且具有明显的区域特征（东部较高，西部略差，中部最差）；征管单位具有较大的冗余投入。

李建军（2013a）认为我国宏观税负并不明显偏高和“税收痛苦指数”排名靠前的现实、实际税率与名义税率的反差揭示出我国税收征管中存在明显的不足。通过对税收总体和主要税种征管效率的测算发现，我国税收征管效率还处于较低的位置，具有很大的提升空间。他站在宏观角度就税收征管对实际税率的影响进行实证研究，结果显示：税收征管效率的提高对宏观实际税率和营业税、增值税、所得税实际税率的提高有显著作用。也就是说，为满足公共支出需要的税收，在征管水平较低时应设定相对较高的名义税率。但是，如果提高了税收征管水平和效率，就可以在不降低税收收入的情况下，降低各项税收的最高边际税率和名义税率。李建军（2013b）称，如若没有廉价、高效的税收征管，个人所得税的综合课征在实践中难以实现，高效的个税征管不仅是税收行政效率的要求，还是个人所得税税制实现公平和效率的基础条件和保障。他发现，我国个人所得税征管效率在近年来是曲折上升的，但上升幅度有限，整体上还是处于很低的水平。他基于个人所得税征管理论模型进行实证得出：工资薪金和个体工商户生产经营所得税比重的提高、个税征管的碎片化降低了个税的征管效率。

（三）国内税收效率研究评述

已有的研究从税收效率的理论层面对税收效率的含义、性质、内容等多个部分做了阐述，较为全面地刻画了“什么是税收效率”，使后人在认识和研究税收效率时具有更多的理论依据和判断标准。将实证研究方法大量地运用到税收效率的研究当中，广泛地引入各种模型和各种数学分析方法，在丰富税收效率研究的同时，更是以数字的方式提高了研究结论的可信度，也让读者更加直观地了解税收效率与其他研究对象之间较为准确的关系。

结合我国税收现状，我们发现，国内已有的关于税收效率的实证研究多是对整体税收效率进行测算，宏观性较强。从较为微观角度测算税收效率的研究比较缺乏，如“国税”与“地税”税收效率的对比、直接税与间接税税收效率的对比、主要税种之间税收效率的对比以及区域之间的税收效率情况。就今后的研究而言，可以从更为微观的角度进行深入研究。

第三章　我国税收结构的历史描述

第一节　税收比例与结构分析

一、税收比例

税收比例，体现的是税收与其他对象之间的比例关系。具体地，我们可以从以下几个方面来理解：第一，税收收入占某类经济指标的比重；第二，税收法定比例，即税率；第三，各类税收占税收收入的比重；第四，中央与地方税收分成比例。在税收比例部分之后，我们会花很大的篇幅讨论各类税收占税收收入的比重以及中央与地方税收分成比例，所以在这部分仅介绍第一种比例和第二种比例。

1）税收收入与某类经济指标的比值反映的是税收加之该类经济活动上的负担程度，即税负

税负是税收负担的简称，它是指纳税人因履行纳税义务所承受的经济负担，常以纳税额与相关经济指标的比值衡量。按指标所反映的深度不同，可以将税收负担分为微观税负、中观税负和宏观税负。

微观税负反映的是某一纳税人在一定时期或某一经济事件过程中，所缴纳的全部税收/同期或该时间的经济收入，微观税负的纳税主体一般是具有某种共同特点或彼此关系密切的某类纳税人，并非单个纳税人或无关联性的纳税人。微观税负也称为狭义税负，它从纳税人的角度考察企业、个人等微观经济主体的税负水平。较为常见的微观税负衡量指标如下：企业税收负担率=各种纳税总额/同期销售收入×100%；个人税收负担率=个人实际纳税额/个人收入总额×100%。

中观税负指的是一定地域或国民经济某一部门的全体纳税人所缴纳的全部税款/同期该地或该部门经济产出，它介于宏观税负与微观税负之间。合理确定地区和行业等的中观税负有利于确立良好的经济区域结构和产业结构，促进经济的高速、平稳发展。

宏观税负是一个国家的税负总水平，是指一定时期私人部门因为国家课税而放弃的资源总量，通常以一定时期（一般为一年）的税收总量占 GNP 或者 GDP 亦或是国民收入的比例来衡量，其比值分别被称为国民生产总值税收率、国内生产总值税收率和国民收入税收率。宏观税负问题是税收政策的核心问题，合理的宏观税负水平对于保证政府履行其职能所需的财力，发挥税收的经济杠杆作用有重要作用。

实际中，在计算宏观税负指标时，并不仅局限于采用政府获得的税收收入，而更多运用政府收入。根据政府取得收入口径的不同，通常可以从大、中、小三个口径来计算衡量宏观税负。大口径的宏观税负是指政府当期的全部收入在同期 GDP 中所占的比重，政府的全部收入包括预算内财政收入、预算外收入、社会保障基金收入以及各级政府及其部门以各种名义向企业和个人收取的没有在纳税预算内和预算外管理的额外收入。中口径宏观税负是当期政府的财政收入占同期 GDP 的比重，财政收入是包括了税收收入在内的预算内财政收入。小口径宏观税负是指当期税收收入占同期 GDP 的比重。按照不同口径计算的宏观税负水平具有较大的差异。

2）税收法定比例

税收法定比例，通常被称为税率，它是税法规定的应纳税额与征税对象之间的比例，是计算应纳税额的尺度，是税法结构的核心要素，也是衡量税负轻重与否的重要标志。在一定限度内，征税对象和税目不变的情况下，税率与税额的增减成正比。国家在运用税收取得财政收入时，经常通过变动税率来调整税收规模；在运用税收调节经济时，也经常通过变动税率来鼓励或限制某种经济的发展。

我国现行的税率主要有比例税率、定额税率和累进税率三种基本形式，在特定条件下还存在零税率、负税率、累退税率等。就征税方法而言，比例税率在本质上是税收比例的一种，累进税率在某些情况下属于税收比例。

比例税率是指对同一征税对象不论数额大小，都按同一比例征税。它的优点主要在于：它对同一课税对象的不同纳税人税收负担相同，能够鼓励先进，鞭策落后，有利于公平竞争；计算简便，有利于税收的征收管理。但是，它不能体现能力大者多征，能力小者少征的原则。

二、结构分析

（一）税收结构

税收结构，是指以不同分类标准对税收收入进行分类后，税收收入总量中各类税收所占比重的结构关系。税种、税类、地区、行业、部门、产品等均可作为税收结构划分的依据。于海峰等（2005）指出，一定时期的税收结构与当时的生产力发展水平、经济模式及财政目的有紧密的关系。

科学合理的税收结构应满足下面几个基本要求：第一，税种选择要符合经济社会发展水平，主体税种的选择更是要适合国家的现实国情；第二，税收负担要适度，要充分体现税收的财政、公平和效率原则；第三，税收覆盖面广，要能广泛覆盖经济社会的各方面，既要对交易收入征税，也要对生产要素所得征税；第四，税种之间要尽量避免重复征税，避免税负畸轻畸重现象，减少税收对市场有效资源配置的扭曲作用；第五，方便征收管理，税收成本较低；第六，税收结构应该保持相对稳定性，有健全的法制环境。

（二）税制结构

实际中，人们多从税种和税类角度对税收结构进行划分，其中，以税种为依据探讨的税收结构通常被称为税制结构。更准确地说，税制结构是指一国税收体系的整体布局和总体结构，是国家根据当时经济条件和发展要求在特定税收制度下，由税类、税种、税制要素和征收管理层次所组成的，分别主次，相互协调、相互补充的整体系统。它体现了构成税制的各税种在社会再生产中的分布状况及相互之间的比重关系，其研究范围主要包括主体税种的选择以及主体税与辅助税的配合等问题。一般情况下，根据一个国家或者地区开征税种的多少，可以将税制结构分为单一税制和复合税制。

单一税制是指以一种课税对象为基础设置税种所形成的税收制度，它表现为单一消费税、单一土地税、单一财产税、单一所得税等较为简单的税种构成形式。采用单一税制模式，一般收入弹性不大，国家的财政收入难以单纯依靠税收来满足，且其难以实现普遍征税。因单一税制不符合普遍、公平的税收原则，限制了税收职能作用的领域，不利于国家利用税收杠杆来实现财政、经济和社会政策目标。所以，单一税制基本上只停留在理论设想上。17世纪到19世纪，单一税制曾经为欧洲国家一些新兴资产阶级学者所提倡。在当时，单一税制是他们针对封建国家的苛捐杂税和专制课征制度所提出的一种极端的见解。

复合税制是指以多种征税对象为基础设置税种所形成的税收制度，它具有主次搭配、层次分明的特点。由于税种较多，能够集中比较多的财政收入，而且，复合税制比单一税制更能实现普遍征收和公平税负的原则，所以目前绝大多数国家都采用了这一种税制模式。我国也是采用复合税制。

主体税种的选择是一个国家采用复合税制应该考虑的首要问题。主体税种是指在税制结构中占主导地位的税种，其特点是收入比重大，调节范围广。当前，主体税有三种基本类型：以所得税为主体税、以商品税为主体税以及双主体税（所得税和商品税）。通常情况下，经济发展水平高的国家会选择以所得税为主体税，经济发展水平较低的国家多选用商品税作为主体税。随着经济发展水平的不断提高，主体税呈现出“商品税—双主体税—所得税”的发展规律。我国目前采用的是双主体税。

以财产税为主体的税收结构主要存在于资本主义以前的社会。资本主义以前的社会主要表现为自然经济形态，低下的生产力水平使得剩余产品有限，财产主要是以土地表现出来的。因此，当时主要征收土地税，同时伴有人头税。财产税是直接对人或物进行直接课税，是一种原始的直接税，以财产的占有量为课税依据，能够实现公平课税。与其他税相比，财产税对税收征管的要求相对较低，且如果在税率合理的前提下，其对经济产生的负效应比较小，可以实现税收的经济效率。

以流转税（商品税）为主体的税收结构随着社会生产力的发展而出现。生产力发展后，商品生产和交换日益频繁，规模日益扩大，商品税有了现实基础，为流转税（商品税）成为主体税提供了可能性。以流转税（商品税）为主体的税收结构扩大了国家财政税收的来源，只要存在商品交换就可以使得国家取得较为客观的税收收入，因而具有一定的优越性。现实中，采用以流转税（商品税）为主体税的税制结构，通常以增值税、销售税、货物税、消费税和营业税等税种为主，辅以所得税和财产税，并且通过这些税对社会经济进行调节。这种税制结构的税源稳定可靠，能够保证财政收入的稳定性；税负转嫁，可以激励商品经营者加强管理，降低成本，技术创新，有利于提高经济运行效率；但以流转税为主体税的税制结构不利于贯彻税收的公平原则。

以所得税为主体的税制结构出现较晚。资本主义社会以生产资料私有制经济为基础，企业往往为私人所有，故而，个人收入水平比较高，这为大规模推行所得税，特别是个人所得税提供了可能。通常在以所得税为主体税的税收结构中，个人所得税和社会保障税占据主导地位，法人所得也是重要的课税对象。这种税制结构对社会的调节作用主要通过所得税来实现，并辅以有选择地采用流转税、财产税等，弥补所得税功能的不足。该种税制结构可以实现税收的社会公平目标，调节宏观经济；但是，如果组织不好，会阻碍经济效率的提高。选择所得税为主体税需要具备相应的条件，如高度发达的商品经济、较高的人均收入水平、先进的税收征管手段等。故而，这一税收结构为多数经济发达国家采用。

（三）税收结构设计的影响因素

从宏观角度分析，社会生产力水平、社会经济结构、经济管理体制及运行模式、政府意图、国家的开放程度（国际环境）都会影响税收结构。

一个特定税收结构的总方向取决于当时当地的社会生产力水平。社会生产力水平决定了生产情况、可供分配的剩余产品量以及商品经济所处的水平，进而可以决定国家所能开征或者不能开征的税收，并确定所开征的税收中，哪些以财政收入为开征目的，哪些以调节社会经济为开征目的。

税收本身就归属于经济范畴，其结构必然会受到社会经济结构的影响。社会经济结构体现的是生产关系的总和，包括生产资料所有制结构、产业结构、地区结构、技术结构、消费与积累结构等。当客观经济状况发生改变时，必然会导致经济结构变化，从而引起税收结构的变化。原本合理的税收结构，在经济结构发生变化后，极有可能变得不再合理，此时，就要求税收结构做出相应的调整。

税收是一种分配形式，而分配体制是经济管理体制的一个重要环节。税收作为一种收入分配形式，其税种的设置与管理、税种之间的协调和配合，都是在一定的经济管理体制下进行的，故而，作为分配形式的税收必须与其分配体制相适应。高度集中的经济管理体制下，税收的经济杠杆作用会被削弱，而在分散的经济管理体制中，税收的经济调节作用得到了强化。

经济运行机制是指经济运行的形式和运行的具体制度。在经济调节方式上，一个国家或地区是实行计划调节或是市场调节，还是计划调节和市场调节相结合，均反映了该国的经济运行情况。在不同的社会制度下，可以有不同的经济运行方式，而各经济运行方式对税收结构有不同的要求。计划调节方式下，税种的设置、税率水平高低、税负情况均是事先计划的，进而税收结构也基本确定了。市场调节方式下，一切均以市场为核心，税种的设置也以调节市场为目的。在计划调节与市场调节相结合的运行方式下，税收结构的设置同时受到计划调节与市场调节两方面的影响。

税收调控是经济调控的三大手段之一，政府为了达到一定的经济或政治目的，可以通过调整税收政策达到预期效果。在一定时期内，受政府整体意图的影响，税收收入会以工具形式被政府所利用，相应地，税收结构也会发生一定的改变。

在经济全球化和一体化的大背景下，很少有国家会闭门造车。多数国家都会选择开放国家市场，引入外资和技术，借以发展本国经济。但是由于各个国家的国情不一样，每个国家在对外开放程度上存在较大差异，给予的经济自由度也不同，所以经济结构也呈现出差异。对外开放程度高的地区，经济更加自由，贸易更加频繁，政府可选择和采用的课税对象也相对较多，同时，高程度的对外开放度使得一国税收结构的设计在很大程度上会受到其他国家税收结构的影响。

从微观角度分析，税种的特点和作用（税种的弹性）、税收征管效率水平（管理成本）、税基情况、地区市场的开放与成熟度均会对税收结构的设计产生影响。

每个税种都有其优点和缺点以及不同的作用，国家或地区在设置税种、选择税收结构时，必须根据税种的不同特点和作用，充分利用每个税种的优点，避开其缺点和负面作用，达到预期的经济社会目的。此外，每个税种对经济增长的弹性（税收弹性系数）是不同的，其各自对经济的影响情况也不尽相同。当某个税种的税收弹性系数较大时，该税种的微小改变会对经济增长产生较大影响，因此在选用和改变时应该谨慎；而税收弹性系数小的税种具有一定的稳定性，适合达到常规的、稳定的目的。

不同税种在税基的确定、计税方法及监督检查的难易程度上存在差异，因而每个税种对税收征管的要求是不一样的。消费税、营业税等税种依据销售收入计税，对税收征管水平的要求相对较低；增值税和所得税对纳税人的纳税意识要求较高，要求税务部门的征管制度要健全，对征管水平的要求相对较高。相较而言，直接税损失比间接税损失多，征收成本高于间接税，所以，税种的设置必须考虑到征管条件的约束。税收管理成本也是影响税收结构设计的重要因素之一。在税收管理成本预算宽裕的情况下，税收结构的可选性会比较多。与之相反，如果税收管理成本预算较少，就应该选择那些收入相对稳定、对成本的要求不高的税类作为主要的税收收入来源。

税基是指据以计算应纳税额的基数，包括实物量和价值量两类。税基的选择应与税源分布相适应。健康的税基结构应当是广泛的、充裕的，并且根据税源的变化，应当适时调整税基结构。在类别上，税基分为实物量税基和价值量税基，实物量税基的计算相对于价值量税基的计算更为简单，对税收征管的要求更低。一国政府可以通过税基选择与本国税收征管效率的实际情况来设计本国的税收结构。简而言之，税基可以协同税收征管效率影响税收结构的设计。

我国地方政府在税收问题上有一定的自主性，可以开征或取消某些地方税种。大处着眼，我国的市场经济还处于初级阶段，其发展程度不高；小处着眼，我国各地区的经济发展水平呈现出严重不均衡状态，其原因之一在于各地区由于这样或那样的原因，内部市场和外部市场的开放程度不一。开放程度高的地区，经济贸易行为更为发达，管理思想和方法更加先进，管理当局对税收的利用方式也呈现出更为开放的特点；而在开放程度较低的地区，贸易方式会较为传统，管理者的思维相对保守，其管理下的税收具有较为保守的地方特色。在地方开放程度不一的情况下，各地区的税收结构会有所不同。

（四）中华人民共和国成立以后的税制改革、我国现行的税制结构以及现阶段的改革方向

中华人民共和国成立以来，我国税制经过了由繁到简，又由简到繁的过程，从整体上看，我国税制改革大致经历了 3 个历史时期：1949 年中华人民共和国成立至 1957 年是税制建立和巩固时期；1958 年到 1978 年底（十一届三中全会召开之前），为税制曲折发展的时期；1978 年十一届三中全会召开之后这段时期是税制建设全面加强、税制改革不断前进的时期。

在前述的三个时期内，我国税收制度先后进行了 5 次重大改革：中华人民共和国成立之初，新税制建立；1958 年，税制简化改革；1973 年，进一步地简化税

制改革；1984 年的改革以国营企业“利改税”和全面改革工商税收制度为主要内容；1994 年，以全面改革工商税收制度为主要内容。

我国现行的税收制度的雏形形成于1994年税制改革时期。1994年的税制改革，全面改革了流转税制度，实行以增值税为主体，消费税、营业税并行，内外统一的流转税制；将国营企业、集体企业和私营企业分别征收的多种所得税合并为统一的企业所得税；将对外国人征收的所得税和对中国人征收的所得税合并为统一的个人所得税；大幅度地调整了资源税、特别目的税、行为税和财产税，开征了土地增值税，下放了一些税收的征管权力，并取消了部分不合理的税收。

2003 年，十六届三中全会通过了《中共中央关于完善社会主义市场经济体制若干问题的决定》，明确提出分步实施税收制度改革。它确定了 8 个方面的改革内容：改革出口退税制度。统一各类企业税收制度。增值税由生产型改为消费型，将设备投资纳入增值税抵扣范围。完善消费税，适当扩大税基。改进个人所得税，实行综合和分类相结合的个人所得税制。实施城镇建设税费改革，条件具备时对不动产开征统一规范的物业税，相应取消有关收费。在统一税政前提下，赋予地方适当的税政管理权。创造条件逐步实现城乡税制统一。在十六届三中全会上提出了“简税制、宽税基、低税率、严征管”的原则。

2006 年，取消了农业税，并对消费税的税目、税率和相关政策做了调整。2009 年，我国全面施行“消费型”增值税，实现了增值税由生产型向消费型转变的重大改革。2005~2011 年，我国个人所得税的免征额由 1 600 元提高到了 3 500 元，并将 9 级税率调整为 7 级税率，且最低一档的税率降低到了 3%。2010 年，决定对外商及个人征收城市维护建设税和教育费附加。2011 年，开始在部分试点范围实行营改增，缓解流转环节重复纳税的情况。

1994 年税制改革后，我国以增值税和所得税为主体的“双主体”税制结构逐步合理完善，但仍然存在一些缺陷，主要表现在：流转税比重偏大，所得税比重过小；在流转税类中，增值税比重过大，消费税比重较小；在所得税类中，个人所得税比重过小，所得税主要依赖于企业所得税；社会保障税等税种尚未开征；税制结构整体整合力度不够，各税类、税种功能结构不健全，重复征税问题严重；间接税比重偏高，直接税比重偏低，直接税与间接税比例失衡；现行的税收结构固化了中央与地方的税收分配关系，地方不易形成稳定性税源；环境意识在税收上的体现不足。

针对现行税制的不足，政府当局做了许多工作。最近几年，我国政府一直把税收改革当作重点项目来抓。2011~2014 年的政府工作会议均提到了结构性减税：2011 年的政府工作会议报告提到继续实施结构性减税政策，促进扩大内需和经济结构调整，优化财政支出结构，有保有压。2011 年，“健全财力与事权相匹配的财税体制，清理和归并专项转移支付项目，增加一般性转移支付，健全县级基本财力保障机制。在一些生产性服务业领域推行增值税改革试点，推进资源税改革"①是政府工作中有关财税方面要达到的主要目标。2012 年的政府工作报告中提到"深化财税金融体制改革。完善分税制，健全转移支付制度，提高一般性转移支付规模和比例。健全消费税制度，全面深化资源税改革"②。2013 年的政府工作报告中提到"加快财税体制改革，理顺中央和地方财力与事权的关系，完善财政转移支付制度，健全公共财政体系，构建地方税体系，促进形成有利于结构优化、社会公平的税收制度"③。2014 年政府工作报告中提到"推进税收制度改革，把'营改增'试点扩大到铁路运输、邮政服务、电信等行业，清费立税，推动消费税、资源税改革，做好房地产税、环境保护税立法相关工作。进一步扩展小微企业税收优惠范围，减轻企业负担。抓紧研究调整中央与地方事权和支出责任，逐步理顺中央与地方收入划分，保持现有财力格局总体稳定"④。

2014 年 5 月，李克强总理在《关于深化经济体制改革的若干问题》中提出："推进税制改革。当前的重点是扩大营改增。这项改革不只是简单的税制转换，更重要的是有利于消除重复征税，减轻企业负担，促进工业转型、服务业发展和商业模式创新。系统考虑，营改增还有五步曲。第一步，2014 年继续实行营改增扩大范围；第二步，2015 年基本实现营改增全覆盖；第三步，进一步完善增值税税制；第四步，完善增值税中央和地方分配体制；第五步，实行增值税立法。"⑤

从有关的政策性文件看，政府财税工作重心主要表现在以下几个方面：基于经济结构调整税种；结构性减税，降低税收负担；匹配财权与事权；加强并改善与民生有关的税收制度，开始关注税收在环境保护上的作用。其中，结构性减税是近几年的热点和焦点。

结构性减税是指"有增有减，结构性调整"的一种税制改革方案，是为了达到特定目标，针对特定群体、特定税种来削减税负水平。它区别于全面的、大规模的减税，也有别于以往有增有减的税负调整，强调有选择性的减税，强调税制结构内部的优化。结构性减税的提法首次出现于 2008 年 12 月初召开的中央经济工作会议。

---

① 温家宝. 政府工作报告——2011 年 3 月 5 日在第十一届全国人民代表大会第四次会议上[EB/OL]. http://www.china.com.cn/policy/txt/2011-03/16/content_22150608_5.htm，2011-03-16.

② 温家宝. 政府工作报告——2013 年 3 月 5 日在第十二届全国人民代表大会第一次会议上[EB/OL]. http://theory.people.com.cn/n/2013/0319/c40531-20832391.html，2013-03-19.

③ 温家宝. 政府工作报告——2013 年 3 月 5 日在第十二届全国人民代表大会第一次会议上[EB/OL]. http://www.gov.cn/2013zfbgjjd/content_2363807.htm，2013-03-18.

④ 李克强. 政府工作报告——2014 年 3 月 5 日在第十二届全国人民代表大会第二次会议上[R]. 新华社，2014-03-14.

⑤《求是》刊发李克强总理文章：关于深化经济体制改革的若干问题[EB/OL]. http://www.xinhuanet.com/politics/2014-05/01/c_1110499681.htm，2014-05-01.

第二节 直接税与间接税的比例关系描述

一般认为，税制结构的选择主要在于直接税与间接税的权衡问题，直接税以所得税为主，而间接税包括增值税、消费税和其他商品与服务税。因为各国习惯不同，在税种的细化和称呼上存在些许差异。

一、直接税与间接税基本知识

（一）直接税与间接税

根据税负是否可以转嫁，通常将税收分为直接税和间接税。

直接税是指直接向个人或企业开征的税，包括对所得、劳动报酬和利润的征税。直接税的纳税义务人同时是税收的实际负担人，纳税义务人不能或不便于把税收负担转嫁给别人。其纳税人在表面上和实际上都是税收承担者，也即纳税人与负税人一致，直接税的重要特点主要在于税负难以转嫁。直接税的征收可以根据负税人的实际情况确定纳税额，比较符合现代税法税负公平和量能纳税的原则，能够调节社会财富的再分配。直接税多以所得税、房产税、遗产税、社会保险税等方式表现出来。在以直接税为主体的税制结构中，主要税种一般包括个人所得税和企业（法人）所得税。以个人所得税为主体税种的税收制度多见于经济发达的国家，而把企业（法人）所得税作为主体税种的国家很少。

间接税是与直接税相对应的称呼，它以商品和服务为中介，间接地对公众征税。间接税的纳税义务人并不是税收的实际负担人，其纳税义务人可以通过提高价格的方式把税收负担转嫁给别人，也即其纳税人与负税人并不一致。间接税不仅无法根据私人的具体情况确定纳税额度，而且极其容易造成重复征税，故而间接税不能很好地体现税法税负公平和量能纳税的原则。间接税的主要特点是税负能够转嫁，当政府向生产商或者供应者收取税款时，他们可以通过调整货物的价格将税负全部或部分转嫁给消费者，其转嫁程度受该商品的价格弹性影响。间接税几乎可以对一切商品和劳务征税，征税对象具有普遍性，税源丰富。此外，间接税是以商品价格或劳务收费标准为依据予以课征，无论商品生产者的成本如何、盈利怎样，只要商品和劳务一经售出，税金就可以实现，因而具有保证财政收入的内在功能。现实中的间接税多以关税、消费税、销售税、货物税、营业税、增值税等方式表现出来。在以间接税为主体的税制结构中，主体税种一般包括增值税、营业税和消费税。

现实中，不少发展中国家采用的是以某种直接税和某种间接税为“双主体”的税制，这种“双主体”税制是作为一种过渡性税制类型而存在的。我国现阶段采用的就是流转税与所得税并行的双主体税制。

在税收收入一定的情况下，直接税与间接税的比例呈现出此消彼长状态。一个国家税收收入中直接税与间接税各自所占的比重大小是由该国经济现状、政治情况及历史条件等多方面因素共同影响所决定的。

（二）改革开放以来我国税种、直接税与间接税的变化情况

经过国营企业“利改税”和工商税制改革，1985年，我国的税制一共设有29种税收，包括国营企业所得税、国营企业调节税、集体企业所得税、中外合资经营企业所得税、外国企业所得税、个人所得税、国营企业奖金税、集体企业奖金税、事业单位奖金税、国营企业工资调节税、产品税、增值税、营业税、工商统一税、关税、城市房地产税、契税、资源税、盐税、车船使用牌照税、船舶吨税、城市维护建设税、建筑税、烧油特别税、屠宰税、牲畜交易税、集市交易税、农业税和牧业税。其中，间接税有增值税、营业税、关税、工商统一税、盐税、资源税、城市维护建设税和集市交易税，其余的21种税均属于直接税。

1994 年税制改革后，我国设立了 23 种税收，包括企业所得税、外商投资企业和外国企业所得税、个人所得税、增值税、消费税、营业税、关税、土地增值税、房产税、城镇土地使用税、城市房地产税、城市维护建设税、耕地占用税、契税、资源税、车船使用牌照税、车船使用税、印花税、固定资产投资方向调节税、筵席税、屠宰税、农业税和牧业税。其中，间接税包括增值税、营业税、消费税、关税、城市维护建设税和资源税，其余的17种税为直接税。

2008年，我国一共设立了20种税收，包括增值税、营业税、消费税、关税、企业所得税、个人所得税、车辆购置税、土地增值税、城市房地产税、城镇土地使用税、房产税、耕地占用税、契税、资源税、印花税、车船税、船舶吨税、城市维护建设税、烟叶税、固定资产投资方向调节税。其中，间接税有增值税、营业税、消费税、关税、资源税和城市维护建设税，其余14种税为直接税。

根据 2014 年税法的最新细则，我国现行税制中包括的有效税种有 18 个，它们分别是增值税、消费税、营业税、城市维护建设税、船舶吨税、烟叶税、关税、资源税、土地增值税、房产税、城镇土地使用税、契税、耕地占用税、车辆购置税、车船税、印花税、企业所得税和个人所得税。关税和船舶吨税由海关征收，进口货物的增值税、消费税由海关部门代征，其他16个税种由税务部门负责征收。现行的18个税种中有9个直接税和9个间接税。其中，直接税包括企业所得税、个人所得税、房产税、城镇土地使用税、耕地占用税、土地增值税、契税、车船税和车辆购置税；间接税包括增值税、消费税、营业税、关税、资源

税、烟叶税、城市维护建设税、印花税和船舶吨税。

2016 年 3 月 18 日，国务院常务会议审议通过全面推开营改增方案，明确从 5 月 1 日起，将建筑业、房地产业、金融业、生活服务业 4 个行业纳入营改增试点范围，告别营业税时代。

从税收制度中税种数目的变化情况看，我国税收制度在税种上的总体趋势是简化税制，具体的做法如下：摒弃内外资区别对待的做法；将本质相同的税种进行合并归整和简化；取消或降低与农业相关的税种，降低农民税收负担，鼓励农业发展。

二、直接税与间接税数据刻画

朱志钢和高梦莹在《论直接税与间接税的合理搭配》中提到：《中国税务年鉴》将税种分为增值税、消费税、营业税、企业所得税、个人所得税、资源税、固定资产方向调节税、城市维护建设税、房产税、印花税、城镇土地使用税、土地增值税、车船税、车辆购置税、烟叶税和其他税收。其中，固定资产投资方向调节税带有计划经济的痕迹，具有一定的历史过渡性，且相关规定规定：2000 年 1 月 1 日起新发生的投资额，暂停征收固定资产投资方向调节税。耕地占用税、契税、关税、船舶吨税被划分为其他税收，占总税收比例不足 1%，影响很小。根据以上条件，他们把企业所得税、个人所得税、房产税、城镇土地使用税、土地增值税、车船税、车辆购置税归为直接税；将增值税、消费税、营业税、资源税、烟叶税、城市维护建设税与印花税归为间接税。

在刻画我国直接税与间接税之间的结构比例关系时，本书有以下几个前提：第一，为了税种前后的一致性和可比性，我们对某些税种进行了删减或者加工；第二，我们在直接税与间接税的分类问题上，借鉴了朱志钢和高梦莹关于直接税和间接税的分类标准。

具体过程：首先，我们查阅了多个年份的《中国税务年鉴》，考虑数据的连贯性，并依据各年税种设置的变化情况与数据取得的便利性，在进行税收比例刻画部分，选择以 2005~2015 年的税收数据作为基础；其次，为了比较分析的一致性和可行性，在前后税种差异性的基础上，剔除了某些前后不一致的、影响不大的税种，如烟叶税、屠宰税、固定资产投资方向调节税等；最后，将早些年份《中国税务年鉴》中分列的企业所得税与外商投资企业和外国企业所得税合并为企业所得税。

（一）直接税与间接税结构比例的整体刻画

表 3.1 是根据上述操作步骤剔除、整理相关税种后得到的基本税收数据；表 3.2 是根据朱志钢和高梦莹关于直接税和间接税的分类标准，对相关税种进行的简单统

计，基本反映了 2005~2015 年我国主要的直接税和间接税税收收入的数量情况。

表 3.1 2005~2015 年主要税收收入统计表 单位：亿元

税种	2005 年	2006 年	2007 年	2008 年	2009 年	2010 年	2011 年	2012 年	2013 年	2014 年	2015 年
增值税	14 867.06	17 755.94	21 595.43	25 266.41	26 109.83	31 451.58	37 210.03	40 448.22	42 174.86	44 581.49	43 092.11
消费税	1 686.10	1 991.68	2 376.93	2 846.09	5 218.89	6 761.95	7 936.94	8 876.18	9 095.31	9 816.24	11 389.99
营业税	4 231.52	5 129.75	6 582.80	7 628.40	9 015.19	11 159.24	13 679.87	15 751.22	17 238.54	17 778.92	19 314.59
企业所得税	5 511.31	7 080.90	7 723.74	12 195.16	12 156.26	14 548.89	19 602.80	22 007.86	23 879.59	26 441.80	27 711.72
个人所得税	2 093.96	2 452.67	3 184.94	3 722.31	3 943.59	4 837.27	6 054.08	5 820.32	6 531.53	7 376.60	8 617.26
资源税	142.20	207.02	261.02	301.64	338.22	417.55	598.83	904.23	1 005.52	1 083.66	1 034.95
城市维护建设税	795.67	939.73	1 156.40	1 344.20	1 544.14	1 887.09	2 777.48	3 126.76	3 419.45	3 641.91	3 909.33
房产税	435.85	514.81	575.42	680.28	803.62	894.06	1 102.39	1 372.48	1 581.50	1 851.64	2 051.22
印花税	226.85	376.64	2 261.75	1 320.15	901.47	1 041.87	1 043.74	986.79	1 245.48	1 542.30	3 444.84
城镇土地使用税	137.35	176.81	385.47	816.89	920.99	1 004.01	1 222.22	1 540.72	1 718.77	1 992.62	2 142.49
土地增值税	140.31	231.47	403.12	537.44	719.55	1 278.29	2 062.79	2 719.06	3 293.92	3 914.68	3 832.64
车船税	38.90	49.97	68.16	144.19	186.51	241.62	302.00	393.02	473.96	541.07	617.47
车辆购置税	558.25	687.46	876.88	989.87	1 163.91	1 792.59	2 044.88	2 228.91	2 596.33	2 885.11	2 792.56
总计	30 865.33	37 594.85	47 452.06	57 793.03	63 022.17	77 316.01	95 638.05	106 175.77	114 254.76	123 448.04	129 951.17

资料来源：《中国税务年鉴》（2006~2016 年）

表 3.2 2005~2015 年直接税与间接税统计表 单位：亿元

税种		2005 年	2006 年	2007 年	2008 年	2009 年	2010 年
直接税	企业所得税	5 511.31	7 080.90	7 723.74	12 195.16	12 156.26	14 548.89
	个人所得税	2 093.96	2 452.67	3 184.94	3 722.31	3 943.59	4 837.27
	房产税	435.85	514.81	575.42	680.28	803.62	894.06
	城镇土地使用税	137.35	176.81	385.47	816.89	920.99	1 004.01
	土地增值税	140.31	231.47	403.12	537.44	719.55	1 278.29
	车船税	38.90	49.97	68.16	144.19	186.51	241.62
	车辆购置税	558.25	687.46	876.88	989.87	1 163.91	1 792.59
	合计	8 915.93	11 194.09	13 217.73	19 086.14	19 894.43	24 596.73
间接税	增值税	14 867.06	17 755.94	21 595.43	25 266.41	26 109.83	31 451.58
	消费税	1 686.10	1 991.68	2 376.93	2 846.09	5 218.89	6 761.95
	营业税	4 231.52	5 129.75	6 582.80	7 628.40	9 015.19	11 159.24

续表

税种		2005 年	2006 年	2007 年	2008 年	2009 年	2010 年
间接税	资源税	142.20	207.02	261.02	301.64	338.22	417.55
	城市维护建设税	795.67	939.73	1 156.40	1 344.20	1 544.14	1 887.09
	印花税	226.85	376.64	2 261.75	1 320.15	901.47	1 041.87
	合计	21 949.40	26 400.76	34 234.33	38 706.89	43 127.74	52 719.28
税种		2011 年	2012 年	2013 年	2014 年	2015 年	
直接税	企业所得税	19 602.80	22 007.86	23 879.59	26 441.80	27 711.72	
	个人所得税	6 054.08	5 820.32	6 531.53	7 376.60	8 617.26	
	房产税	1 102.39	1 372.48	1 581.50	1 851.64	2 051.22	
	城镇土地使用税	1 222.22	1 540.72	1 718.77	1 992.62	2 142.49	
	土地增值税	2 062.79	2 719.06	3 293.92	3 914.68	3 832.64	
	车船税	302.00	393.02	473.96	541.07	617.47	
	车辆购置税	2 044.88	2 228.91	2 596.33	2 885.11	2 792.56	
	合计	32 391.16	36 082.37	40 075.60	45 003.52	47 765.36	
间接税	增值税	37 210.03	40 448.22	42 174.86	44 581.49	43 092.11	
	消费税	7 936.94	8 876.18	9 095.31	9 816.24	11 389.99	
	营业税	13 679.87	15 751.22	17 238.54	17 778.92	19 314.59	
	资源税	598.83	904.23	1 005.52	1 083.66	1 034.95	
	城市维护建设税	2 777.48	3 126.76	3 419.45	3 641.91	3 909.33	
	印花税	1 043.74	986.79	1 245.48	1 542.30	3 444.84	
	合计	63 246.89	70 093.40	74 179.16	78 444.52	82 185.81	

资料来源：《中国税务年鉴》（2006~2016 年）

本节的研究重点是对直接税和间接税比例结构关系进行刻画，所以为了直观、深入地分析直接税与间接税、各自内部税收结构构成情况以及各税种的趋势变化情况，我们对数据做了进一步的处理。

图 3.1 是 2005~2015 年我国直接税和间接税分别占税收收入总额的比例。图 3.1 显示，2005~2015 年，在我国税收收入中，间接税一直占据主导地位，各年所占比例均远远超过半数，分别为 71.11%、70.22%、72.15%、66.98%、68.43%、68.19%、66.13%、66.02%、64.92%、63.54%和 63.24%。相较而言，直接税在全国税收总额中所占的比例处于次要地位。相对应年份，直接税在全国税收总额中所占比例分别为 28.89%、29.78%、27.85%、33.02%、31.57%、31.81%、33.87%、33.98%、35.08%、36.46%和 36.76%。

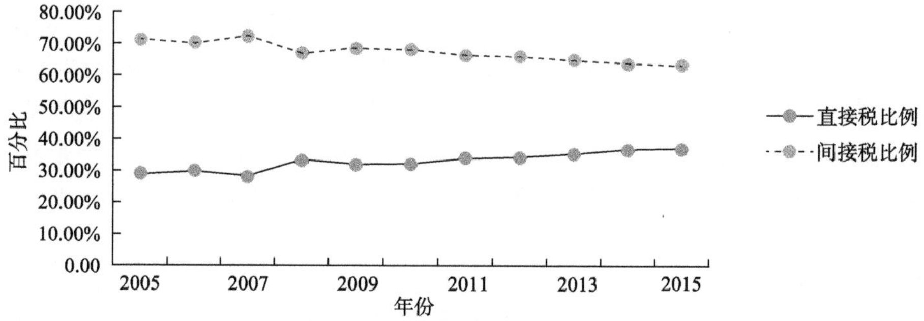

图 3.1　2005~2015 年我国直接税和间接税分别占税收收入总额的比例

资料来源：《中国税务年鉴》（2006~2016 年）

图 3.2 刻画的是 2005~2015 年我国直接税和间接税绝对额变化趋势。表 3.3 是 2006~2015 年我国直接税和间接税税收收入绝对额的环比增长率。

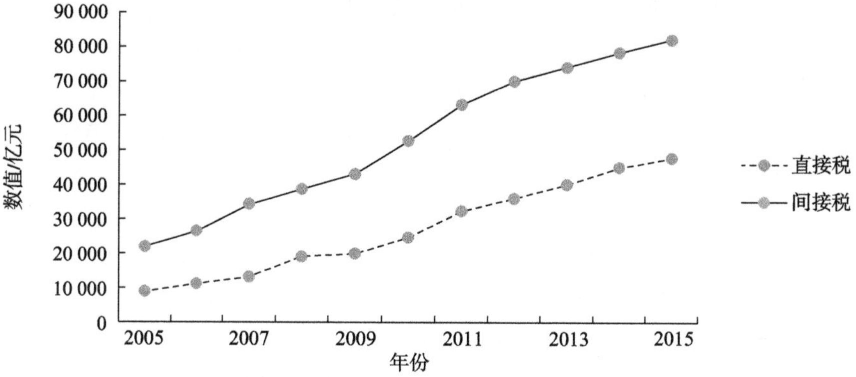

图 3.2　2005~2015 年我国直接税和间接税绝对额变化趋势

资料来源：《中国税务年鉴》（2006~2016 年）

表 3.3　2006~2015 年我国直接税和间接税税收收入绝对额的环比增长率

项目	环比增长率										最大波动幅度
	2006 年	2007 年	2008 年	2009 年	2010 年	2011 年	2012 年	2013 年	2014 年	2015 年	
直接税	25.55%	18.08%	44.40%	4.23%	23.64%	31.69%	11.40%	11.07%	12.30%	6.14%	435.73%
间接税	20.28%	29.67%	13.06%	11.42%	22.24%	19.97%	10.83%	5.83%	5.75%	4.77%	274.43%
税收总额	21.80%	26.22%	21.79%	9.05%	22.68%	23.70%	11.02%	7.61%	8.05%	5.27%	321.03%

资料来源：《中国税务年鉴》（2006~2016 年）

图 3.2 中直接税绝对额的趋势线表明直接税呈现增加的整体态势。2005 年，直接税的税收收入还不到 9 000 亿元；2006 年越过 10 000 亿元，达到 11 194.09 亿元；2010 年跨过 20 000 亿元台阶，达到 24 596.73 亿元；2011 年更是以一年的时间跨过 30 000 亿元台阶，达到 32 391.16 亿元；2013 年直接税税收收入成功跨过

40 000 亿元台阶，达到 40 075.60 亿元；2015 年直接税税收更是达到 47 765.36 亿元。表 3.3 中的数据显示：直接税在样本期间的最大波动幅度［最大波动幅度=（最大值-最小值）/最小值×100%，用其反映某类税收某一方面最大值与最小值之间的差距程度］达到 435.75%，超过了税收收入总额的波动幅度。但是从增长率角度分析直接税绝对额的变动情况发现，直接税各年的环比增长率存在较大差异。2006~2015 年直接税的环比增长率分别为 25.55%、18.08%、44.40%、4.23%、23.64%、31.69%、11.40%、11.07%、12.30%和 6.14%。增长最快年度为 2008 年，增长最慢年度为 2009 年，2008 年的环比增长率比 2009 的环比增长率高出 40 个百分点以上。其他年份的环比增长率在 6%~32%波动。

图 3.2 中间接税绝对额的趋势线表明间接税的绝对额是增加趋势。2005 年，间接税税收收入刚过 21 949 亿元，2006 年达到 26 400.76 亿元，2007 年大步跨过 30 000 亿元，超过 34 234 亿元，2008 年为 38 706.89 亿元，2009 年、2010 年、2011 年和 2012 年分别跨过 40 000 亿元、50 000 亿元、60 000 亿元和 70 000 亿元台阶，分别达到 43 127.74 亿元、52 719.28 亿元、63 246.88 亿元和 70 093.40 亿元。表 3.3 显示，间接税的最大波动幅度为 274.43%，略低于税收总额的最大波动幅度，远低于直接税的最大波动幅度。2006~2015 年间接税的环比增长率分别为 20.28%、29.67%、13.06%、11.42%、22.24%、19.97%、10.83%、5.83%、5.75%和 4.77%，最大增长率和最小增长率相差 24.9 个百分点。

图 3.2 中直接税和间接税绝对额均呈增加趋势，这表明，2005~2015 年，我国税收总额绝对额在整体趋势上同样呈增长趋势。随着时间的推移，后一年的税收收入均相应地多于前一年。2005 年，税收总额刚过 30 865 亿元，2006 年为 37 594.85 亿元，2007 年、2008 年、2009 年和 2010 年，税收总额都有大幅度增加，分别大步跨过了 40 000 亿元、50 000 亿元、60 000 亿元、70 000 亿元台阶，达到 47 452.06 亿元、57 793.03 亿元、63 022.17 亿元、77 316.01 亿元，2011 年更是跨过两个万亿元台阶，直接达到 95 638.05 亿元。2012 年和 2013 年税收收入继续一年一个台阶式增长，达到 106 175.77 亿元和 114 254.76 亿元；2014 年和 2015 年税收收入上升趋势依旧强劲，分别达到 123 448.04 亿元和 129 951.17 亿元。但是，尽管税收收入总额在总体发展趋势上均呈现出上升的势头，可是每一年绝对额的增长数量和增长率存在差异。表 3.3 中的数据表明：样本期间，我国税收总额的最大波动幅度为 321.03%；从环比增长率分析，环比增长率最高的年份是 2007 年，达到 26.22%，而最低的年份是 2015 年，只有 5.27%，二者相差 20.95 个百分点，除 2009 年环比增长率为 9.05%之外，2006~2011 年的其他年份的环比增长率在 21%到 27%之间波动，2012 年和 2015 年环比增长率下降较多，仅为 11.02%和 5.27%。

图 3.1 和表 3.4 简单刻画了直接税和间接税在全国税收收入中所占比例的变化情况。

表 3.4　2006~2015 年直接税和间接税在税收总额中所占比例变动率

项目	环比增长率										最大波动幅度
	2006 年	2007 年	2008 年	2009 年	2010 年	2011 年	2012 年	2013 年	2014 年	2015 年	
直接税	3.08%	−6.45%	18.56%	−4.41%	0.78%	6.46%	0.34%	3.21%	3.93%	0.83%	31.96%
间接税	−1.25%	2.74%	−7.17%	2.18%	−0.36%	−3.01%	−0.17%	−1.65%	−2.13%	−0.47%	14.07%

资料来源：《中国税务年鉴》（2006~2016 年）

图3.1中直接税所占比例的变化趋势线显示，直接税在税收总额中所占比例的大趋势是波动上升的。样本期间，各年所占比例分别为 28.89%、29.78%、27.85%、33.02%、31.57%、31.81%、33.87%、33.98%、35.08%、36.46%和 36.76%，最大值和最小值相差 8.91 个百分点。但是，就比例变动增长率看，直接税在税收总额中所占比例的变动增长率有正有负。表 3.4 的数据表明，直接税的最大波动幅度为 31.96%，高于间接税的最大波动幅度。2006 年直接税环比正增长，增长率为 3.08%；2007 年环比负增长并且其环比增长率达到样本期间最低值−6.45%；2008 年，直接税在税收总额中所占比例急剧增加，环比增长率达到样本期间最大值 18.56%；2009 年的环比增长率又从正增长转为负增长，环比增长率大幅度下降为−4.41%；2010 年扭负为正，环比增长率为 0.78%；2011 年较 2010 年的增长率有大幅度的提高，为 6.46%；2012 年环比增长率下降为 0.34%；2013 年上升到 3.21%；2014 年增长率变化不大，为 3.93%；2015 年增长率迅速下降至 0.83%。最大环比增长率和最小环比增长率相差 25.01 个百分点。

图 3.1 中间接税所占比例的变化趋势线显示，间接税在税收总额中所占比例的变动方向与直接税所占比例变化趋势相反，是下降的。样本期间，各年所占比例分别为 71.11%、70.22%、72.15%、66.98%、68.43%、68.19%、66.13%、66.02%、64.92%、63.54%和 63.24%，最大值和最小值之间相差 8.91 个百分点。间接税所占比例的环比增长情况同样有正有负，最大波动幅度为 14.07%，远低于直接税所占比例的最大波动幅度。样本期间 2007 年和 2009 年出现正环比增长，环比增长率分别为 2.74%和 2.18%，2006 年、2008 年、2010 年、2011 年、2012 年、2013 年、2014 年和 2015 年的环比增长率均为负数，分别为−1.25%、−7.17%、−0.36%、−3.01%、−0.17%、−1.65%、−2.13%和−0.47%。最大值和最小值分别出现在 2007 年和 2008 年，二者相差 9.91 个百分点。

（二）刻画间接税比例结构

图 3.3 是对间接税内部各主要组成税收之间的结构关系进行的粗略的、直观的处理。样本期间，各年增值税在间接税中所占比例分别为 67.73%、67.26%、63.08%、65.28%、60.54%、59.66%、58.83%、57.71%、56.86%、56.83%和 52.48%；各年消费税在间接税中所占比例分别为 7.68%、7.54%、6.94%、7.35%、12.10%、12.83%、12.55%、12.66%、12.26%、12.51%和 13.86%；各年营

业税在间接税中所占比例为 19.28%、19.43%、19.23%、19.71%、20.90%、21.17%、21.63%、22.47%、23.24%、22.66%和 23.50%；各年资源税在间接税中所占比例为 0.65%、0.78%、0.76%、0.78%、0.78%、0.79%、0.95%、1.29%、1.36%、1.38%和 1.26%；各年城市维护建设税在间接税中所占比例为 3.63%、3.56%、3.38%、3.47%、3.58%、3.58%、4.39%、4.46%、4.61%、4.64%和 4.76%；各年印花税在间接税中所占比例为 1.03%、1.43%、6.61%、3.41%、2.09%、1.98%、1.65%、1.41%、1.68%、1.97%和 4.19%。样本期间，间接税税收收入中，增值税、营业税和消费税一直保持着前三的重要地位，资源税、城市维护建设税和印花税在间接税中所占的比例有所变动。

税种	增值税	消费税	营业税	资源税	城市维护建设税	印花税
2015年	52.48%	13.86%	23.50%	1.26%	4.76%	4.19%
2014年	56.83%	12.51%	22.66%	1.38%	4.64%	1.97%
2013年	56.86%	12.26%	23.24%	1.36%	4.61%	1.68%
2012年	57.71%	12.66%	22.47%	1.29%	4.46%	1.41%
2011年	58.83%	12.55%	21.63%	0.95%	4.39%	1.65%
2010年	59.66%	12.83%	21.17%	0.79%	3.58%	1.98%
2009年	60.54%	12.10%	20.90%	0.78%	3.58%	2.09%
2008年	65.28%	7.35%	19.71%	0.78%	3.47%	3.41%
2007年	63.08%	6.94%	19.23%	0.76%	3.38%	6.61%
2006年	67.26%	7.54%	19.43%	0.78%	3.56%	1.43%
2005年	67.73%	7.68%	19.28%	0.65%	3.63%	1.03%

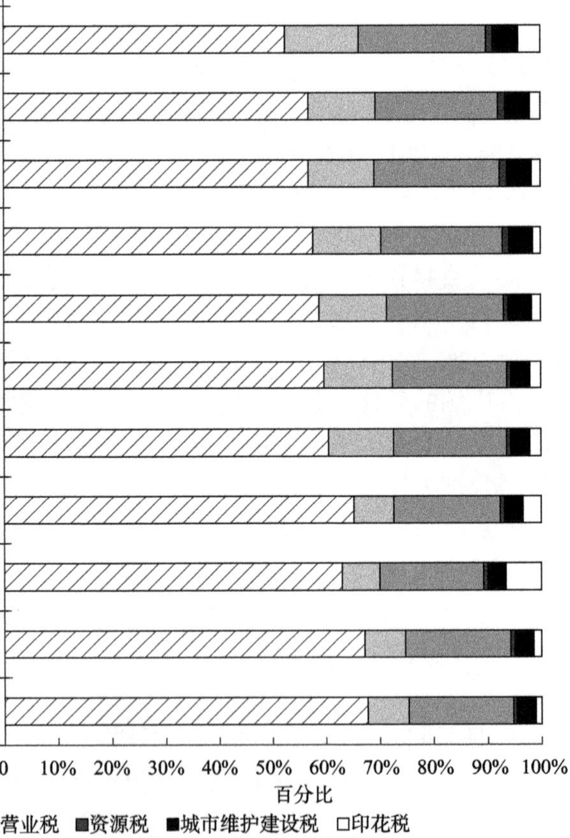

图 3.3 2005~2015 年间接税内部税收结构比例图

因舍入修约，图中数据相加不等于 100%

资料来源：《中国税务年鉴》（2006~2016 年）

基于 2005~2015 年间接税税收收入数据，不难发现，增值税在我国间接税中占据绝对主导地位，在样本选取的 11 个年度内，增值税在间接税中所占的比例均超过了 50%，营业税所占比重徘徊在 20%左右，二者是我国间接税收入最重要的税种。结合前面对直接税与间接税结构比例的分析结果，间接税是我国税收收入的首要来源，而增值税又是间接税中所占比重最大的税种，所以，增值税是我国取得税收收入的最主要的税种。同时，营业税在我国税收收入中也具有不可取代的地位。在间接税中，消费税所占比重在 6.5%到 14%之间浮动，它虽然没有增值税和营业税所占的比重大，但是高于其他间接税税种。在我国税法中，消费税的开征主要是为了调整消费结构，鼓励或抑制某些消费品的消费。

在本书选取的间接税税种中，印花税、城市维护建设税与资源税所占的比重比较小。相对于前面所述的增值税、营业税和消费税而言，其对间接税税收收入的重要性就显得不那么重要了。但是不论是从经济消费导向角度还是财政收入角度看，它们的开征仍具有重要意义。

图 3.4 反映了间接税中各间接税绝对数的变化趋势情况。表 3.5 是本年各间接税税收收入相较于上年各间接税税收收入变动的百分比。

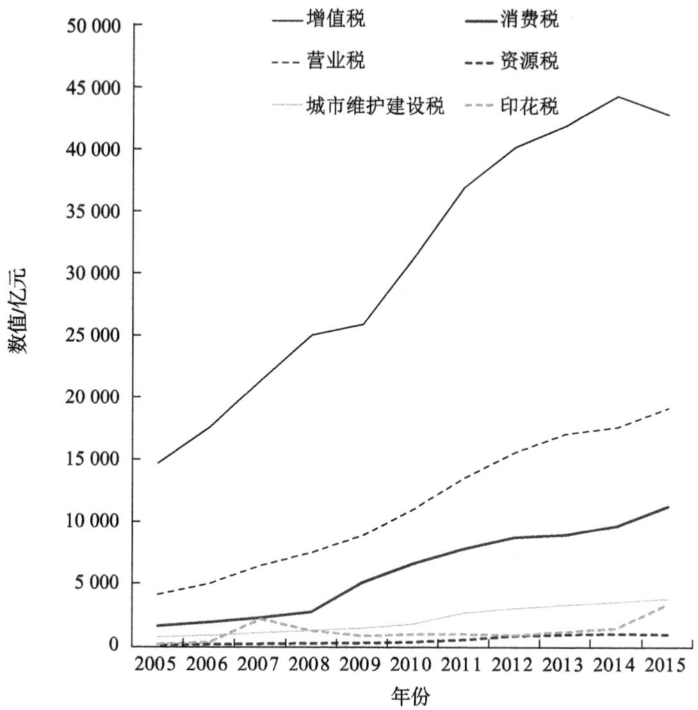

图 3.4　间接税中各税种绝对额变化趋势图

资料来源：《中国税务年鉴》（2006~2016 年）

表 3.5　间接税各税种变动率

税种	环比增长率										最大波动幅度
	2006 年	2007 年	2008 年	2009 年	2010 年	2011 年	2012 年	2013 年	2014 年	2015 年	
增值税	19.43%	21.62%	17.00%	3.34%	20.46%	18.31%	8.70%	4.27%	5.71%	−3.34%	199.87%
消费税	18.12%	19.34%	19.74%	83.37%	29.57%	17.38%	11.83%	2.47%	7.93%	16.03%	575.52%
营业税	21.23%	28.33%	15.88%	18.18%	23.78%	22.59%	15.14%	9.44%	3.13%	8.64%	356.45%
资源税	45.58%	26.09%	15.56%	12.13%	23.46%	43.42%	51.00%	11.20%	7.77%	−4.50%	662.05%
城市维护建设税	18.11%	23.06%	16.24%	14.87%	22.21%	47.18%	12.58%	9.36%	6.51%	7.34%	391.32%
印花税	66.03%	500.50%	−41.63%	−31.71%	15.57%	0.18%	−5.46%	26.22%	23.83%	123.36%	1 418.53%

资料来源：《中国税务年鉴》（2006~2016 年）

图 3.4 中增值税绝对额的变化趋势线表明，样本期间，增值税的绝对额呈上升趋势。仅仅从图形观察，可以明显发现，2009 年增值税绝对额的增加量比其他年份少很多（2015 年除外）。结合表 3.2 分析，增值税在 2005~2011 年这七年，每年的绝对额分别是 14 867.06 亿元、17 755.94 亿元、21 595.43 亿元、25 266.41 亿元、26 109.83 亿元、31 452.58 亿元和 37 210.03 亿元，在 2007 年、2010 年和 2012 年分别跨过 20 000 亿元、30 000 亿元和 40 000 亿元台阶。表 3.5 从变动率角度分析了间接税绝对额的变动情况。样本期间，增值税的最大波动幅度为 199.87%，略低于间接税总额的最大波动幅度 274.43%。2006~2015 年增值税的环比增长率分别为 19.43%、21.62%、17.00%、3.34%、20.46%、18.31%、8.70%、4.27%、5.71%和−3.34%，最大值和最小值分别出现在 2007 年和 2015 年，且二者相差 24.96 个百分点。

图 3.4 中，消费税绝对额的变化趋势线显示，消费税绝对额在样本期间整体趋势为增加态势。从图形变化的平缓度易发现，2006~2008 年，消费税绝对额的增长比较平稳，但是同时增加数额也比较少；2009 年，其增加额大幅度增加；2010~2013 年的增加量回落，2014~2015 年有所回升。表 3.2 中的数据更准确地表明，2005~2015 年，消费税每年的收入分别为 1 686.10 亿元、1 991.68 亿元、2 376.93 亿元、2 846.09 亿元、5 218.89 亿元、6 761.95 亿元、7 936.94 亿元、8 876.18 亿元、9 095.31 亿元、9 816.24 亿元和 11 389.99 亿元。表 3.5 中关于消费税的数据表明，消费税绝对额的最大波动幅度为 575.52%，远远高于增值税和间接税总额的波动幅度。2006~2015 年消费税的环比增长率分别为 18.12%、19.34%、19.74%、83.37%、29.57%、17.38%、11.83%、2.47%、7.93%和 16.03%，最大值和最小值分别出现在 2009 年和 2013 年，相差 80.90 个百分点。

图 3.4 中营业税绝对额的变化趋势线直观反映出，营业税的绝对额一直处于上升当中，而且该趋势线表现出平稳上升的样式，这说明，营业税绝对额每年的增加额较为稳定。表 3.2 的数据显示，营业税收入在 2005~2015 年的税收收入分别为 4 231.52 亿元、5 129.75 亿元、6 582.80 亿元、7 628.40 亿元、9 015.19 亿元、11 159.24 亿元、

13 679.87 亿元、15 751.22 亿元、17 238.54 亿元、17 778.92 亿元和 19 314.59 亿元。表 3.5 表明，营业税的最大波动幅度为 356.45%，略高于间接税总额的波动幅度，介于增值税和消费税波动幅度之间。2006~2015 年营业税的环比增长率分别为 21.23%、28.33%、15.88%、18.18%、23.78%、22.59%、15.14%、9.44%、3.13%和 8.64%，最大增长率和最小增长率出现在 2007 年和 2014 年，二者相差 25.20 个百分点。

图 3.4 中资源税绝对额的变化趋势线基本平行于横轴，同时该线整体上接近横轴，这说明资源税税收收入的绝对额比较少，在税收收入增量上比较稳定。表 3.2 中数据显示，2005~2015 年，资源税各年的税收收入分别为 142.20 亿元、207.02 亿元、261.02 亿元、301.64 亿元、338.22 亿元、417.55 亿元、598.83 亿元、904.23 亿元、1 005.52 亿元、1 083.66 亿元和 1 034.95 亿元，在 2006 年、2008 年、2010 年、2011 年、2012 年和 2013 年分别越过 200 亿元、300 亿元、400 亿元、500 亿元、900 亿元和 1 000 亿元台阶。表 3.5 更具体地描述了资源税绝对额的变动情况：资源税绝对额的最大波动幅度为 662.05%，高于间接税、增值税、营业税和消费税的最大波动幅度。2006~2015 年资源税的环比增长率分别为 45.58%、26.09%、15.56%、12.13%、23.46%、43.42%、51.00%、11.20%、7.77%和−4.50%，最大值和最小值分别出现在 2012 年和 2015 年。

图 3.4 中城市维护建设税绝对额的变化趋势线呈现平缓上升趋势，这表明，城市维护建设税绝对额以比较平缓的速度稳步增长。表 3.2 中关于城市维护建设税的数据显示，城市维护建设税在 2005~2015 年每年的税收收入分别为 795.67 亿元、939.73 亿元、1 156.40 亿元、1 344.20 亿元、1 544.14 亿元、1 887.09 亿元、2 777.48 亿元、3 126.76 亿元、3 419.45 亿元、3 641.91 亿元和 3 909.33 亿元，2007 年、2011 年和 2012 年越过 1 000 亿元、2 000 亿元和 3 000 亿元。表 3.5 中关于城市维护建设税的数据描述了城市维护建设税的变动率情况：城市维护建设税的最大波动幅度为 391.32%；2006~2015 年每年的环比增长率分别为 18.11%、23.06%、16.24%、14.87%、22.21%、47.18%、12.58 %、9.36%、6.51%和 7.34%，最大值和最小值分别出现在 2011 年和 2014 年，二者相差 40.67 个百分点。

图 3.4 中印花税绝对额的变化趋势线变动幅度在 2007 年的变动比较大，税收收入额有增有减。2007 年的绝对额显著高于其他年份，出现异常。表 3.2 中有关印花税的数据显示，2005~2015 年，印花税税收收入分别为 226.85 亿元、376.64 亿元、2 261.75 亿元、1 320.15 亿元、901.47 亿元、1 041.87 亿元、1 043.74 亿元、986.79 亿元、1 245.48 亿元、1 542.30 亿元和 3 444.84 亿元。表 3.5 中数据表明，印花税的最大波动幅度为 1 418.53%，远远高于其他间接税的波动幅度。2006 年、2007 年、2010 年、2011 年、2013 年、2014 年和 2015 年为正增长，环比增长率分别为 66.03%、500.50%、15.57%、0.18%、26.22%、23.83%和 123.36%，2008 年、2009 年和 2012 年为负增长，环比增长率分别为−41.63%、−31.71%和

−5.46%。最大值和最小值分别出现在 2007 年和 2008 年，二者相差 542.13 个百分点，是所选间接税中相差最大的税种。

图 3.5 和表 3.6 是对各种间接税在间接税中所占的比例变化情况进行的分析。图 3.5 中增值税在间接税中所占比例的变化趋势线反映出增值税在间接税中所占的比例是波动下降的，在样本期间，其所占比例有增有减。增值税所占比例的波动年份集中在 2006~2009 年。结合图 3.3 进行分析发现，2005~2006 年，增值税所占比例变化幅度微小；2007 年，其所占比例大幅度下降，由 67.26%下降到 63.08%，降低了 4.18 个百分点；2008 年，该比例有较大幅度上升，从 63.08%升到了 65.28%，上升了 2.2 个百分点；而 2009 年又有大幅度下降，从 65.28%直接降到了 60.54%，下降了 4.74%个百分点，为样本期间变动幅度最大的一次波动；2010~2013 年，增值税在间接税中所占比例以平稳态势略微下降，一直在 60%以下；到 2014 年，增值税所占比例几乎没有变化；到 2015 年，该比例下降 4.35 个百分点，降至 52.43%。表 3.6 中的数据显示：增值税在间接税中所占比例的最大波动幅度为 29.18%；增值税所占比例在 2008 年为正增长，环比增长率为 3.48%，其他年份均为负增长，按时间顺序（除 2008 年外），其环比增长率分别为−0.71%、−6.21%、−7.25%、−1.46%、−1.38%、−1.92%、−1.47%、−0.04%和−7.74%；环比增长率的最大值和最小值分别出现于 2008 年和 2015 年，二者相差 11.22 个百分点。

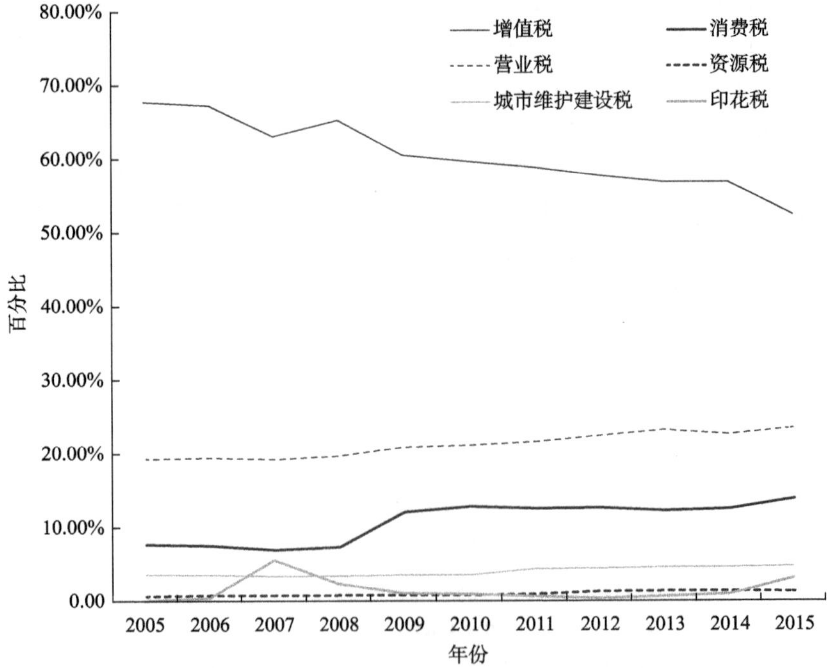

图 3.5 间接税各税种所占比例变化趋势图

资料来源：《中国税务年鉴》（2006~2016 年）

表 3.6 间接税各税种在间接税中所占比例变动率

税种	环比增长率										最大波动幅度
	2006 年	2007 年	2008 年	2009 年	2010 年	2011 年	2012 年	2013 年	2014 年	2015 年	
增值税	−0.71%	−6.21%	3.48%	−7.25%	−1.46%	−1.38%	−1.92%	−1.47%	−0.04%	−7.74%	29.18%
消费税	−1.79%	−7.97%	5.90%	64.57%	5.99%	−2.16%	0.91%	−3.18%	2.06%	10.75%	99.61%
营业税	0.79%	−1.04%	2.49%	6.07%	1.26%	2.18%	3.89%	3.41%	−2.47%	3.69%	22.22%
资源税	21.03%	−2.76%	2.21%	0.63%	0.99%	19.54%	36.25%	5.08%	1.91%	−8.84%	113.23%
城市维护建设税	−1.81%	−5.10%	2.81%	3.10%	−0.02%	22.68%	1.58%	3.34%	0.71%	2.46%	40.82%
印花税	38.04%	363.09%	−48.38%	−38.71%	−5.45%	−16.50%	−14.69%	19.26%	17.10%	113.19%	539.24%

资料来源：《中国税务年鉴》（2006~2016 年）

图 3.5 中消费税在间接税中所占比例的趋势线呈波动上升状态。结合图 3.3 分析，2005~2008 年，消费税在间接税中所占比例均低于 10%，且每年的变动幅度不大，变化幅度保持在 1%左右；2009 年，消费税在间接税中所占比例急剧上升，从 7.35%上升到 12.10%，增加了 4.75 个百分点；2010~2015 年，消费税所占比例的变动情况又回归到平稳且略微上升的状态，维持在 13%上下。表 3.6 中的数据显示，消费税在间接税中所占比例的最大波动幅度为 99.61%，远远高于增值税的最大波动幅度。环比增长率最大值和最小值分别出现在 2009 年和 2007 年，二者相差 72.54 个百分点。

图 3.5 中营业税在间接税中所占比例的趋势线变动微小。样本期间，营业税在间接税中所占比例以 20%为中心，上下变化，2008 年及以前，营业税所占比例略低于 20%，2008 年以后，营业税所占比例略高于 20%。2005~2008 年，其所占比例维持在 19%上下，基本没有变动；2009 年，营业税在间接税中所占比例上升了 1.19 个百分点，为 20.90%；2010 年和 2011 年，该比例在 2009 年的基础上略有上升，达到 21%以上；2012 年所占比例在 2011 年的基础上升高了近 1 个百分点，达到 22.47%。2013 年营业税所占比例继续上升，达到 23.24%；2014 年，该比例略有下降，为 22.66%；2015 年，该比例有所回升并达到最高，为 23.50%。表 3.6 中数据显示，营业税在间接税中所占比例最大波动幅度为 22.22%。从环比角度分析，其仅仅在 2007 年和 2014 年出现略微负增长，环比增长率为−1.04%和−2.47%，其他年份的环比增长率分别为 0.79%、2.49%、6.07%、1.26%、2.18%、3.89%、3.41%和 3.69%，最大值和最小值出现在 2009 年和 2014 年，二者相差 8.54

个百分点。

图 3.5 中资源税在间接税中所占比例的趋势线非常接近于横轴，这表明资源税在间接税中所占比例比较小，由于其表现出来的小比例现状，我们很难从其趋势线了解它的变动细节。但是，表 3.6 中关于资源税的数据表明，资源税在间接税中所占比例的最大波动幅度为 113.23%，高于增值税、消费税、营业税和城市维护建设税的比例变动幅度，低于印花税的比例变动幅度。在 2006~2015 年，只有 2007 年和 2015 年其出现了负的环比增长率（−2.76%和−8.84%），其他年份的环比增长率分别为 21.03%、2.21%、0.63%、0.99%、19.54%、36.25%、5.08%和 1.91%，最大值和最小值分别出现在 2012 年和 2015 年，二者相差 45.09 个百分点。

图 3.5 中城市维护建设税在间接税中所占比例的趋势线较为平缓，表明其在样本期间变动幅度并不是很大。图 3.3 显示，城市维护建设税在间接税中所占比例在 3%和 4%上下波动。2005 年和 2006 年，其所占比例为 3.63%和 3.56%；2007 年和 2008 年，其所占比例为 3.38%和 3.47%；2009~2012 年，其所占比例均回升到了 4%上下。2013~2015 年所占比例接近 5%。表 3.6 关于城市维护建设税变动情况的数据显示，城市维护建设税在样本期间的最大波动幅度为 40.82%，高于增值税和营业税所占比例最大波动幅度，低于消费税、资源税和印花税所占比例最大波动幅度。同时，数据还显示，城市维护建设税在间接税中所占比例的环比增长率出现负增长的年份为 2006 年、2007 年和 2010 年，其环比增长率分别为−1.81%、−5.10%和−0.02%；2008 年、2009 年、2011 年、2012 年、2013 年、2014 年和 2015 年均为正增长，其环比增长率分别为 2.81%、3.10%、22.68%、1.58%、3.34%、0.71%和 2.46%。其环比增长率的最大值和最小值分别出现在 2011 年和 2007 年，二者相差 27.78 个百分点。

图 3.5 中印花税在间接税中所占比例的趋势线存在较大波动，这意味着，印花税在间接税中所占的比例有明显变化。2007 年，印花税在间接税中所占比例出现异常值，以急剧的速度达到峰值 6.61%；2005 年和 2006 年为 1.03%和 1.43%；2008 年为 3.41%；2009~2011 年在 2%上下，2012 年下降到 1.41%，2013 年上升到 1.68%，2014 年略微上升；2015 年该比例急剧增长至 4.19%。表 3.6 中关于印花税的数据表明，印花税在间接税中所占比例的最大波动幅度高达 539.24%，是所选间接税税种中最大波动幅度最大的税种，高于增值税、消费税、营业税、资源税和城市维护建设税。从环比增长角度分析，其正增长幅度和负增长幅度都比较大。2006 年和 2007 年均为正增长，环比增长率分别为 38.04%和 363.09%，2008 年、2009 年、2010 年、2011 年和 2012 年均为负增长，其环比增长率分别为−48.38%、−38.71%、−5.45%、−16.50%和−14.69%。2013 年恢复到正增长，为 19.26%。环比增长最大值和最小值分别出现在 2007 年和 2008 年，二者相差 411.47 个百分点。

（三）刻画直接税比例结构

图 3.6 是对我国直接税中各税种构成情况的直观刻画。纵向看，在 2005~2015 年，企业所得税是构成我国直接税税收收入的最主要来源，各年所占比例均在 60%上下浮动。个人所得税是直接税税收收入的第二大来源，其所占比例处于 16%~25%。车辆购置税是构成我国直接税税收收入的重要来源之一，所占比例在 5%~8%。相对前三种税收而言，房产税、城镇土地使用税和土地增值税在直接税税收收入中的作用要小很多，而车船税在税收收入中所占的比重很小，基本上不能对直接税产生比较大的影响。

税种	2015年	2014年	2013年	2012年	2011年	2010年	2009年	2008年	2007年	2006年	2005年
企业所得税	58.02%	58.75%	59.59%	60.99%	60.52%	59.15%	61.10%	63.90%	58.43%	63.26%	61.81%
个人所得税	18.04%	16.39%	16.30%	16.13%	18.69%	19.67%	19.82%	19.50%	24.10%	21.91%	23.49%
房产税	4.29%	4.11%	3.95%	3.80%	3.40%	3.63%	4.04%	3.56%	4.35%	4.60%	4.89%
城镇土地使用税	4.49%	4.43%	4.29%	4.27%	3.77%	4.08%	4.63%	4.28%	2.92%	1.58%	1.54%
土地增值税	8.02%	8.70%	8.22%	7.54%	6.37%	5.20%	3.62%	2.82%	3.05%	2.07%	1.57%
车船税	1.29%	1.20%	1.18%	1.09%	0.93%	0.98%	0.94%	0.76%	0.52%	0.45%	0.44%
车辆购置税	5.85%	6.41%	6.48%	6.18%	6.31%	7.29%	5.85%	5.19%	6.63%	6.14%	6.26%

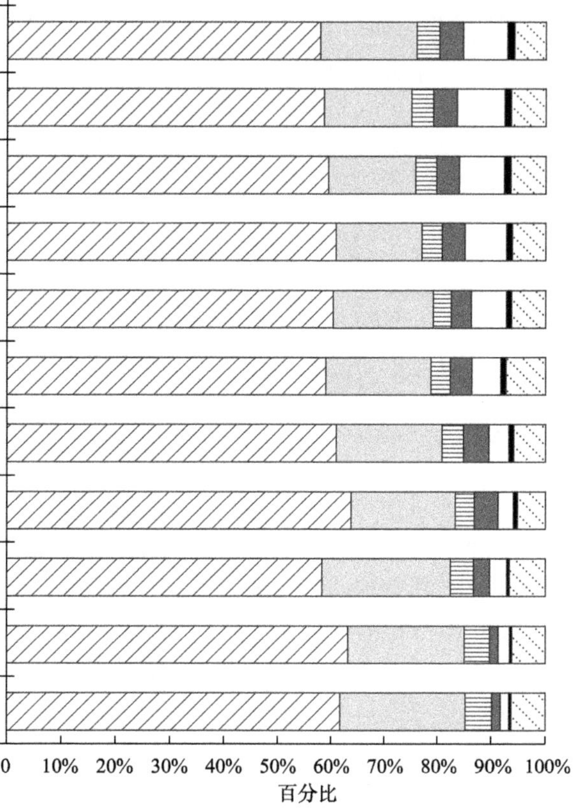

图 3.6　2005~2015 年直接税内部税收结构比例图

资料来源：《中国税务年鉴》（2006~2016 年）

图 3.7 是直接税各税种绝对数变化趋势图，组成直接税税收收入的各种税收收入的绝对数整体呈增加趋势。

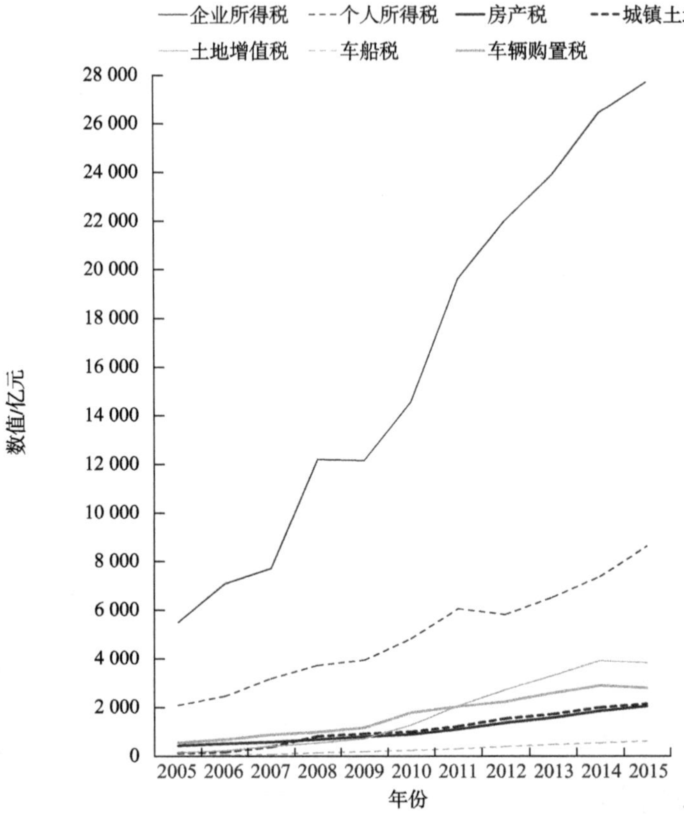

图 3.7　直接税各税种绝对数变化趋势图

资料来源：《中国税务年鉴》（2006~2016 年）

图 3.7 中企业所得税绝对额的变化趋势线的走向是曲折上升的，这意味着，在大趋势上，企业所得税的绝对额随着时间的推移在增加。但该趋势线并非平稳变动的，也就是说，企业所得税的绝对额在各个年度的增加量并不均衡。表 3.2 显示，企业所得税在2005~2015 年的税收收入分别为 5 511.31 亿元、7 080.90 亿元、7 723.74 亿元、12 195.16 亿元、12 156.26 亿元、14 548.89 亿元、19 602.80 亿元、22 007.86 亿元、23 879.59 亿元、26 441.80 亿元和 27 711.72 亿元，2006 年、2008 年、2010 年、2011 年和 2012 年均跨过多个千亿元台阶。税收收入最多的年份和最少的年份分别是 2015 年和2005 年。表 3.7 中关于企业所得税绝对额变动率的数据分析表明：样本期间，企业所得税的最大波动幅度为 402.82%；2006~2015 年各年中，2009 年企业所得税出现负增长，环比增长率为−0.32%，其余年份均为正增长，除 2009 年外各年环比增长率

依次为 28.48%、9.08%、57.89%、19.68%、34.74%、12.27%、8.50%、10.73%和 4.80%；环比增长率的最大值和最小值分别出现在 2008 年和 2009 年，二者相差 58.21 个百分点。此外，企业所得税的税收收入在 2006 年和 2011 年也有较大幅度的增长。

表 3.7　直接税各税种绝对额变动率

税种	环比增长率										最大波动幅度
	2006 年	2007 年	2008 年	2009 年	2010 年	2011 年	2012 年	2013 年	2014 年	2015 年	
企业所得税	28.48%	9.08%	57.89%	−0.32%	19.68%	34.74%	12.27%	8.50%	10.73%	4.80%	402.82%
个人所得税	17.13%	29.86%	16.87%	5.94%	22.66%	25.15%	−3.86%	12.22%	12.94%	16.82%	311.53%
房产税	18.12%	11.77%	18.22%	18.13%	11.25%	23.30%	24.50%	15.23%	17.08%	10.78%	370.62%
城镇土地使用税	28.73%	118.01%	111.92%	12.74%	9.01%	21.73%	26.06%	11.56%	15.93%	7.52%	1 459.90%
土地增值税	64.97%	74.16%	33.32%	33.88%	77.65%	61.37%	31.81%	21.14%	18.85%	−2.10%	2 689.99%
车船税	28.48%	36.40%	111.53%	29.35%	29.55%	24.99%	30.14%	20.59%	14.16%	14.12%	1 487.50%
车辆购置税	23.14%	27.55%	12.89%	17.58%	54.01%	14.07%	9.00%	16.48%	11.12%	−3.21%	416.81%

资料来源：《中国税务年鉴》（2006~2016 年）

图 3.7 中个人所得税绝对额的变化趋势线走势较为平缓、整体上升，也就是说，样本期间，个人所得税的税收收入呈上升趋势，且趋势线的平稳状态说明个人所得税税收收入的增长比较平稳，整体波动幅度不是很大。表 3.2 中的数据显示，2005~2015 年，个人所得税的税收收入分别为 2 093.96 亿元、2 452.67 亿元、3 184.94 亿元、3 722.31 亿元、3 943.59 亿元、4 837.27 亿元、6 054.08 亿元、5 820.32 亿元、6 531.53 亿元、7 376.60 亿元和 8 617.26 亿元，2007 年、2010 年和 2011 年均跨过了千亿元台阶，2011 年更是连跨两个千亿元台阶。2012 年税收收入有小幅度下降，2013~2015 年税收收入稳步上升。税收收入最多和最少的年份分别是 2015 年和 2005 年。表 3.7 的分析数据显示：个人所得税的最大波动幅度为 311.53%，低于企业所得税的最大波动幅度；2006~2015 年各年的环比增长率分别为 17.13%、29.86%、16.87%、5.94%、22.66%、25.15%、−3.86%、12.22%、12.94%和 16.83%；环比增长最大的年份和最小的年份分别是 2007 年和 2012 年，二者相差 33.72 个百分点。另外，2010 年和 2011 年的环比增长率也超过了 20%，增长幅度较大。

图 3.7 中房产税绝对额的变化趋势线以缓慢增量平缓上升，各年的税收收入均有所增加，且每一年增加的数额不存在较大的变动。从表 3.2 中可知，房产税在 2005~2015 年每年的税收收入分别是 435.85 亿元、514.81 亿元、575.42 亿元、680.28 亿元、803.62 亿元、894.06 亿元、1 102.39 亿元、1 372.48 亿元、1 581.50 亿元、1 851.64 亿元和 2 051.22 亿元。房产税税收收入的最大值和最小值分别出现在 2015 年和 2005 年，2011 年跨过了房产税的千亿元台阶，2013 年房产税税收

收入接近 1 600 亿元。从表 3.7 的分析数据易知，房产税绝对额的最大波动幅度为 370.62%，低于企业所得税的最大波动幅度，高于个人所得税的最大波动幅度；2006~2015 年均为正增长，各年环比增长率依次为 18.12%、11.77%、18.22%、18.13%、11.25%、23.30%、24.50%、15.23%、17.08%和 10.78%；其环比增长率最高值和最低值出现在 2012 年和 2015 年，二者相差 13.72 个百分点。

图 3.7 中城镇土地使用税绝对额的变化趋势线整体上升，期间存在明显波动，即城镇土地使用税在增加的大方向上，各年的增加数额有明显差异。表 3.2 中的数据显示：城镇土地使用税在 2005~2015 年的税收收入分别是 137.35 亿元、176.81 亿元、385.47 亿元、816.89 亿元、920.99 亿元、1 004.01 亿元、1 222.22 亿元、1 540.72 亿元、1 718.77 亿元、1 992.62 亿元和 2 142.49 亿元；收入最多的年份和收入最少的年份分别是 2015 年和 2005 年；2010 年跨过了千亿元台阶。可以从表 3.7 中的数据看到：城镇土地使用税绝对额的最大波动幅度为 1 459.90%，在所选的直接税税种中，仅仅低于土地增值税和车船税的波动幅度，为最大波动幅度很大的税种；2006~2015 年的环比增长率分别为 28.73%、118.01%、111.92%、12.74%、9.01%、21.73%、26.06%、11.56%、15.93%和 7.52%；环比增长率的最高值和最低值分别出现在 2007 年和2015年，二者相差110.49个百分点；税收的增长主要集中在2007年和2008年。

图3.7 中土地增值税绝对额的变化趋势线有明显上扬，2008年之后，很容易发现其增加的现实。土地增值税在 2005~2015 年的税收收入分别为 140.31 亿元、231.47 亿元、403.12 亿元、537.44 亿元、719.55 亿元、1 278.29 亿元、2 062.79 亿元、2 719.06亿元、3 293.92亿元、3 914.68亿元和3 832.64亿元。税收收入最多的年份和最少的年份分别是 2014 年和 2005 年，2010 年、2011 年和 2013 年分别跨过了 1 000 亿元、2 000 亿元和3 000 亿元台阶。表3.7 的数据显示，土地增值税的最大波动幅度为 2 689.99%，为所选直接税税种中最大波动幅度最大的税种，远远高于其他税种的最大波动幅度。2006~2015 年各年的环比增长率分别为 64.97%、74.16%、33.32%、33.88%、77.65%、61.37%、31.81%、21.14%、18.85%和−2.10%，最高增长率和最低增长率发生在 2010 年和 2015 年，二者相差 79.75 个百分点。

图 3.7 中车船税绝对额的变化趋势线虽然贴近横轴，但是在样本后期还是很容易发现车船税税收收入在增加的事实。表 3.2 中的数据证明了我们的分析。在表 3.2 中，车船税每年的税收收入依次为 38.90 亿元、49.97 亿元、68.16 亿元、144.19 亿元、186.51 亿元、241.62 亿元、302.00 亿元、393.02 亿元、473.96 亿元、541.07 亿元和 617.47 亿元，税收收入最多的年份和最少的年份分别是 2015 年和 2005 年。从表 3.7 的分析数据可知：车船税的最大波动幅度为 1 487.50%，仅低于土地增值税的最大波动幅度，居于第二位。2006~2015 年的环比增长率分别为 28.48%、36.40%、111.53%、29.35%、29.55%、24.99%、30.14%、20.59%、14.16%和 14.12%，环比增长率的最高值和最低值分别出现在2008年和2015年，二者相差97.41个百分点。

图 3.7 中车辆购置税绝对额的变化趋势线呈上升趋势，这表明车辆购置税税收收入处于增长阶段。表 3.2 中车辆购置税每年的税收收入分别为 558.25 亿元、687.46 亿元、876.88 亿元、989.87 亿元、1 163.91 亿元、1 792.59 亿元、2 044.88 亿元、2 228.91 亿元、2 596.33 亿元、2 885.11 亿元和 2 792.56 亿元，收入最多的年份和最少的年份分别是 2014 年和 2005 年。表 3.7 中的数据显示：车辆购置税绝对值的最大波动幅度为 416.81%，高于企业所得税、个人所得税和房产税税收收入的最大波动幅度，低于城镇土地使用税、土地增值税和车船税的最大波动幅度；2006~2014 年的环比增长均为正增长，2006~2015 年环比增长率依次为 23.14%、27.55%、12.89%、17.58%、54.01%、14.07%、9.00%、16.48%、11.12% 和−3.21%，环比增长最快和最慢的年份分别是 2010 年和 2015 年，二者的环比增长率相差 57.22 个百分点。

图 3.8 直观地反映了我国主要的直接税税收在 2005~2015 年各自在直接税中所占比例的变化情况。

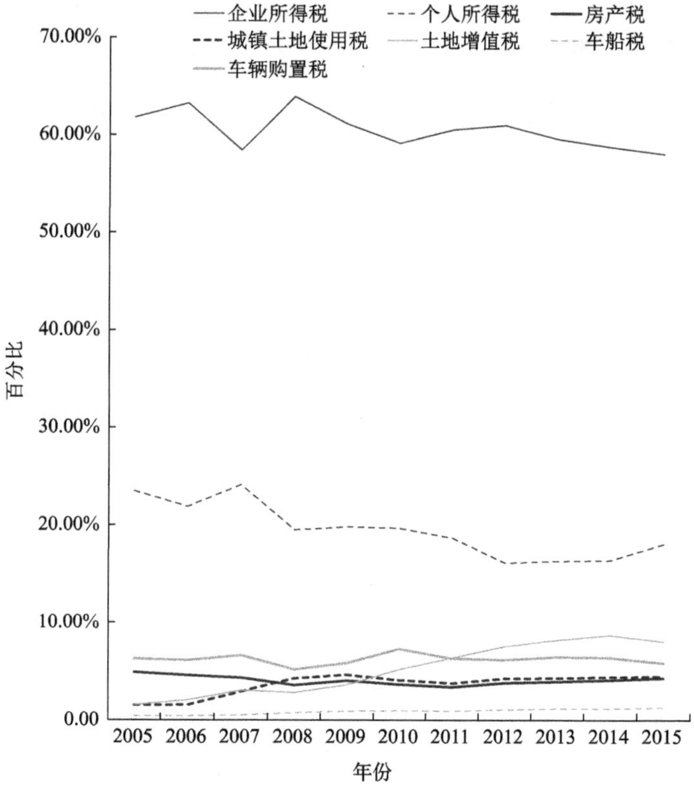

图 3.8　直接税各税种所占比例变化趋势图

资料来源：《中国税务年鉴》（2006~2016 年）

图 3.8 中企业所得税在直接税中所占比例的变化趋势线为振荡波动形状，这表明企业所得税在直接税中所占比例是波动变化的。2006 年，企业所得税在直接税中所占比例比 2005 年高，2007 年所占比例有较大幅度的降低，2008 年又上升到略高于2006年的水平，2009年和2010年均下跌，2011年略有上升，2012~2015年小幅变动。图 3.8 较为粗略地描述了企业所得税在直接税中所占的比例情况，样本期间，其所占比例分别为 61.81%、63.26%、58.43%、63.90%、61.10%、59.15%、60.52%、60.99%、59.59%、58.75%和 58.02%。表 3.8 更为准确地分析了企业所得税在直接税中所占比例的变化情况。表 3.8 数据显示，企业所得税的最大波动幅度为 10.13%，相较于前面分析的税种而言，其最大波动幅度属于较小范畴。从环比增长角度对企业所得税所占比例进行分析发现，2006 年、2008 年、2011 年和 2012 年企业所得税在直接税中所占比例均是正变化，环比增长率依次为 2.33%、9.35%、2.31%和 0.78%，2007 年、2009 年、2010 年、2013 年、2014 年和 2015 年企业所得税在直接税中所占比例相对前一年是降低的，其环比增长率依次为−7.62%、−4.37%、−3.20%、−2.31%、−1.40%和−1.26%。环比增长速度最快和最慢的年份分别是 2008 年和 2007 年，二者的环比增长率相差 16.97 个百分点。

表 3.8　直接税各税种在直接税中所占比例变动率

税种	环比增长率										最大波动幅度
	2006 年	2007 年	2008 年	2009 年	2010 年	2011 年	2012 年	2013 年	2014 年	2015 年	
企业所得税	2.33%	−7.62%	9.35%	−4.37%	−3.20%	2.31%	0.78%	−2.31%	−1.40%	−1.26%	10.13%
个人所得税	−6.71%	9.98%	−19.06%	1.64%	−0.79%	−4.96%	−13.70%	1.04%	0.57%	10.06%	49.38%
房产税	−5.92%	−5.34%	−18.13%	13.33%	−10.02%	−6.37%	11.76%	3.75%	4.26%	4.37%	43.64%
城镇土地使用税	2.53%	84.63%	46.76%	8.16%	−11.83%	−7.56%	13.16%	0.44%	3.24%	1.30%	200.52%
土地增值税	31.40%	47.49%	−7.67%	28.44%	43.69%	22.54%	18.33%	9.07%	5.83%	−7.76%	452.74%
车船税	2.34%	15.51%	46.49%	24.10%	4.78%	−5.09%	16.83%	8.58%	1.66%	7.52%	196.32%
车辆购置税	−1.92%	8.03%	−21.82%	12.80%	24.57%	−13.38%	−2.15%	4.88%	−1.05%	−8.80%	40.52%

资料来源：《中国税务年鉴》（2006~2016 年）

图 3.8 中个人所得税在直接税中所占比例变化趋势线是波动下降的，这表明个人所得税在直接税中所占比例的变化情况总体是降低的，但是各年的变动速度有所差异，且期间存在比例上升的现象。2006 年个人所得税在直接税中所占的比例低于 2005 年的比例，2007 年所占比例回升到 2005 年的水平以上，2008 年以较大幅度降低，2009 年和 2010 年的变动比较小，2011 年所占比例又有略微降低。从图 3.8 可知，个人所得税在直接税中所占比例在 2007 年及以前均高于 20%，2008 年首次

低于20%，2012年降低到16.13%，2013年和2014年小幅上升，2015年上升明显，2005~2015年具体比例依次为 23.49%、21.91%、24.10%、19.50%、19.82%、19.67%、18.69%、16.13%、16.30%、16.39%和 18.04%。最大值和最小值分别出现在 2007 年和 2012 年。表 3.8 的数据显示，个人所得税在直接税中所占比例的最大波动幅度为 49.38%，高于企业所得税的最大波动幅度。2007 年、2009 年、2013 年、2014 年和 2015 年，个人所得税在直接税中所占比例环比正增长，其增长率分别为 9.98%、1.64%、1.04%、0.57%和 10.06%，其他年度均环比负增长，环比增长率分别是−6.71%、−19.06%、−0.79%、−4.96%和−13.70%。环比增长速度最快和最慢的年份是 2015 年和 2008 年，二者的环比增长率相差 29.12 个百分点。

图 3.8 中房产税在直接税中所占比例变化趋势线在 2008 年有明显降幅，其他年份为平缓下降趋势，这说明房产税在直接税中所占比例的变化趋势是减小的，而且除了 2008 年和 2010 年的降幅较大外，其他年份的变动幅度比较小。图 3.8 显示，2005 年和 2006 年房产税在直接税中所占比例不到 5%，2007~2013 年，其为 3%~4.5%。表 3.8 中关于房产税的分析数据表明，房产税在直接税中所占比例的最大波动幅度为 43.64%，高于企业所得税的最大波动幅度，低于个人所得税的最大波动幅度。2009 年、2012 年、2013 年、2014 年和 2015 年出现环比正增长，环比增长率分别为 13.33%、11.76%、3.75%、4.26%和 4.37%，其他年份均为环比负增长，环比增长率分别是−5.92%、−5.34%、−18.13%、−10.02%和−6.37%。环比增长率最快的年份和最慢的年份分别是 2009 年和 2008 年，二者的环比增长率相差 31.46 个百分点。

图 3.8 中城镇土地使用税在直接税中所占比例的变化趋势线是斜向上变动的，城镇土地使用税在前期样本中所占比例较低，随后，所占比例呈上升趋势。图 3.8 中的数据显示，样本期间，城镇土地使用税在直接税中所占比例依次为 1.54%、1.58%、2.92%、4.28%、4.63%、4.08%、3.77%、4.27%、4.29%、4.43%、4.49%。表 3.8 的分析数据表明，城镇土地使用税在直接税中所占比例的最大波动幅度为 200.52%，在所选的直接税中仅次于土地增值税比例的最大波动幅度。其在2006~2015年的环比增长率分别为2.53%、84.63%、46.76%、8.16%、−11.83%、−7.56%、13.16%、0.44%、3.24%和 1.30%，环比增长率的最大值和最小值为 84.63%和−11.83%，二者相差 96.46 个百分点。

图 3.8 中土地增值税在直接税中所占比例的变化趋势线是斜向上变动的，这表明，在大方向上，土地增值税在直接税中所占的比例是增加的。2005~2007 年，其趋势线比较平缓，这反映出其间土地增值税在直接税中所占比例的变动幅度不大。2008 年略有下降，2009~2014 年有明显增幅，2015 年有明显减少。图 3.8 显示，2008 年以前，土地增值税在直接税中所占比例低于 4%，2009 年达到 4%，2010 年为 5%，2011 年为 6%，2012 年和 2013 年为 8%，2014 年为 9%，2015 年

为 8%。表 3.8 中关于土地增值税比例变化情况的数据显示，土地增值税在直接税中所占比例的最大波动幅度为 452.74%，是所选直接税税种中最大波动幅度最大的税种。2008 年和 2015 年其环比增长率为负值，其余年份均环比正增长，环比增长率依次为 31.40%、47.49%、28.44%、43.69%、22.54%、18.33%、9.07%和 5.83%。环比增长率的最大值和最小值分别出现在 2007 年和 2015 年，二者相差 55.25 个百分点。

图 3.8 中车船税在直接税中所占比例的变化趋势线整体接近横轴，这意味着车船税在直接税中所占比例比较低。2010 年及以前，该趋势线表现出细微上升的变动，也就是说，在这些年中车船税在直接税中所占的比例有所上升，但其在 2011 年略有下降。图 3.8 中的数据显示，2008 年及以前，车船税在直接税中所占的比例不到 1%，2008 年以后，其高于了 1%。表 3.8 中的数据指出，车船税在直接税中所占比例的最大波动幅度为 196.32%，高于企业所得税、个人所得税、房产税和车辆购置税的最大波动幅度，低于土地增值税和城镇土地使用税的最大波动幅度。其环比增长率除了在 2011 年出现负增长外，其他年份的环比增长率均为正数。2006~2015 年的环比增长率分别是 2.34%、15.51%、46.49%、24.10%、4.78%、−5.09%、16.83%、8.58%、1.66%和 7.52%，最大值和最小值出现在 2008 年和 2011 年，二者相差 51.58 个百分点。

图 3.8 中车辆购置税在直接税中所占比例的变动趋势线以波浪形发展，样本期间，其所占比例有增有减。2008 年、2009 年、2010 年、2011 年和 2015 年的波动比较明显。图 3.8 中数据显示，2005~2015 年，车辆购置税在直接税中所占比例分别为 6.26%、6.14%、6.63%、5.19%、5.85%、7.29%、6.31%、6.18%、6.48%、6.41% 和 5.85%。表 3.8 中关于车辆购置税的分析数据更准确地分析了其在直接税中所占比例的变动情况。车辆购置税在直接税中所占比例的最大波动幅度为 40.52%，仅高于企业所得税的最大波动幅度，低于其他直接税税种的最大波动幅度。其环比增长率在样本期间正负相当：2006 年、2008 年、2011 年、2012 年、2014 年和 2015 年负增长，环比增长率分别是−1.92%、−21.82%、−13.38%、−2.15%、−1.05%和 −8.80%；2007 年、2009 年、2010 年和 2013 年正增长，环比增长率分别是 8.03%、12.80%、24.57%和 4.88%。最大增长率和最小增长率分别出现在 2010 年和 2008 年，二者相差 46.39 个百分点。

三、直接税与间接税变动的原因分析

（一）间接税占据主导地位，直接税占据次要地位的原因分析

我国选择以间接税为主体的税收结构，这主要是由历史经济状况和税收征管

水平所决定的。

前面提到，直接税和间接税的划分标准是税负是否可以转嫁，不可转嫁的为直接税，可转嫁的为间接税。直接税使得纳税人的直接税负过重，容易发生逃税和漏税行为。直接税的征收方法较为复杂，需要较高的核算管理水平，对税收征管要求比较高。

间接税几乎可以对全部商品和劳务征税，其征税对象具有普遍性和广泛性，无论商品生产者和经营者的成本高低、盈利与否，只要商品和劳务一经售出，即可实现税金，所以在保证财政收入方面具有突出作用。间接税的存在与商品经济的发展水平有着密切关系。在经济水平较为落后的发展中国家，商品的流通规模不大，市场竞争度较弱，大量征收间接税不会造成因价格提高而对交易的竞争产生不利影响的后果。反之，由于其税负的转嫁特点，可以刺激经济发展。间接税的计算和征收不用考虑存在于纳税人身上的各种复杂情况，较为简便易行，对税收征管水平的要求不是很高。

正是由于间接税的各种优点更加符合大多数发展中国家的国情现状，故其被多数发展中国家所采用。

我国现在的税收结构成形于 1994 年的税制改革。1994 年，距离我国实行改革开放仅 16 年，国民经济虽然得到较快的发展，但是整体经济水平却处于较低水平。20 世纪 80 年代末到 90 年代初，中央财政严重吃紧并且陷入尴尬境地，急需扩大财政收入。20 世纪 50 年代到 80 年代，我国实行以税务管理员为核心的管理模式，其特点是“一人进厂，各税统管，征管查合一”，税款征收方式为税务人员上门催缴。20 世纪 80 年代中后期，为了适应经济的发展，国家税务总局在 1988~1994 年实施了以征、管、查分离模式为核心内容的税收征管改革，在税务机关内部实行征管权力的分离和制约，同时实行专业化管理。随着时间的推移，税收征管的科学性有所提高，但是在 1994 年税制改革之初，税收征管水平仍旧不高，前沿的征管思想以及先进的征管设备均没有得到有效应用。直到今天，我国经济水平虽已经有了长足的发展，但是也依然处于社会主义初级阶段。尽管先进的税收管理思想和高科技设备被广泛地应用到税收征管领域，但是仍然不足以支撑以直接税为主体的税收结构的顺利进行，所以经济水平和管理水平现状以及间接税的优点决定了我国现阶段之前和之后的不短时间之内都必须选择以间接税为主体的税收结构，但是，随着国家经济水平和征管水平的提高，我国可以适当提高直接税在税收中的比例，当然，国家税制改革的大方向也正是如此。

（二）全国税收收入变动的原因分析

税收收入的多少主要受税基（应纳税所得额）和税率以及其他税收政策的影响，平均税基越大、税率越高，国家的税收收入就会越多。一个国家的税法中，税率一旦确定，如果没有大的政策变动，一般不会更改税率，中国亦是如此。税收中多数税种的应纳税所得额主要受经济情况和其他相关税收政策的影响。所以我们从经济角度和税收政策角度分析全国税收收入的变动原因。

经济总量的不断提高是中国税收收入增加的根本原因。

我们所选的样本期间纵跨了3个五年期间："十五期间"、"十一五期间"和"十二五期间"。2005 年是"十五"的收官之年，2006~2010 年为整个"十一五"覆盖时期，2011 年是"十二五"的开局之年，2015 年是"十二五"的收官之年。

2006 年国家统计局数据显示，"十五"时期，通过实施积极的财政政策，加强和改善宏观调控，积极有效应对经济运行中出现的问题和困难，国民经济实现了持续平稳较快发展。GDP 由 2000 年的 100 280 亿元上升到 2005 年的 187 319 亿元，平均每年以 9.5%的速度递增，比"九五"时期平均增速高 0.9 个百分点。其中，第一、第二、第三产业增加值分别达到 22 718 亿元、86 208 亿元和 73 395 亿元，平均增长速度分别为 3.9%、10.7%和 9.9%。人均 GDP 则由 2000 年的 7 858 元提高到 2005 年的 13 985 元。"十二五"期间 GDP 年均增长 7.8%，中国经济总量稳居世界第二位，成为全球第一货物贸易大国和主要对外投资大国。

2011年3月国家统计局数据显示，"十一五"期间，中国经济年均增长 11.2%，远高于同期 3.5%的世界平均水平。"十一五"前两年，中国经济分别增长 12.7%和 14.2%，增长势头强劲；2008 年和 2009 年，受国际金融危机冲击，世界主要发达国家和地区经济深度衰退，中国经济虽然受到了较大冲击，但仍然保持了 9%以上的增长率，2010 年中国经济增长率达到 10.3%。"十一五"期间，中国经济总量的国际地位实现"三连跳"。GDP 居世界的位次从 2005 年的第 5 位提升到 2006 的第 4 位、2007 年的第 3 位，2010 年首次超过日本，成为世界第二大经济体。中国 GDP 占世界的比重逐年上升，从 2005 年的 5%提高到 2010 年的 9.5%。同时，中国与美国的差距逐步缩小，相当于美国 GDP 的比例从 2005 年的 17.9%上升至 2010 年的 40.2%。"十一五"期间，中国人均国民总收入（gross national income，GNI）大幅提高。世界银行计算，2009 年中国人均 GNI 达到 3 650 美元，比 2005 年增加了 1.1 倍，居世界第 125 位，比 2005 年前进了 3 位。

2012 年 3 月国家发展和改革委员会在第十一届全国人民代表大会第五次会议上指出，经初步核算，2011 年 GDP 为 471 564 亿元，比上年增长 9.2%，超过预期目标 1.2 个百分点。经济增速较上年出现了适度回落，但符合年初确定的调控方向，仍处在较快区间。第一、第二、第三产业分别增长 4.5%、10.6%和 8.9%，超过预期目标 0.2 个百分点、2.4 个百分点和 0.4 个百分点。

为了更为直观地反映样本期间的经济情况，本节截取了国家统计局网站上的数据直方图，见图 3.9。

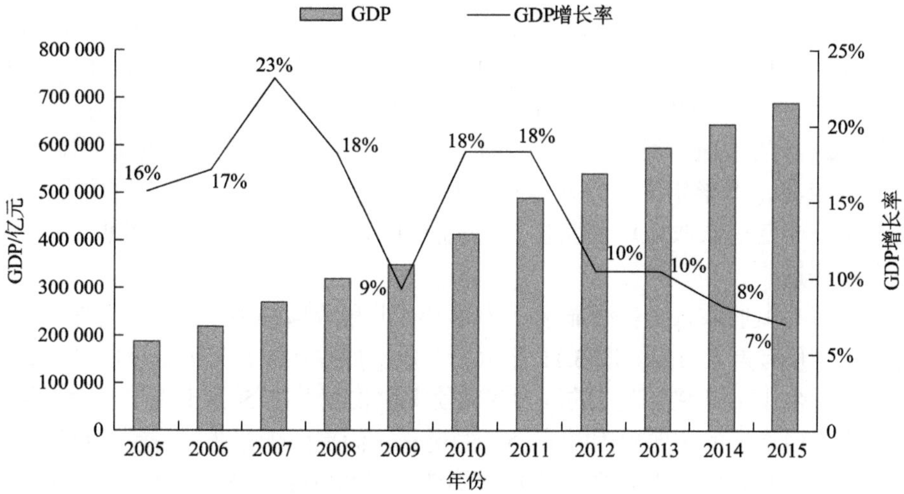

图 3.9 GDP 及其增长率的变化情况图

资料来源：《中国统计年鉴》（2006~2016 年）

2005~2015 年中国 GDP 总量、人均 GDP 以及工业产值等都是不断增长的，这反映了中国经济发展的整体良好态势。良好的经济发展势头为税收收入奠定了经济基础，并提供了较为优质的税源。

但是，在前面的比例结构刻画中，我们也发现无论是直接税总额还是间接税总额以及税收总额在 2009 年的环比增长幅度都较其他年度低许多，环比增长率分别只有 4.23%、11.42%和 9.05%，其中又以直接税的降幅最大。出现这种现象的主要原因是 2008 年的金融危机滞后影响了中国的经济。

2007 年 4 月，美国第二大次级房贷公司——新世纪金融公司破产；2008 年 8 月，美国房贷两大巨头——房利美和房地美股价暴跌；2008 年 9 月美国第四大投资银行雷曼兄弟控股公司申请破产……至此，美国次贷金融危机全面爆发。

在接下来的时间里，愈演愈烈的金融危机严重影响到了全球经济的健康发展，从华尔街到全世界，从金融界到实体经济，各国都面临着严重的经济危机。中国宏观经济也受到相当大的冲击。

从图 3.9 GDP 增长率的变化曲线可以明显知道：样本期间，GDP 增长率均为正增长，但是，2008 年中国经济增长速度大幅度降低，2009 年仍处于下跌状态，且跌幅较 2008 年大。若从经济上分析中国税收收入，那么较为合理的情形应该是，2008 年和 2009 年的税收收入的增幅都应该大幅度降低，并且 2008 年的降低幅度应该远远大于 2009 年的增幅。可现实状况是，中国税收收入在 2008 年的增长幅度不仅没有因为经济增幅的下滑而减少，反而有所增加，而 2009 年税收收入的增幅却大幅度降低。财政部对此反常现象做了解释。

财政部在《2008年税收收入增长的结构性分析》中提到：2008年全国税收总收入完成54 219.62亿元，比上年同期增长18.8%，同比增收8 597.65亿元，增速比2007年的增速回落了14.9个百分点，增速与2004~2006年持平，略高于2002~2003年的增速。税收收入总体上保持较快增长，但是全年呈现明显的“前高后低”走势，上半年税收收入增长33.5%，基本持平于2007年的税收收入增速，但是下半年税收收入增长明显乏力，同比仅增长3.2%，低于同期GDP和经济税源的增速。

图3.10中税收收入走势图显示，2008年5月税收增长幅度大幅度增加，这对该年税收的增长有重大贡献。图3.11显示，企业所得税在5月有大幅度的增加，从图中可以推断企业所得税在该月的巨大变动使得税收收入在5月出现了巨大增幅。但是企业所得税增加的主要原因并非经济的增长，而是由于企业所得税汇算清缴集中入库。所以，2008年的税收收入在经济形势不好的情况下仍以较高速度增长的一个主要原因是企业所得税汇算清缴集中入库。也就是说，2008年税收收入的反常增长主要得益于一次性特殊增收因素。分析报告指出，企业所得税汇算清缴和2007年四季度或12月应纳税款在2008年1月入库，使得企业所得税多增近2 000亿元。

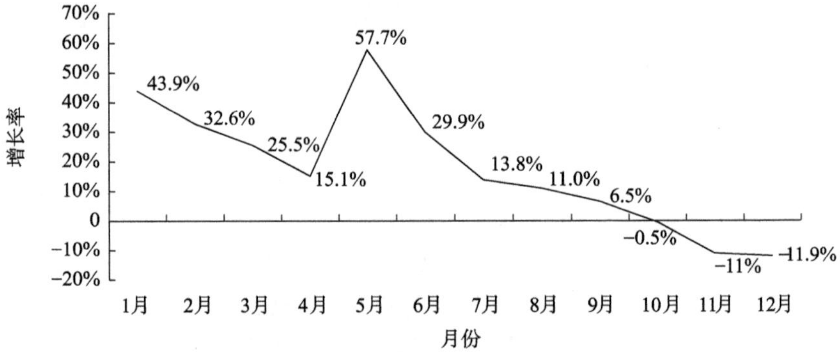

图3.10　2008年各月税收收入增长变动图

资料来源：财政部《2008年税收收入增长的结构性分析》

2008年下半年，金融危机大范围地影响了中国各行各业的经济情况并导致经济的全面下滑。2008年GDP增长9%，比上年同期回落2.9个百分点。伴随着GDP增速的逐步回落，与主体税种收入直接相关的工业增加值、工业企业利润、进出口额等经济指标的增速逐渐回落，如四季度工业增加值单月增速分别为8.2%、5.4%和5.7%，比上年同期分别回落9.7个百分点、11.9个百分点、11.7个百分点；1~11月，规模以上工业企业利润增长4.9%，同比回落31.8个百分点；四季度进口同比下降8.8%，出口同比仅增长4.3%。导致增值税、企业所得税和进口税收等主体税种增速逐渐回落。

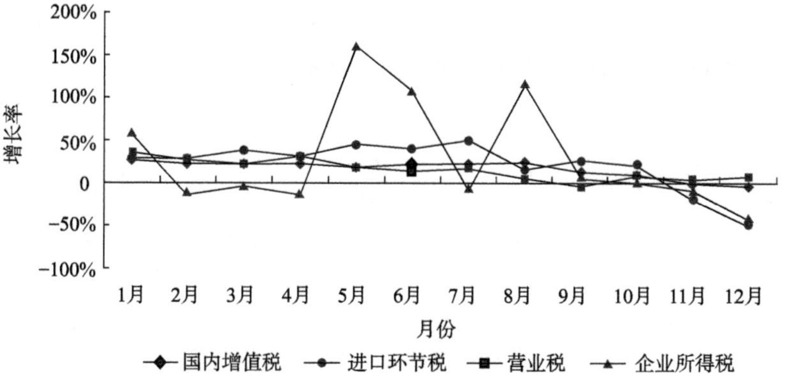

图 3.11 2008 年主要税种增长速度图

资料来源：财政部《2008 年税收收入增长的结构性分析》

2009 年税收收入增幅急剧下降的主要原因在于整体经济的继续下滑以及结构性减税的大力推行。

2009 年国家整体经济延续了 2008 年经济下滑的态势。2009 年上半年，在宏观调控政策的拉动下，宏观经济虽有所企稳，但外需依然低迷，工业生产增速放慢，企业利润大幅下滑，物价水平下降，1~6 月工业增加值增长 7%，比上年放缓近 10 个百分点；1~5 月工业企业利润下降 22.9%，比上年回落 43.8 个百分点；1~6 月进口额下降 25.4%，比上年回落 56 个百分点。相应地，上半年增值税、企业所得税、进口环节税收均为减收。

2008 年下半年国家陆续实施的大规模的结构性减税政策对 2009 年上半年收入影响较大。2008 年下半年，为促进经济增长，国家先后 7 次提高部分商品的出口退税率、将证券交易印花税由双边征收改为单边征收、暂免征收储蓄存款利息所得税和证券市场个人投资者交易结算资金利息所得税、下调个人首次购买普通住房的契税税率并对个人销售或购买住房暂免征收印花税和土地增值税、对 1.6 升及以下排量小汽车减半征收车辆购置税等，这些政策均造成不同程度的减收。

由于 2009 年上半年工业生产下滑、进口低迷、增值税转型、结构性减税等多种因素影响，国内增值税、企业所得税和进口税收三大主体税种增收额仅占税收总收入增收额的 16.9%，大大低于 2008 年，也明显低于历史上其他年份。

2009 年下半年后，国家经济的回暖为样本后期税收收入的增加提供了坚实的经济基础。2010 年国民经济运行良好，特别是与税收关联度较高的经济指标增长较快，全社会固定资产投资增长 23.8%，社会商品零售总额增长 18.4%，规模以上工业增加值增长 15.7%，进出口总额增长 34.7%，1~11 月规模以上企业利润增长 49.4%，带动主体税种实现增收。2010 年居民消费价格指数（consumer price index，CPI）和工业生产者出厂价格指数分别增长 3.3%和 5.5%，带动了税收收入的上涨。而 2009 年低基数的形成使得 2010 年税收收入的环比增长幅度较大。

税收收入整体上升的另外一个重要原因是税务部门税收征管水平和征管质量的提高。

在 2004 年 7 月召开的全国税收征管工作会议上，针对加强税收征管工作的主要任务，时任国家税务总局局长谢旭人指出："全国税务系统要按照新时期税收征管工作的总体要求，坚持依法征管，完善征管体制，强化管理基础，加强管理队伍建设，不断提高税收征管的质量和效率。"①具体九大措施包括：坚持依法征管，把握组织收入原则；规范机构设置，完善组织体系；明确职责分工，优化业务流程；加强审核分析，提高征收水平；完善制度措施，加强税源管理；加大办案力度，发挥稽查威力；推进信息化建设，强化管理手段；改进纳税服务，提高服务水平；严格执法监督，加强队伍建设①。

表 3.9 是根据《中国税务年鉴》整理的关于税务从业人员近几年的文化构成情况表。表 3.9 中数据显示：大学本科和大学专科从业人员是税务人员的主体力量；无论是国税系统还是地税系统中，研究生和本科生所占比例一直在提高；大学专科及以下学历所占比例在降低。这表明，我国税务从业人员的平均文化水平在不断提升。更多高学历人员的引入为税务征管系统注入了更有创新力的血液，为提高税收征管水平，保证税收收入提供了重要条件。

表 3.9　税务人员学历水平变动表

项目		2008 年	2009 年	2010 年	2011 年	2012 年	2013 年	2014 年	2015 年
国税	研究生	1.97	2.27	2.43	2.74	2.90	3.24	3.57	3.84
	大学本科	41.93	43.82	45.53	46.66	48.03	49.63	51.43	53.79
	大学专科	36.33	35.03	34.02	33.30	32.53	31.62	30.37	29.41
	中专	6.03	5.64	5.44	5.18	4.91	4.41	4.06	3.19
	高中技校职高	8.83	8.52	8.11	7.81	7.73	7.62	7.38	7.40
	初中以下	4.90	4.73	4.47	4.31	3.90	3.49	3.18	2.37
地税	研究生	1.92	2.41	2.86	3.13	3.48	3.68	4.04	4.10
	大学本科	44.90	48.27	50.30	51.68	52.79	54.33	55.57	57.29
	大学专科	35.25	33.37	32.31	31.44	30.73	29.74	28.81	27.78
	中专	7.08	6.34	5.94	5.64	5.27	4.95	4.54	4.17
	高中技校职高	8.04	7.06	6.41	6.07	5.78	5.37	5.06	4.71
	初中以下	2.81	2.55	2.19	2.04	1.95	1.92	1.99	1.95

资料来源：《中国税务年鉴》（2009~2016 年）

① 国家税务总局. 完善体制 夯实基础 全面提高税收征管水平——国家税务总局局长谢旭人在全国税收征管工作会议上的讲话[EB/OL]. http://www.chinatax.gov.cn/chinatax/n810341/n810765/n812193/200408/c1202519/content.Html，2004.

税收征管模式向科学化转变、税收征管信息化建设、税收征管执行力度的加强以及税收征管手段的改善，有效地预防和减少了偷税、逃税、漏税行为的发生，在一定程度上减少了税款的流失额，保证了税收的稳步增长。

1949 年以来，我国税收征管工作模式经历了“一员进厂，各税统管，征管查合一”—“征收、管理、检查三分离”—“以纳税申报和优化服务为基础，以计算机网络为依托，集中征收，重点稽查，强化管理”三个阶段。

改革开放后，第一次征管改革取消了基层税务机关对个别企业享有的减免税的权力，并且取消了专管员管户的制度，减少了执法的随意性以及因此产生的税收不公。在我国经济情况发生重大变化之后的 1995 年，国家税务总局提出把税收工作的重心转向征管，税收工作重点向基层转变。1996 年 7 月，全国税收征管改革工作会议正式确立了“以申报纳税和优化服务为基础，以计算机网络为依托，集中征收，重点稽查”的税收征管新模式。这使得我国税收征管实现了四个转变：一是由分散、粗放型的管理模式转为节约、规范型的管理模式；二是由上门征税转变为自行申报，主动缴税；三是由传统手工操作转为现代化征管；四是由保姆式管理转为专业化管理、社会中介服务管理。征管模式的转变推进了我国税收征管的专业化。

在经济全球化、知识经济迅速发展的大背景下，以信息化推进税收征管改革已经成为大势所趋。

1990~1994 年，计算机应用在税务系统中有了一定程度的推广，许多地方都开发了自己的征管软件，并以制度建立、标准化推行为起点，逐步开展了各类单项软件的开发和应用，计算机的应用范围从单一的会计领域逐步渗透到了征管业务等税收管理的多个方面。但是，当时的税收信息化建设缺乏整体上的统一规划，具有许多弊端。

1994~2000 年，我国税收信息化建设在组织领导、硬件建设、软件应用等多个方面都得到了较快的发展。征管信息化在这个时期有了长足发展，“金税一期”开始在全国大中城市进行试点，各省自行开发的征管软件在全省得到推广应用。

2000 年后，国家税务总局提出税收管理系统一体化思想，从系统整合入手，实现税收数据的大集中。2001 年，我国修订的《中华人民共和国税收征收管理法》规定“国家有计划地用现代信息技术装备各级税务机关，加强税收征收管理信息系统的现代化建设，建立、健全税务机关与政府其他管理机关的信息共享制度”。《中华人民共和国税收征收管理法》站在法律的高度明确提出了税收征管信息化系统建设，实现征管方式的现代化、信息化转变。从 2001 年起，国家税务总局开发的税收征管综合软件 CTAIS 1.0 以市州集中模式在全国进行推广运行，“金税二期”成功运行。接着，全国推广应用省级集中税收征管综合软件 CTAIS 2.0，“金税三期”启动，税务系统的信息化建设进入全面提升阶段。税收信息化建设可以提高税收信息的集中度，提高税收征管的整体质量。

前文有提到，流转税是我国税收的第一大类，其中又以增值税为最，且增值税在我国属于中央与地方共享税之一。所以增值税的征管情况的优劣直接影响着我国的税收收入和中央与地方、国税与地税之间的结构问题。为了加强对增值税的管理，在“金税二期”时，增值税防伪税控系统就得以实施，并且“一窗式”的管理模式也在增值税征管过程中得以应用，较好地降低了犯罪分子利用增值税专用发票和虚假申报偷骗国家税款的概率，虚开增值税专用发票案件大幅下降，增值税收入形式明显好转。

2006 年，中国税务系统信息化建设工作会议上，谢旭人谈到，这些年的税收管理信息化建设，有力地促进了税收工作水平的提高。税收征管工作水平的提高，保证了税收收入随经济发展稳定较快增长。

（三）直接税和间接税在税收总额中所占比例变动原因分析

从绝对数额看，直接税和间接税税收收入一直是增加的，其主要原因，我们已经在分析税收总额时做了分析，此处不再赘述。

在图 3.1 中，我们看到直接税在税收总额中是波动上升的。2007 年，直接税在税收总额中所占的比例达到历史低谷期，2008 年，其所占比例又有所上升，之后略微下降，2010 年和 2011 年又有所增加。与直接税比例的变动相反，间接税在税收收入中所占比例是波动下降的，所占比例的最高年份为 2007 年，最低年份为 2015 年，2009 年及之后年份的变化趋势是下降的。

直接税在税收收入中所占比例的大趋势是提升的，而间接税所占比例的大趋势是降低的。这主要是因为，近年来，我国税务学者及相关人员一直在倡导提高直接税在税收收入中的比例，而国家税收改革的方向也正是如此。随着我国经济的发展，整体经济情况已经得到很好的改善，经济水平有了大幅度的提高，这为大范围地开征直接税提供了经济基础，也符合税制结构与经济发展水平之间的匹配规律。此外，新的税收征管思想及征管手段的引入提高了税收征管水平，为直接税的广泛开征提供了技术手段保障。

2007 年，间接税在税收收入中所占比例急剧上升，而直接税所占比例大幅度降低，其原因在于：间接税在该年的总体增加额远远大于直接税的整体增加额，间接税增加了 7 834 万亿元，直接税增加了 2 024 万亿元；间接税在该年的环比增长率高于直接税的环比增长率。

2008 年，间接税在税收收入中所占比例大幅度降低，而直接税所占比例有较大幅度的增加，其原因在于：2008 年后半年，我国经济受到金融危机的严重影响，整体经济态势不好。受经济因素的影响，直接税和间接税均遭受到巨大损失。但是受汇算清缴以及 2007 年四季度企业所得税在 2008 年入库两个特殊因素的影响，企业所得税在 2008 年表现出了更为强势的增长态势。与企业所得税因特殊原因影响而大幅增长的情况相反，间接税中主要税种在受到冲击的状况下，没有得益于特殊因素而有所改善，所以税收收入的增长有限。因此，其在税收收入中所占比例出现了大幅度降低。

2009 年，金融危机的后期影响仍然存在，但是企业所得税的特殊影响因素已经消失，直接税与间接税在税收收入中所占比例逐渐向正常情况靠近。

（四）直接税各税种变动的原因分析

1. 企业所得税变动原因分析

我们主要以各税种环比增长率的变动情况为依据，对其中异常情况的原因进行分析。

直接税中，企业所得税波动严重的年份主要是 2008 年和 2009 年。2008 年，企业所得税总体保持较高增长，其原因有以下几个方面。

汇算清缴的影响。在前面，我们也提到了，汇算清缴是致使 2008 年企业所得税在经济条件整体不好的情况下依旧增长的主要原因。汇算清缴 2007 年全年的所得税，缴纳 2007 年 12 月或四季度的所得税都反映在 2008 年。由于 2007 年企业利润增长较快，汇算清缴原因导致 2008 年的企业所得税维持较高增速。据国家税务总局的数据，2008 年汇算清缴上年内外资企业所得税收入为 3 284.94 亿元，比上年的汇算清缴数增加 1 261.46 亿元，占全年增收额的 50%左右。

企业所得税税收税率和优惠政策的调整，是企业所得税收入变动的另一个重要原因。2007 年修订的《中华人民共和国企业所得税法》统一了内外资企业所得税税率，将外资企业的税率提高到了 25%，取消了对新外商投资企业的税收优惠，加强了对非居民企业预提所得税的税收管辖，使得 2008 年外资企业所得税增长了 39%，比内资企业所得税增速高出了 16.2 个百分点，在一定程度上减轻了内资企业所得税税率下调造成的减收程度。

税收征管的调整，也是企业所得税大幅度增长的一个原因。2008 年，税务部门调整了企业所得税的预缴口径，规定预缴所得税时不再抵扣以前年度亏损，只能在次年年初汇算清缴时一次性抵扣；对 2007 年底前认定并享受 15%低税率的高新技术企业，在资格重新确认之前一律暂按 25%的税率预缴；新税法完善和加强了税收管理和反避税措施。

2009 年，企业所得税增速大幅回落的主要原因在于：受金融危机影响，2009 年上半年企业利润普遍下滑；汇算清缴适用税率降低和补交税款时间延后造成企业所得税减收；内外资企业所得税法合并后，2008 年下半年陆续实施的多项优惠政策，如国家对节能节水专用设备企业、资源综合利用企业、环境保护专用设备企业等实施优惠政策，带来的减收效应明显。

2. 个人所得税变动原因分析

个人所得税增速最快和最慢的年度分别是 2007 年和 2012 年。

2007 年个人所得税增速为样本期间最高的原因主要在于当年个人所得税的大幅度增加以及 2006 年基数较小。个人所得税的快速增长是几个方面的因素共同作用的结果。一是居民收入的不断增长。2007 年城镇居民人均可支配收入 13 786 元，比上年增长 17.2%左右。二是由于个人所得税采取的是累进税率制度，随着居民（主要是城镇居民）收入的增长，适用税率随之“升档”，税收收入也呈跳跃式增长，高收入者缴纳税款增长较多。三是税务机关加强了个人所得税的税收征管工作。2007 年，各地税务机关开展了年所得在 12 万元以上的纳税人自行申报个人所得税的工作，完善了全员全额扣缴申报管理，同时，强化了转让二手房等财产转让所得税的征管，这些措施有效地堵塞了税收漏洞，抑制了偷漏税现象，促进了个人所得税收入的提高。

2012 年，个人所得税的增速大幅度放缓的主要原因：一是受全球金融危机影响，职工工资和奖金增长放缓，导致工资薪金所得税收入增速大幅回落。二是上半年股市上涨较快，分流了部分居民储蓄存款；同时受到 2008 年 10 月 9 日起对储蓄存款利息所得、个人投资者取得的证券交易结算资金利息所得暂免征收个人所得税政策调整的影响，上半年储蓄利息所得税减收明显。三是上半年房地产市场一度疲软，导致房屋转让所得税一季度增速回落。

3. 房产税

房产税在样本期间的环比增长率基本正常，没有出现比较明显的异常，即使是在 2008 年和 2009 年，其仍保持百分之十几的增速。其原因在于：一是随着经济发展、城市化进程加快，商业地产保有量显著增长；二是全国平均房屋租赁价格稳步上升；房产保有总量和出租收入保持平稳增长。

4. 城镇土地使用税

城镇土地使用税增速的异常情况出现在 2007 年和 2008 年，两年均以高于 110%的速度增加。城镇土地使用税增速在 2007 年高速增长的原因是 2006 年修订的《中华人民共和国城镇土地使用税暂行条例》规定从 2007 年 1 月 1 日起，将税额提高两倍。2008 年，城镇土地使用税继续以很高的增速增长主要是因为 2007 年下半年政府扩大了城镇土地使用税的征税范围，对外商企业也征收城镇土地使用税。

5. 土地增值税

在所选的直接税税种中，土地增值税绝对值的最大波动幅度和其在直接税中所占比例的最大波动幅度都远远高于其他直接税税种。又由于土地增值税样本初期的基数较小，在高速增长的条件下，税收收入的最大额度与税收收入的最小额度之间存在很大的差异。按照最大波动幅度的计算公式，其变动幅度最大也是可以理解的。

税收基数低并不是我们需要解释的问题，但是是什么原因致使土地增值税平均以如此高速的增速增长？这是接下来我们需要说明的。

土地增值税的高速增长离不开经济水平的快速发展以及整体提高的税收征管水平，对于这两方面的因素，我们不再赘述。此处，我们从土地增值税税收特性出发，站在其他角度进行分析。

土地增值税的税基是房地产增值收益总额，房地产行业的增值情况直接关系着土地增值税的增长速度。

2006 年，房地产行业价格上涨，适用税率的提高使得其有大幅度的增长。

2007 年商品房销售面积的大幅度增加是土地增值税高速增长的重要原因。国家统计局公布房地产行业 2007 年的统计数据：房地产行业销售畅旺，房价平均上涨 14.9%，一线城市尤为明显。2007 年，全国商品房销售面积、销售金额分别为 76 193 万平方米、29 604 亿元，分别增长 25.7%和 44.3%。其中，住宅销售面积、销售金额分别为 69 104 万平方米、25 323 亿元，分别增长 27%和 48.6%。房价涨势汹涌。商品房平均销售价格为 3 885 元/米^2，上涨 14.9%，涨速比 2006 年提升 2 个百分点，其中住宅销售价格为 3 665 元/米^2，上涨 17%，涨速比 2006 年加快 4.9 个百分点。

2008 年土地增值税的整体增速虽然维持在 30%以上，但是相对前两年以及样本后期，其增速是较低的；其在直接税中所占的比例增速更是出现了负增长。其主要原因在于：一是受房地产市场交易低迷的拖累。2008 年，全国商品房销售额同比下降 19.5 个百分点，增速比 2007 年回落了 61.6 个百分点。二是受 2007 年基数较大的影响。2007 年，税收征管部门普遍加强对房地产税收的征管工作以及该年房地产交易异常活跃，这使得土地增值税的基数处于较高位置。

2009 年土地增值税的增速回升的主要原因有两个：一是二季度以后，房地产成交量和成交价格不断攀升，使得全年土地增值税收入较快增长；二是 2008 年楼市低迷，土地增值税的基数较小。

2010 年我国经济基本回到原有轨道，土地增值税快速增长的主要原因是商品销售额快速增长。各地税务机关加强对土地增值税的清算也是土地增值税快速增长的重要原因。2011 年土地增值税出现快速增长的主要原因是从 2010 年 5 月起税务机关提高了土地增值税预征率，2011 年上半年土地增值税一直保持高速增长，形成政策翘尾增收。此外，房地产交易额保持较快增长也是另一个重要原因，2011 年全国商品房销售额同比增加 12.1 个百分点。

6. 车船税

车船税的异常增速出现在 2008 年，其增长率高达 110%以上，是几个在宏观经济不好的情况下仍旧高速发展的税种之一。2008 年，国家税务总局下发了《国家税务总局关于车船税征管若干问题的通知》，要求方便车船税征缴，进一步提高征管质量和效率，为车船税的快速增长提供了法律保证。

7. 车辆购置税

车辆购置税税收收入的异常增长年份出现在2010年，其在直接税中所占比例的异常波动情况出现在 2008 年。从 2008 年下半年起，车辆购置税增速大幅回落，主要是受 2008 年下半年汽车销量呈下降趋势的影响。据统计，2008 年汽车销量同比增长 6.7%，比上年回落 15.14 个百分点。汽车销量下降的主要原因：一是受到国内成品油价格居高不下和城市道路拥堵情况加剧影响，消费者购车热情降温；二是股市持续低迷、社会财富缩水、裁员降薪现象等影响收入增长的不利因素，抑制了企业和居民对汽车的需求数量和档次；三是美国的金融危机逐渐波及新兴国家，我国面向新兴市场的汽车出口受挫。车辆购置税收入在2010年高速增长的主要原因在于：一是汽车销量实现高速增长。2010 年全国汽车销售 1 806.19 万辆，同比增长 32.37%。二是车辆购置税优惠政策调整，从 2010 年 1 月 1 日起将排气量 1.6 升以下机动车的车辆购置税税率由 5%提高到 7.5%，使得车辆购置税高速增长。

（五）间接税各税种变动的原因分析

与直接税税种变动原因分析一样，此处仅对间接税中各税种极端值和异常值产生的原因进行分析。

1. 增值税

样本期间，增值税增速的异常值出现在 2009 年，其增速仅有 3.34%，远低于其他年度增速。

2009 年国内增值税增速大幅度回落，主要源于 2009 年的前 10 个月，国内增值税累计收入均是减收的。增值税减收的原因：工业增加值增速明显下滑；CPI 等价格指数下跌；工业生产者出厂价格持续回落缩减了增值税税基；增值税转型带来的减税效果。

增值税是以增值额为征税对象的税种，具有比较好的税收中性，其税基大体相当于工业增加值和商业增加值。图 3.12 直观地描述了工业增加值指数、工业生产者出厂价格指数和 CPI 增速的变动形势。我们从图形可以看到：在 2009 年，工业增加值指数、工业生产者出厂价格指数和 CPI 增速出现大幅度下跌，其中工业生产者出厂价格指数和CPI增速更是出现大幅度的负增长。

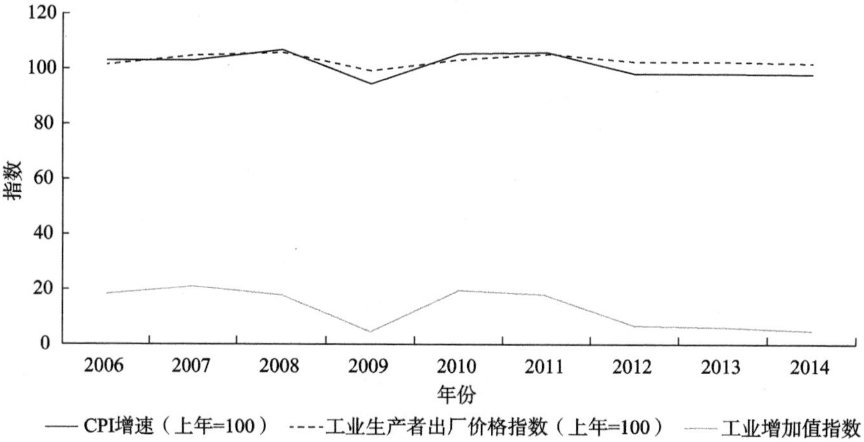

图3.12　工业增加值指数、工业生产者出厂价格指数和CPI增速变动图

资料来源：《中国统计年鉴》（2007~2015年）

我国增值税转型是指将生产型增值税转为消费型增值税，其主要的改变在于企业所购买的固定资产所包含的增值税税金允许税前扣除。2008年，时任国务院总理温家宝主持召开国务院常务会议时，要求在全国所有地区、所有行业全面实施增值税转型改革，鼓励企业技术改造。全额抵扣、全行转型的增值税转型方案于2009年1月1日起全面施行。生产型增值税转为消费型后，在一定程度上减少了增值税的税收收入。

2. 消费税

消费税及增值税在间接税中所占比例增速的异常值均出现在2009年，但与增值税的增速大幅度回落相反，消费税在这一年的增速远高于其他年份。

消费税的税基是汽车、成品油、烟、酒等14类特定商品的销售额或销售量。消费税税收收入的高速增长主要源于成品油、烟、酒等产品消费税的政策调整。

按照《国务院关于实施成品油价格和税费改革的通知》，财政部、国家税务总局下发通知，决定从2009年1月1日起调整成品油消费税政策。一是提高成品油消费税单位税额：汽油、石脑油、润滑油消费税单位税额由每升0.2元提高到每升1.0元；柴油、航空煤油和燃料油消费税单位税额由每升0.1元提高到每升0.8元。二是调整特殊用途成品油税收政策，恢复了对石脑油消费税的增收。国税函〔2009〕271号《国家税务总局关于卷烟消费税计税依据有关问题的通知》中规定：实际销售价格低于最低计税价格的，按照最低计税价格申报纳税。《国家税务总局关于加强白酒消费税征收管理的通知》（国税函〔2009〕380号）附件《白酒消费税最低计税价格核定管理办法（试行）》第八条规定："白酒消费税最低计税价格核定标准如下：（一）白酒生产企业销售给销售单位的白酒，生产企业消费税计税价格高于销售单位对外销售价格 70%（含 70%）以上的，税务机关暂不核定消费税最低计税价格。（二）白酒生产企业销售给销售单位的白酒，生产企业消费税计税价格低于销售单位对外销售价格 70%以下的，消费税最低计税价格由税务机关根据生产规模、白酒品牌、利润水平等情况在销售单位对外销售价格 50%至 70%范围内自行核定。其中生产规模较大，利润水平较高的企业生产的需要核定消费税最低计税价格的白酒，税务机关核价幅度原则上应选择在销售单位对外销售价格 60%至 70%范围内。”此外，国家税务总局下发通知，要求各地税务部门加强对白酒消费税的征收管理。这些政策的调整都对消费税的高速增加起着积极的作用。

同时，2009 年汽车产销量同比增长 48.30%和 46.15%，使得汽车消费税也有较快的增长；黄金价格一路走高，许多人为了保值增值而购买黄金使得贵重首饰消费税也有较大的增长。这些都促成了消费税在 2009 年的快速增长。

3. 营业税

营业税税收收入以及其在间接税中所占比例的变化增速比较平稳，但是在 2008 年和 2009 年，其增速有较大幅度的回落。房地产市场持续低迷，商品房成交量急剧萎缩，由此造成房地产业和建筑安装业营业收入增速的大幅回落。股市持续低位震荡，券商、经纪业务收入缩水，投行业务遭受重创，加之 2007 年同期证券业营业收入基数较高，导致证券业营业收入较 2006 年同期出现大幅下降。保险理财产品销售收入大幅下降，汽车销量萎缩及下调汽车交强险缴费标准，旅游行业不景气，这些保险业营业收入主要来源的减少都使得应税保险业营业收入大幅下降。

4. 资源税

资源税税收收入及其在间接税中所占比例的增速的异常值出现在 2006 年和 2011 年，这两年税收收入均有较高的增速。

资源税的税基是应税资源产品的销售量、自用量或销售额。2003~2006 年，为促进资源的合理开发和节约使用，政府调高了河南等 24 个省区的资源税税额，促进了资源税的大幅度增长。2011 年资源税快速增长的主要原因在于：一是 2011 年我国能源和矿产品开采量和销售量持续增长，1~11 月，我国原煤产量增长 11.6%，原油产量增长 0.6%，天然气产量增长 7.1%，原盐产量增长 11.1%，铁矿石产量增长 27.4%，十种有色金属产量增长 10.3%。二是政策调整因素。从 2010 年 12 月 1 日起，西部地区原油、天然气资源税实行从价计征改革，从 2011 年 11 月 1 日起，调整油气资源税的计征办法和税率，同时调高了焦煤和稀土矿的资源税税额标准，带动了资源税快速增长。

5. 城市维护建设税

城市维护建设税在2011年的增速远高于其他年份，有较大的增幅。城市维护建设税在2011年出现高速增长主要源于国家对城市维护建设税税收政策进行了调整。国家相关政策规定自2010年12月1日起，对外商投资企业、外国企业及外籍个人征收城市维护建设税。1985年以来，国务院及国务院财税主管部门发布的有关城市维护建设税和教育费附加的法规、规章和政策同时适用于外商投资企业、外国企业及外籍个人。

6. 印花税

印花税的异常值出现在2007年和2008年，2007年出现高速增长，2008年出现大幅度的负增长。

2007年5月，国家将证券交易印花税税率由1%调整为3%，上升了2个百分点，税率的大幅度调整使得2007年印花税出现了高速增长势头。在金融危机的背景下，为了促进经济增长和扩大内需，国家密集出台了若干减税政策，其中一项就是将证券交易印花税由双边征收改为单边征收，对个人销售或购买住房暂免征印花税等使得印花税税收收入大幅度减少。

四、国外直接税与间接税比例刻画

按照税收结构与经济发展的一般规律，经济发展水平低的国家，更多地采用间接税为税收主体，随着经济的发展，一般国家会由以间接税为主体的税制结构转为以直接税为主体的税制结构，经济发展程度越高的国家会越多地依赖直接税，而非间接税。

何自强在《税制结构国际发展新趋势与中国结构性减税之政策取向》一文中提到，在我国税制结构中，流转税所占的比重远高于世界的平均水平，而企业所得税所占的比重低于世界平均水平。在文中，他从地理区域维度和收入水平维度对比了我国与其他国家的税收结构，并以1994~2007年作为样本选择期。其比较指标包括企业所得税占税收收入的比例和流转税占税收收入的比例，其中，企业所得税包括对企业利润和资本利得征税，流转税包括对商品和服务征税的税收总额。其结果显示，自1997年后，高收入发达国家税制结构中企业所得税所占比例一直高于40%，而低收入国家税收中企业所得税所占比例处于20%~30%；高收入国家流转税所占比重在20世纪90年代维持低于40%的比例，进入21世纪后，由于增值税具有良好的税收中性性质，其被西欧国家广泛运用，所以高收入国家与低收入国家税制结构中流转税比重显现出趋近现象。但是，高收入国家税制结构中，企业所得税的地位并没有因此而受到较大影响。

直接税包括对所得、劳动报酬和利润的征税，在世界银行公布的数据中，以所得税、利润税和资本收益税所占总税收比例来刻画直接税结构比例。间接税以商品和服务为中介间接地对公众征税，税收负担可以通过提高价格的方式转嫁给别人。

2013 年 7 月 1 日，世界银行根据前一年的人均 GNI 水平重新修订了世界经济体的分类。世界银行根据人均 GNI 水平做出的收入组分类如下：低收入国家人均GNI少于1 035美元（含），中低等收入国家人均GNI在1 036~4 085美元，中高等收入国家人均 GNI 在 4 086~12 615 美元，高收入国家人均 GNI 在 12 616 美元及以上。

基于世界银行披露的各个国家和经济体的税收数据，剔除残缺数据。根据世界银行的国家分类，即把各个国家划分为低收入国家、中低等收入国家、中高等收入国家和高收入国家。本节对 2005~2011 年世界不同国家直接税和间接税占税收总收入的比例进行比较分析，并在此基础上探讨中国未来税制结构发展趋势。

（一）直接税与间接税结构比例的整体刻画

为了直观反映直接税与间接税结构比例的整体情况，我们绘制图 3.13 来反映 2005~2011 年各个国家直接税与间接税所占税收收入比例的平均水平。

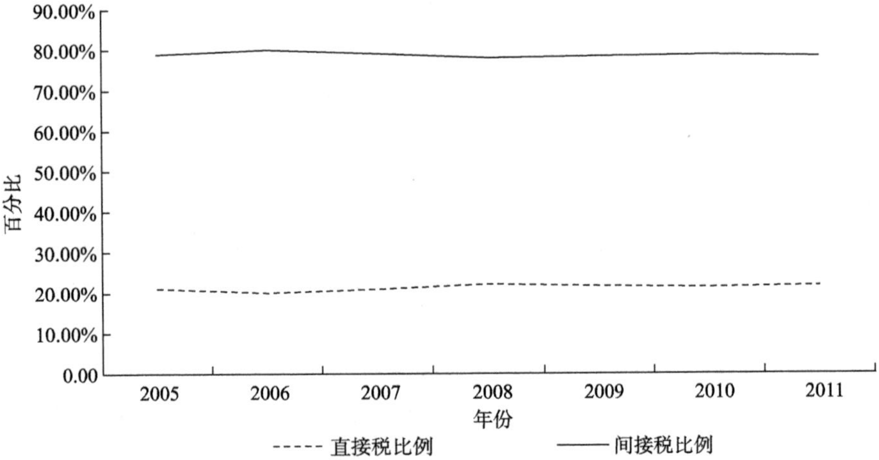

图 3.13　直接税与间接税结构比例的整体刻画

资料来源：世界银行网站

图 3.13 显示，2005~2011 年世界范围内的税收收入结构比例中，间接税一直占据主导地位，各年所占比例在 75%以上，分别为 78.90%、79.98%、79.05%、77.90%、78.35%、78.67%和 78.26%。相较而言，直接税税收总额所占的比例处于次要地位。相对应年份，直接税所占比例分别为 21.10%、20.02%、20.95%、

22.10%、21.65%、21.33%和 21.74%。

（二）刻画间接税比例结构

由于世界银行并未公布 2005 年低收入国家、中高等收入国家以及 2006 年低收入国家间接税比例结构，故本节收集的数据仍有部分缺失，难以补全。表 3.10 反映了 2005~2011 年国际间接税占税收收入比例。

表 3.10　2005~2011 年国际间接税占税收收入比例

分类	2005 年	2006 年	2007 年	2008 年	2009 年	2010 年	2011 年
低收入国家			85.06%	83.27%	83.27%	83.83%	80.40%
中低等收入国家	77.53%	79.81%	77.55%	75.57%	73.30%	75.22%	75.32%
中高等收入国家		74.88%	80.67%	78.02%	78.91%	78.47%	81.69%
高收入国家	76.00%	75.06%	74.36%	74.61%	76.19%	77.27%	77.79%
世界	78.90%	79.98%	79.05%	77.90%	78.35%	78.67%	78.26%
中国	76.20%	75.43%	83.59%	74.59%	75.44%	76.89%	75.10%

资料来源：世界银行网站

表 3.10 显示，人均 GNI 少于 1 035 美元（含）的低收入国家 2007~2011 年间接税占税收收入总额的比例为 85.06%、83.27%、83.27%、83.83%、80.40%，呈现小幅下降趋势。人均 GNI 在 1 036~4 085 美元的中低等收入国家 2005~2011 年间接税占税收收入总额的比例为 77.53%、79.81%、77.55%、75.57%、73.30%、75.22%、75.32%，变化较小。人均 GNI 在 4 086~12 615 美元的中高等收入国家 2006~2011 年间接税占税收收入总额的比例为 74.88%、80.67%、78.02%、78.91%、78.47%、81.69%，呈现上升趋势。人均 GNI 在 12 616 美元及以上的高收入国家 2005~2011 年间接税占税收收入总额的比例为 76.00%、75.06%、74.36%、74.61%、76.19%、77.27%、77.79%，2005~2007 年下降，2008~2011 年上升。根据世界银行统计方法统计的中国 2005~2011 年间接税占税收收入总额的比例为 76.20%、75.43%、83.59%、74.59%、75.44%、76.89%、75.10%，2007 年快速升高，随后又降到原来水平。

在四种国家分类中，低收入国家间接税占税收收入比例最高，平均水平为 83.17%，2007 年甚至达到 85.06%，比世界平均水平高出 6 个百分点。中高等收入国家间接税占税收收入比例排第二，平均水平为 78.77%，与世界平均水平相差不大。中低等收入国家间接税占税收收入比例排第三，平均水平为 76.33%，低于世界平均水平 2.4 个百分点。高收入国家间接税占税收收入比例最低，平均水平为 75.90%，低于世界平均水平 2.8 个百分点。据世界银行统计方法统计的中国间接税占税收收入总额的平均比例为76.75%，与中低等收入国家平均水平接近。

（三）刻画直接税比例结构

表 3.11 显示，人均 GNI 少于 1 035 美元（含）的低收入国家 2007~2011 年直接税占税收收入总额的比例为 14.94%、16.73%、16.73%、16.17%、19.60%，呈现上升趋势。人均 GNI 在 1 036~4 085 美元的中低等收入国家 2005~2011 年直接税占税收收入总额的比例为 22.47%、20.19%、22.45%、24.43%、26.70%、24.78%、24.68%，震荡变化。人均 GNI 在 4 086~12 615 美元的中高等收入国家 2006~2011 年直接税占税收收入总额的比例为 25.12%、19.33%、21.98%、21.09%、21.53%、18.31%，呈现下降趋势。人均 GNI 在 12 616 美元及以上的高收入国家 2005~2011 年直接税占税收收入总额的比例为 24.00%、24.94%、25.64%、25.39%、23.81%、22.73%、22.21%，2005~2007 年上升，2008~2011 年下降。根据世界银行统计方法统计的中国 2005~2011 年直接税占税收收入总额的比例为 23.80%、24.57%、16.41%、25.41%、24.56%、23.11%、24.90%，2007 年大幅降低，随后又恢复到原来水平。

表 3.11 2005~2011 年国际直接税占税收收入比例

分类	2005 年	2006 年	2007 年	2008 年	2009 年	2010 年	2011 年
低收入国家			14.94%	16.73%	16.73%	16.17%	19.60%
中低等收入国家	22.47%	20.19%	22.45%	24.43%	26.70%	24.78%	24.68%
中高等收入国家		25.12%	19.33%	21.98%	21.09%	21.53%	18.31%
高收入国家	24.00%	24.94%	25.64%	25.39%	23.81%	22.73%	22.21%
世界	21.10%	20.02%	20.95%	22.10%	21.65%	21.33%	21.74%
中国	23.80%	24.57%	16.41%	25.41%	24.56%	23.11%	24.90%

资料来源：世界银行网站

在四种国家分类中，低收入国家直接税占税收收入比例最低，平均水平为 16.83%，比世界平均水平低 4 个百分点。中高等收入国家直接税占税收收入比例排第二，平均水平为 21.23%，与世界平均水平相差不大。中低等收入国家直接税占税收收入比例排第三，平均水平为 23.67%，高于世界平均水平 2.4 个百分点。高收入国家直接税占税收收入比例最高，平均水平为 24.10%，高于世界平均水平 2.8个百分点。据世界银行统计方法统计的中国直接税占税收收入总额的平均比例为 23.25%，与中低等收入国家平均水平接近。

第三节　国税与地税的比例关系描述

一、国税与地税

通常地，国税与地税一般是指税收征管的税务机关体系，而不是针对税种而言的。国税是指国家税务系统，与之相对应的是地税，也即地方税务系统，二者都是我国税收管理体制进行分税制改革后的产物。国税主要负责征收中央税、中央与地方共享税；地税主要负责征收地方税。国税系统所征收的税收中的大部分是中央政府收入的主要来源，归属中央所有；地税系统所征收的税收中绝大部分属于地方固定财政收入，由地方管理和使用，归属地方所有。

税收管理体制是在各级国家机构之间划分税权的制度。税收管理权限，包括税收立法权、税收法律和法规的解释权、税种的开征与停征权、税目与税率的调整权、税收的加征和减免权。将税收管理权限进行简单划分可以分为税收立法权（包括制定、修改、解释或废止税收法律法规、规章和规范性文件的权力）和税收执法权（包括税收征管权、税务稽查权、税务检查权、税务行政复议裁决权及其他税务管理权）。税权可以从纵向和横向角度进行分类。纵向划分是指税权在中央和地方国家机构之间的划分；横向划分是指税权在同级立法、司法、行政等国家机构之间的划分。在世界范围内，地方税收管理权限大体可以划分为以下三种类型：立法权与管理权完全属于地方，地方政府可以决定课征地方税收；立法权属于中央，地方政府有较大机动权限；立法权和基本管理权均属于中央，地方政府只负责征收管理。在美国，州和地方政府享有相对独立的征税权，销售税和财产税是美国州政府和地方政府的主要地方税种。我国现在税收管理权限现状如下。

在立法权上，中央税、中央与地方共享税以及全国统一实行的地方税的立法权集中在中央，以保证中央政令统一，维护全国统一市场和企业公平竞争；依法赋予地方适当的税收立法权，可以因地制宜地发挥当地的经济优势，同时便于同国际税收惯例对接。

根据行政层级，我国将税收分为中央税和地方税，将维护国家利益、实施宏观调控所必需的税种划为中央税，将同国民经济发展直接相关的主要税种划为中央和地方共享税，将适合地方征管的税种划为地方税。根据收入归属划分税收管理权限的原则，中央税的税收管理权限由国务院及其税务主管部门（财政部和国家税务总局）掌握，由中央税务机构负责征收。地方税的税收管理权限由地方人民政府及其税务主管部门掌握，由地方税务机构负责征收。中央和地方共享税原则上由中央税务机构负责征收，共享税中由地方分享的部分，由中央税务机构直接划入地方金库。地方自行立法的税种，由省级人民政府及其税务主管部门掌握。除少数民族自治地区和经济特别区外，各地均不得擅自停征全国性的地方税种。

我国实行国税与地税并行的税收管理体制，国税和地税的划分源于1994年分税制改革。分税制是一种财政管理体制，实行分税制是市场经济国家的一般惯例。市场竞争要求财力相对分散，但是宏观调控却要求财力相对集中，这种集中与分散的关系问题，反映到财政体制上就是中央政府与地方政府之间集权与分权的关系问题。就现状而言，一个国家不论采取什么形式的市场经济，一般都是利用分税制来解决中央与地方集权与分权问题。至于每个国家实行什么模式的分税制，则受该国政治历史、经济体制以及各自遵循的经济理论的影响。

分税制是按不同的税种划分中央与地方收入来源的一种管理体制，它要求按照税种实现分权、分税和分管这“三分”。其实质是通过划分税权，将税收按照税种划分为中央税、地方税（部分税收属于共享税），达到有效处理中央政府与地方政府之间的事权和财权的目的。分税制的真正含义在于中央与地方财政自收自支、自求平衡。

分税制实行后，税种和各税种形成的税收收入分别按照立法、管理和使用支配权，形成中央税、地方税（有的国家存在中央和地方共享税）。中央税是指税种的立法权、课税权和税款的使用权归属于中央政府的一类税收；地方税是指立法权、课税权和税款的使用权归属于地方政府的一类税收。税款收入按照管理体制分别入库、分别支配、分别管理，中央税归中央政府管理和支配，地方税归地方政府管理和支配。

在税收理论的实际运用当中，分税制后，某些税种的税收收入并不一定完全归属于中央或地方政府，而是按照一定的比例在中央政府和地方政府之间进行分配，收入共享，所以出现了共享税。一般说来，共享税是指税种的立法权归属中央政府或者上级地方政府，上下两级政府分别征收、管理，并各自享有一定比例使用权的一类税收。共享税的划分标准是税款归属，而非立法权，也不是征收管理权。我国分税制改革后，税收划分为中央税、地方税和中央地方共享税。

中华人民共和国成立后，政府当局为了建立一套完美的社会主义计划经济体制，在1950~1952年、1969~1970年在全国实行统收统支制度。行政性分权的“财政包干”是中国20世纪80年代末到90年代初的主要财政模式，其要点是“划分收支分级包干”，并根据不同地区的情况，采取六种不同形式（收入递增包干、总额分成、总额分成加增长分成、上解额递增包干、定额上解、定额补助）。“财政包干”的内容是，地方预算收支核定以后，在保证中央财政收入的前提下，地方超收和支出结余，都留归地方支配，地方短收和超支，中央财政不再补贴，由地方财政自求平衡。它按照企业和事业的隶属关系，把中央和地方的财政收入、支出彻底分开，明确各自的收支范围，并在划定的收支范围内，实行分级包干使用。具体办法如下：在收入方面，中央所属企业的收入、关税收入归中央，地方所属企业收入、盐税、农牧业税、工商所得税、地方税收入归地方，工商税则作为中央和地方的调剂收入。在支出方面，中央的基本建设投资、中央企业的流动资金、挖潜改造资金和新产品试制费，地质勘探费，国防战备费，对外援助资金，国家物资储备支出，以及中央级农、林、水利、气象、工业、交通、商业、文教、卫生、体育、科研等事业费，均属中央财政支出。上述属于地方隶属范围内的各项费用均属于地方财政支出。如果遇到特大自然灾害，特大的抗旱防汛或支援不发达地区救济费等，则由中央专案拨款。

财政包干制是1979年以来中国经济体制企业环境与公共关系改革的一项重要内容，是企业宏观经济环境管理的一次重大调整。它对于进一步明确中央和地方的权利、责任和利益，增加地方的机动财力，调动地方各级政府管理财政，发展生产的积极性，都起了重大作用。但是，地方政府为了增加自己的财政收入，往往忽视全局利益，出现短期行为，不利于跨省市、跨区域的联合和协作，不利于社会主义统一市场体系的形成和发展，并且导致社会经济生活中存在投资膨胀、重复引进、重复建设和重复生产现象。到20世纪80年代末90年代初，财政包干制和条块分割制造成了种种积弊，这成为分税制改革的深层次的原因。

中央财政在20世纪80年代末到90年代初陷入尴尬境地——经济持续性地高增长和中央财政收入占全国财政收入比重不断下降，中央财政的收支必须依靠地方财政的收入上解才能平衡，甚至还发生过两次中央财政向地方财政“借钱”并且借而不还的事。

1993年，分税制改革前夕，上半年的一些指标发出警示，国家财政特别是中央财政全线吃紧，财政收入与经济增长比例严重失衡。1993年7月23日，朱镕基抛出朱氏警语：“在现行体制下，中央财政十分困难，现在不改革，中央财政的日子过不下去了，（如果这种情况发展下去）到不了2000年（中央财政）就会垮台！”①中央财政的难以为继直接催生了分税制。

1993年7月23日，朱镕基在全国财政会议上首次正式提出分税制的想法，一个多月后，分税制改革的第一个方案出台。为了说服各省，朱镕基在随后的两个多月里，奔波于全国，一一说服。1993年12月15日，国务院做出《国务院关于实行分税制财政管理体制的决定》，确定从1994年1月1日起改革地方财政包干体制，对各省、自治区、直辖市以及计划单列市实行分税制财政管理体制。1994年1月1日，分税制财政管理体制改革在艰难时期中诞生。

① 马国川．项怀诚：改革是共和国财政60年的主线[N]．经济观察报，2009-08-28.

分税制改革的原则和主要内容：按照中央与地方政府的事权划分，合理确定各级财政的支出范围；根据事权与财权相结合的原则，将税种统一划分为中央税、地方税和中央地方共享税，并建立中央税收和地方税收体系，分设中央与地方两套税务机构分别征管；科学核定地方收支数额，逐步实行比较规范的中央财政对地方的税收返还和转移支付制度；建立和健全分级预算制度，硬化各级预算约束。按照分税制改革方案，中央将税收体制变为生产性的税收体制，通过征收增值税，将 75%的增值税收归中央，地方获得 25%的收益。中央政府负责国防、外交、转移支付、战略性开发等预算开支，而地方政府负责提供普通教育、医疗等公共服务。

1994 年我国的分税制改革将过去的财政大包干管理体制改为分税制财政管理体制，初步理顺了国家与地方的关系，在中央政府与地方政府之间进行了事权与财权的重新划分。分税制改革将税收分为国税和地税，建立与税收匹配的国税和地税管理机构。根据我国经济和社会发展及实行分税制财政管理体制的需要，将税务机构做出如下设置：中央政府设立国家税务总局（正部级），省级及省级以下税务机构分为国家税务局和地方税务局两个系统。

国家税务总局对国家税务局系统实行机构、编制、干部、经费的垂直管理，协同省级人民政府对省级地方税务局实行双重领导。省级国家税务局的局长和副局长均由国家税务总局任命。国家税务总局对省级地方税务局的领导，主要体现在税收政策、业务的指导和协调，对国家统一的税收制度、政策的监督，组织经验的交流等方面。省级地方税务局的局长人选由地方政府征求国家税务总局意见之后任免。

国家税务局系统包括省、自治区、直辖市国家税务局，地区、地级市、自治州、盟国家税务局，县、县级市、旗国家税务局，征收分局、税务所。省级国家税务局是国家税务总局直属的正厅（局）级行政机构，是本地区主管国家税收工作的职能部门，负责贯彻执行国家的有关税收法律、法规和规章，并结合本地实际情况制定具体实施办法。

地方税务局系统包括省、自治区、直辖市地方税务局，地区、地级市、自治州、盟地方税务局，县、县级市、旗地方税务局，征收分局、税务所。省以下地方税务局实行上级税务机关和同级政府双重领导、以上级税务机关垂直领导为主的管理体制。省级地方税务局是省级人民政府所属的主管本地区地方税收工作的职能部门，一般为正厅（局）级行政机构，实行地方政府和国家税务总局领导、以地方政府领导为主的管理体制。

在我国，国家税务局系统的征管税种包括：增值税、消费税、车辆购置税，铁道部门、各银行总行、各保险总公司集中缴纳的营业税、所得税、城市维护建设税，中央企业缴纳的所得税，中央与地方所属企业、事业单位组成的联营企业、股份制企业缴纳的所得税，地方银行、非银行金融企业缴纳的所得税，海洋石油企业缴纳的所得税、资源税，部分企业的企业所得税、证券交易税（开征之前为对证券交易征收的印花税），个人所得税中对储蓄存款利息所得征收的部分，中央税的滞纳金、补税、罚款。地方税务局系统负责征收和管理的税种如下：营业税、城市维护建设税（不包括上述由国家税务局系统负责征收管理的部分），地方国有企业、集体企业、私营企业缴纳的所得税，个人所得税（不包括对银行储蓄利息所得征管的部分），资源税，城镇土地使用税，耕地占用税，土地增值税，房产税，车船税，车船使用牌照税，印花税，契税，屠宰税，筵席税及其他地方附加，地方税的滞纳金、补税、罚款。

分税制中，中央政府与地方政府税收收入的划分是非常重要的。根据《国务院关于实行分税制财政管理体制的决定》，我国税收收入分为中央政府固定收入、地方政府固定收入和中央政府与地方政府共享收入。

中央政府固定收入包括消费税（含进口环节海关代征的部分）、车辆购置税、关税、海关代征的进口环节增值税等。

地方政府固定收入包括城镇土地使用税、耕地占用税、土地增值税、房产税、车船税、契税和筵席税。

中央政府与地方政府共享收入主要包括：增值税（不含进口环节由海关代征的部分），中央政府分享75%，地方政府分享25%；营业税，铁道部、各银行总行、各保险总公司集中缴纳的部分归中央政府，其余部分归地方政府；企业所得税，铁道部、各银行总行及海洋石油企业缴纳的部分归中央政府，其余部分中央和地方政府按60%与40%的比例分享；个人所得税，除储蓄存款利息所得的个人所得税外，其余部分中央和地方政府按60%与40%的比例分享；资源税，海洋石油企业缴纳的部分归中央政府，其余部分归地方政府；城市维护建设税，铁道部、各银行总行、各保险总公司集中缴纳的部分归中央政府，其余部分归地方政府；印花税、证券交易印花税收入的94%归中央政府，其余6%和其他印花税收入归地方政府。

1994 年的分税制改革，无论是相对于构建与市场经济相适应的现代财政管理体制，或是为科学地划分中央与地方财权关系基础，提高财政收入占 GDP 的比重、中央财政收入占全国财政收入比重，其效果都是明显的。分税制改革后，我国财政收入占 GDP 的比例上升，中央财政收入占全国财政收入的比重提高。但是，分税制改革虽然实现了财政收入的快速增长和“两个比重”的迅速提高，彻底扭转了财政，尤其是中央财政长期被动的局面，但财权的调整并不意味着事权关系也同时得到理顺。

我国分税制存在不少弊端：首先，分税制改革没有做到事权与财权的科学统一，中央政府税收比重过高，地方政府缺乏可持续发展的财政汲取能力。绝大多数地方政府将增加财政收入的目光投向土地开发方面，导致土地价格不断上涨。其次，分税制改革增加了增值税，并且从生产环节设计增值税具体规则，出现了一些税收征管漏洞。再次，分税制改革重点在征税比例划分方面，而没有考虑到公共产品投入的需要，这就导致我国在公共产品配置方面出现了权利和义务不对称现象。由于事权与财权划分不科学，中央政府在教育、医疗、住房等领域的宏观调控始终难以发挥作用。最后，分税制改革是以1993年各地经济总量为基础确定分税比例的，没有充分征求各地意见，更没有在全国人大常委会广泛讨论，在程序上存在问题。

1994年的分税制改革主要着眼于规范中央与省级财政之间的收入与支出关系，对省级以下财政体制的改革并未做明确规定。这导致了两个矛盾：一是财政收支矛盾随着分税制的运行而越来越集中于基层的县和乡，一些正常性支出无法得到保证。财力集中缺乏划分税种的规范性，财权上缺乏事权调整相配套的制度，使县、乡两级支出基数和支出刚性增大，从而产生了省以下体制的矛盾和省以下各级政府财权与事权关系不对称问题。二是基层财政矛盾已呈现向中央财政集中的趋势，逐渐形成支出的倒逼机制。在省级以下体制无法自行调控的情况下，中央财政不得不在工资性支出、农村税费改革等方面实施专项转移支付，加剧了中央财政收入与实际可用财力之间的矛盾。在转移支付能力不足的情况下，各地由于经济发展基础和潜力的巨大不平衡，分税制后省际财力调剂和省内县际财力调剂的压力很大。

随着社会主义市场经济体制的逐步建立和经济社会的不断发展，所得税按隶属关系和税目划分收入的负面影响逐渐凸显出来。尤其是企业所得税按隶属关系划分收入归属，一定程度上使一些地方政府为追逐税收利益搞地方主义和重复建设，阻碍了企业的兼并、重组，制约了经济结构调整，特别是不利于平衡地区间财力。

1994年的税制改革一改原本统一的税收征管体系，变为国税与地税并行的税收征管体系。20多年来，国税与地税的分设为强化中央宏观调控能力、理顺财政管理体制、推进社会主义市场经济体制建设、促进其他各项改革等都做出了贡献。但是，随着时间的推移以及经济形势的不断变化，国税、地税两套税务机构在并行的过程中也暴露出来很多的问题，主要表现在以下几个方面。

第一，机构分设，税务人员膨胀，机构臃肿。其一，地方税务局系统的组建，除了从原有税务系统中分派到各级地方税务局的以外，还从财政等部门抽调相当比例的人员归入地税系统，使得税务人员过度膨胀。其二，国税与地税管理体制上的差异使得税务人员总量过度增加。国税系统受国家税务总局的管理，实行垂直领导的管理体制，在实践中，征管力量很难满足税收事务的要求，矛盾突出，但是，税务人员的增长又非常有限。与之相反，地税系统在税收业务上由国家税务总局指导、管理，其余事务诸如机构、人事、经费等，都由各省、自治区、直辖市及以下人民政府管理，国家税务总局对地税系统中人员增长问题难以做到有效控制。为了最大限度地保证地方财政收入，尽量防止和减少地方税收的流失，各级地方政府在人员编制、人员配备上加大了对地税机构的倾斜，导致诸多地方地税人员数倍于国税人员。

第二，国税和地税分设，导致税务人员分散，征管力量不足的矛盾并没有得到有效的缓解。其原因有两点：其一，随着两套税务机构的组建，1994 年以来增加的税务人员中相当比例就职于行政管理岗位。与纳税人的迅猛增长状况对比，有效征管力量的增长不大。其二，受“一级政府，一级财政”的影响，国税和地税基层征管机构基本上按照行政区域设置，随着大量征管机构的设置，相对有限的税务征管力量变得更加分散化。目前，我国民众依法诚信纳税意识普遍较低，税收社会氛围欠佳，势单力薄的征管力量很难对纳税人，特别是大量的个体工商户实施有效的税收征管，偷、逃税现象比较严重，不利于我国社会主义和谐社会建设。

第三，国税与地税的并行，导致税收成本增高。一是税务部门固定运行费用大幅度增加。国税和地税的分设并不是将原有的税务机构、税务财产简单地一分为二，而是重新建立两套机构健全、功能完备的税务机构体系。一方面，国税和地税层层税务机构的重新组建，需要与之相匹配的办公场所、办公设施以及相应的环境支出，这些都需要大量的资金投入。另一方面，为了保持各级税务机构正常运转，机构固定税收成本不能缺少，并且呈现出逐年上升的势头。相当比例的边远地区税务所一年所征收的税收收入还不能保证自身正常运转的税务支出。二是财力分散，难以科学合理地安排税务经费，税务支出整体效果差。特别是经济落后地区的基层税务部门，落后的办公环境得不到及时有效改善，职工医疗改革、住房改革难以到位，严重影响了基层税务人员的工作积极性，也影响到基层税务部门的安定团结。三是人为割裂了各税种之间征管上的有机联系，税务部门之间重复无效劳动成倍增长，增加了税收征收成本。四是在全国范围内，相当部分的纳税人往往要同时向国税、地税办理涉税事项，给纳税人带来极大的不方便，增加了纳税人的纳税成本。

第四，为了达到增加自身收入的目的，国税和地税“争”“抢”税源，导致税收收入的严重流失。我国实行的“分税制”财政体制，并不是彻底的“分税制”。国家税务局系统也对部分行业、部分时间段新办企业、部分人员等的应纳营业税、企业所得税、个人所得税进行征收管理。另外，由于纳税人生产经营的多元化，纳税人往往既要缴纳属于国税部门征管的税种，又要缴纳属于地税部门征管的税种。由于都有税收计划任务的约束，国税、地税之间存在许多“争”“抢”税源现象。特别是集贸市场税收、个体零散税收，哪一边所征税少、税负轻，就“靠”向哪一边申报缴纳，而另一边也不可能去督促纳税人重新按规定缴纳，造成税收流失。而不易于征管地方（如边远地区、征管难度大的地方等）的税收，国税、地税都不愿意去征管，形成税收征管“真空”，造成税收流失。

第五，税收征管系统建设自成体系并得到不断强化，加大了整合税收征管难度。以信息技术为主要依托的现代征管手段建设让原本从机构分设之初起就互不关联、各自为政的国税和地税陷入低水平重复多头开发的境地，在降低税收支出整体效益、增加开发投资的同时还增加了总体税收系统的运行成本。分头开发的征管软件系统割裂了税收征管上各税种间的有机联系，系统运行效率极差。随着各自征管软件系统的不断升级，整合国税、地税征管的难度极大。

第六，国税和地税税收征管各自为政，整体征管效率低下。国税和地税各自的税收征管范围不仅存在纳税人的大量交叉重叠、税种的交叉，所征收的税种之间更是存在着非常紧密的因果关系。两套税务机构围绕各自的税收征管范围进行的征管活动，人为地割裂了各税种之间的有机联系。分头征收、多头管理、重复检查，国税和地税重复劳动、无效劳动严重。相对于从前一套税务机构时的“综合税收征管”而言，两套税务机构并行的税收征收成本增高，整体征管效率降低。

第七，因为对同一纳税人核定的纳税依据不一致，税务部门税务诉讼败诉风险加大。受税收计划考核的影响，部分地方对实行“双定”征收增值税、消费税的纳税户，国税征收部门核定的征收增值税、消费税的生产经营额是一个数据；而地税征收机关对同一纳税人核定的个人所得税、城市维护建设税的生产经营额（剔除国税部门核定的生产经营额明显偏低的情形）又是另一个数据。有时造成地税征收机关核定的生产经营额数倍于国税征收机关核定的生产经营额现象。国税、地税部门对同一纳税人核定数据的不一致，既增大了产生税务诉讼的可能性，又为税务部门税务诉讼败诉留下了隐患。

第八，税收宣传针锋相对，税务部门的社会形象差，不利于全民依法纳税意识的提高。为增强税收宣传的针对性，提高税务公关效果，营造良好的单位形象和税收征管氛围，许多地方的国税、地税之间，在税收宣传活动中采取了针锋相对式的不理智做法。例如，相当比例地区的地税部门在许多场合都曾打出过诸如“地方税收服务地方经济”“地方税收取之于民、用之于民”的标语、条幅和灯箱广告，似乎“中央税收是制约地方经济发展”、中央税收不是“取之于民、用之于民”，社会负面影响极大。尽管近些年来，国税、地税之间加强了在工作上的协作，竞争讲求“双赢”，但税收宣传针锋相对的局面只是更新了形式，从低级向高级转变。

第九，国税与地税并行制约了深化税制改革进程，阻碍了税收职能作用的充分发挥。税制改革进程放慢除受国家财政收支矛盾较大、中央与地方财政分配格局难以调整、需要配合国家总体改革进程等因素影响外，税务机构分设后形成的税收征管范围格局难以调整无疑也是一个非常重要的因素。受“以组织收入为中心”的税收工作指导思想的制约，国税、地税都强化了对既有税源（或税收征管范围）的坚守，无论是增值税向建筑安装领域、运输领域扩张，还是增值税由生产型向消费型的转型，无论是统一内外资企业所得税，还是进一步完善个人所得税制等，为协调国税与地税之间的关系，妥善处理国税与地税之间对税制进一步改革承受的程度，深化税制改革的进程不得不放慢，现行税制不适应经济社会发展需要的趋势日渐显现。

第十，国税和地税机构分设，国有资产难以彻底分清，为各自加强单位财产管理、加强干部队伍管理带来隐患。一方面，国税和地税分设之时，受单位财力、物力和时间所限，相互借用、占用划归对方的办公房屋、办税场所较普遍。随着各自条件的改善，相当比例地区的国税、地税部门还是没有及时归还自己所占用、借用的办公房屋和办税场所。有的甚至将空出的借用、占用房产出租给他人使用。另一方面，相当比例的地区，因机构分设以前的职工个人住房改革没到位，或根本就没有进行职工住房改革，随着税务人员向国税、地税的分流，分流人员占用着的所有权分属对方的房产，双方单位根本无从管理，成为管理上的“真空”，这不仅造成了国有资产的流失，还为后来推行住房改革带来一系列难题。

面对分税制改革和国税、地税并行带来的不少问题，政府逐年、非大规模地采取了一系列措施对其不合理的部分进行调整。中央从中国政治、经济和社会发展全局的实际需要出发，按公共财政原则和国际惯例进一步完善财税体制，从2001年1月1日起，打破隶属关系和税目划分所得税收入的办法，实施所得税收入分享改革，把企业所得税和个人所得税变成了共享税。对2002年的所得税增量，中央和地方各分享50%；对2003年以后的增量，中央分享60%，地方分享40%。中央增收的收入，主要用于对中西部地区的一般性转移支付，以缩小地区差异。

为了达到改善税制的目的，政府当局也从税收制度角度进行了调整，动作比较大的调整有以下几次。

实行统一的新的企业所得税法。2008年以前，我国内外资企业执行不同的企业所得税法，内外资税法存在较大差异，内资企业税收负担远远高于外资企业，造成企业之间税负不平。当时，全国企业所得税税源调查资料显示，内资企业平均税负水平高出外资企业10个百分点。企业要求统一税收待遇、公平竞争的呼声很高。1996年，第八届全国人民代表大会第四次会议批准了《中华人民共和国国民经济和社会发展“九五”计划和2010年远景目标纲要》，明确提出统一内外资企业所得税。2004年，财政部、国家税务总局和国务院法制办公室共同起草了《中华人民共和国企业所得税法（征求意见稿）》，书面征求了全国人民代表大会财政经济委员会、全国人民代表大会常务委员会法制工作委员会、全国人民代表大会常务委员会预算工业委员会及各省、自治区、直辖市和计划单列市人民政府以及国务院有关部门的意见后，分别召开了有关部门、企业、专家参加的座谈会，直接听取了意见。2006年，又再次征求了32个中央单位的意见。在修改、完善的基础上，2006年8月23日，国务院常务会议通过了《中华人民共和国企业所得税法（草案）》。2007年3月16日，第十届全国人民代表大会第五次会议表决通过了《中华人民共和国企业所得税法》并于2008年1月1日起在全国范围内施行。该企业所得税法不再区别对待内资企业和外资企业，统一规定：企业、事业单位、社会团体以及其他区的收入的组织为企业所得税的纳税人；取消原税法对内外资企业实行不同税率的规定，将内外资企业所得税税率统一为 25%，并分别对小微型企业和高新技术产业的所得税税率做了规定。

在增值税上实行“先转型，再扩围”的整体改革思路。1994 年，我国进行了以增值税为核心的税制改革，在全面实行增值税时选择了生产型增值税。这种类型的增值税不能将企业购置的固定资产中包含的增值税进行抵扣，加重了企业的税收负担。所以在2004年7月1日，我国决定首先在东北地区老工业基地实行增值税转型试点改革，并于同年9月14日，财政部、国家税务总局印发《东北地区扩大增值税抵扣范围若干问题的规定》，在东北地区正式启动增值税转型改革试点。2007年5月11日，财政部、国家税务总局联合颁布《中部地区扩大增值税抵扣范围暂行办法》，规定自2007年7月1日起，在中部地区6个省的26个老工业基地城市中的8个行业试行扩大增值税抵扣范围的试点。2008年，我国急需推进增值税转型改革试点，研究制订在全国范围内实施方案。2008 年 11 月 5 日，国务院总理温家宝主持召开国务院常务会议，研究部署进一步扩大内需促进经济平稳较快增长的措施时要求在全国所有地区、所有行业全面实施增值税转型改革。2009年1月1日，我国全面实行增值税转型改革，将生产型增值税改为消费型增值税。

个人所得税改革。1994 年以前，我国对内外籍人士按不同的征税标准征收个人所得税，实行内外双轨标准。1986 年 9 月国务院规定对本国公民的个人收入统一征收个人收入调节税，纳税的扣除额标准为 400 元，而外籍人士的扣除标准为 800 元；1994 年，内外个人所得税制度统一。特别是最近几年我国多次对个人所得税进行局部修改，并将修改重点集中在起征点问题上。2005 年 8 月，第一轮个税改革将个税费用扣除额从 800 元调至 1 600 年，同时高收入者实行自行申报纳税；2008 年 3 月，第二轮个税改革，将个人工资、薪金所得减除费用由 1 600 元/月提高到 2 000 元/月；2011 年 6 月 30 日，全国人大常委会决定将个税起征点从 2 000 元提高到 3 500 元，并将工薪所得 9 级超额累进税率缩减至 7 级。2018 年 8 月 31 日，新的个人所得税法通过，起征点为 5 000 元/月，10 月 1 日起实施。

上述围绕税收进行的调整和改革，在很大程度上影响着国家税务局系统和地方税务局系统征收管理的范围划分，也影响着中央税与地方税各自的税收收入，进而影响着我国中央政府与地方政府的可支配收入。了解上述税收调整和改革可以帮助我们理解下文中有关国税和地税结构的问题。

二、国税与地税比例关系描述

我国相关统计部门在对税收数据进行统计时，通常都会从多个维度分类。本节在对国税与地税之间比例关系进行描述时，纵向时间段的选择和前面有关直接税与间接税一样，选取的是2005~2015年11个年度，横向上选取全国税收收入、国税系统税收和地税系统税收作为基础数据，具体的数据情况见表3.12。在基础数据的基础上，我们对国税系统和地税系统的税收收入结构问题以及它们的变化情况做了简单处理并进行了简要分析。

表3.12　2005~2015年分级次税收收入情况　　单位：万元

项目		2005年	2006年	2007年	2008年	2009年	2010年
全国税收收入	税收收入总计	302 385 209	368 219 449	494 518 023	578 617 963	631 035 957	773 944 446
	中央税税收收入	163 696 813	197 661 294	316 774 616	362 764 233	393 253 517	479 345 829
	地方税税收收入	138 688 396	170 558 155	177 743 407	215 853 730	237 782 440	294 598 617
国税系统税收收入	税收收入总计	179 910 915	219 368 326	344 247 852	395 606 431	424 671 447	515 039 895
	中央税税收收入	143 079 299	173 741 822	285 303 771	324 531 065	353 633 198	429 181 454
	地方税税收收入	36 831 616	45 626 504	58 944 081	71 075 366	71 038 249	85 858 441
地税系统税收收入	税收收入总计	122 474 294	148 851 123	150 270 171	183 011 532	206 364 510	258 904 551
	中央税税收收入	20 617 514	23 919 472	31 470 845	38 233 168	39 620 319	50 164 375
	地方税税收收入	101 856 780	124 931 651	118 799 326	144 778 364	166 744 191	208 740 176
项目		2011年	2012年	2013年	2014年	2015年	
全国税收收入	税收收入总计	957 294 619	1 107 640 355	1 199 599 118	1 295 411 156	1 360 218 303	
	中央税税收收入	584 745 371	636 340 572	664 270 449	707 368 347	736 664 771	
	地方税税收收入	372 549 248	471 299 783	535 328 669	588 042 809	623 553 532	
国税系统税收收入	税收收入总计	624 616 468	685 720 879	726 459 555	782 306 155	811 727 616	
	中央税税收收入	520 276 297	569 628 665	591 595 318	627 089 012	647 893 154	
	地方税税收收入	104 340 171	116 092 214	134 864 237	155 217 143	163 834 462	
地税系统税收收入	税收收入总计	332 678 151	421 919 476	473 139 563	513 105 001	548 490 687	
	中央税税收收入	64 469 074	66 711 907	72 675 131	80 279 335	88 771 617	
	地方税税收收入	268 209 077	355 207 569	400 464 432	432 825 666	459 719 070	

资料来源：《中国税务年鉴》（2006~2016年）

表 3.12 将我国税收收入整理为三个层次：全国层次、国税系统层次和地税系统层次，并分别在各层次下将税收分为税收收入总计、中央税税收收入与地方税税收收入。

在整理全国税收收入总额时，我们发现，从国税和地税角度统计的全国税收收入与前面从直接税和间接税角度统计的全国税收收入有些微小出入。其主要原因在于我们在进行数据整理时有时采用的仅为某些主要税种的税收收入，而非全部。

图 3.14 中的图形很直观地显示出我国税收收入总体上升的趋势。中央税和地方税税收收入，国税系统与地税系统税收收入均在不断增长。因为在直接税与间接税部分，我们已经对全国税收收入做了比较详细的分析，所以在此处我们并不将全国税收收入单独纳入分析范围之列。图 3.14 中中央税税收收入与国税系统税收收入的变动趋势线、地方税税收收入与地税系统税收收入的变动趋势具有高度的相似度，其差异仅在于国税系统税收收入略高于中央税税收收入，地税系统税收收入略低于地方税税收收入。

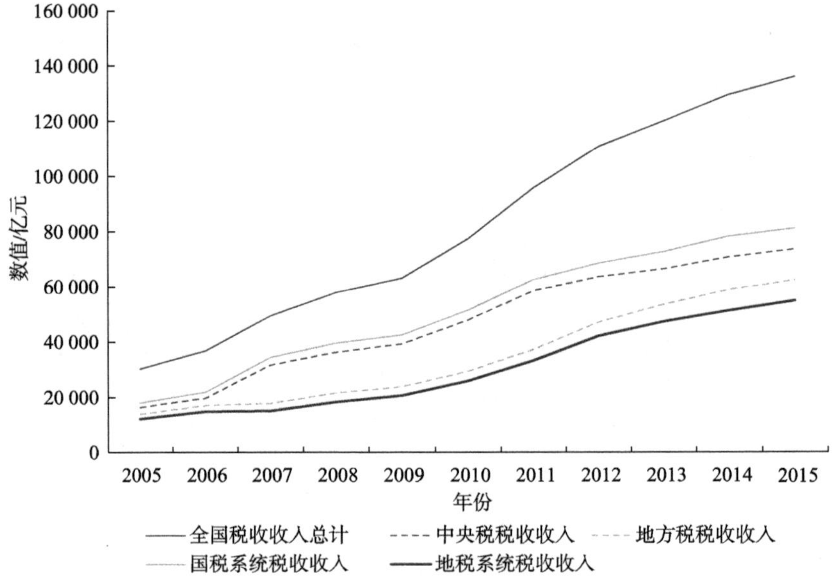

图 3.14　全国税收收入绝对额变化趋势图

资料来源：《中国税务年鉴》（2006~2016 年）

从图 3.14 中易看出，2005 年和 2006 年国税系统和中央税的税收收入变动比较平稳，2007 年二者出现较大幅度的增长，2008 年和 2009 年二者税收收入向上增长的势头有所回落，2010 年和 2011 年税收增加幅度回升。表 3.12 中数据显示，样本期间中央税每年的税收收入分别约为 16 370 亿元、19 766 亿元、31 677 亿元、36 276 亿元、39 325 亿元、47 935 亿元、58 475 亿元、63 634 亿元、66 427 亿元、70 737 亿元和 73 666 亿元。2007 年跨过 30 000 亿元台阶，2010 年、2011 年、2012 年和 2014 年分别跨过了 40 000 亿元、50 000 亿元、60 000 亿元和 70 000 亿元台阶。国税系统每年的税收收入分别约为 17 991 亿元、21 937 亿元、34 425 亿元、39 561 亿元、42 467 亿元、51 504 亿元、62 462 亿元、68 572 亿元、72 646 亿元、78 231 亿元和 81 173 亿元。2006 年、2007 年、2009 年、2010 年、2011 年和 2013 年分别跨过了 20 000 亿元、30 000 亿元、40 000 亿元、50 000 亿元、60 000 亿元和 70 000 亿元台阶。

表 3.13 中的数据显示，中央税的最大波动幅度为 350.02%，略高于全国税收收入和地方税税收收入的最大波动幅度，远高于地税系统的最大波动幅度。2006~2015 年的环比增长率分别为 20.75%、60.26%、14.52%、8.40%、21.89%、21.99%、8.82%、4.39%、6.49%和 4.14%。最大增速和最小增速分别出现在 2007 年和 2015 年，与其他年份相比，这两年的增速是较为异常的，二者增速相差 56.12 个百分点。国税系统税收收入的最大波动幅度为 351.18%，略高于中央税和全国税收收入的最大波动幅度，高于地方税和地税系统税收收入的最大波动幅度。2006~2015 年的环比增长率分别为 21.93%、56.93%、14.92%、7.35%、21.28%、21.28%、9.78%、5.94%、7.69%和 3.76%。和中央税一样，国税系统税收收入的最大增速和最小增速也出现在 2007 年和 2015 年，同样为异常值，二者相差 53.17 个百分点。

表 3.13 全国税收收入变动情况

项目	环比增长率										最大波动幅度
	2006 年	2007 年	2008 年	2009 年	2010 年	2011 年	2012 年	2013 年	2014 年	2015 年	
全国税收收入	21.77%	34.30%	17.01%	9.06%	22.65%	23.69%	15.71%	8.30%	7.99%	5.00%	349.83%
中央税税收收入	20.75%	60.26%	14.52%	8.40%	21.89%	21.99%	8.82%	4.39%	6.49%	4.14%	350.02%
地方税税收收入	22.98%	4.21%	21.44%	10.16%	23.89%	26.46%	26.51%	13.59%	9.85%	6.04%	349.61%
国税系统税收收入	21.93%	56.93%	14.92%	7.35%	21.28%	21.28%	9.78%	5.94%	7.69%	3.76%	351.18%
地税系统税收收入	21.54%	0.95%	21.79%	12.76%	25.46%	28.49%	26.83%	12.14%	8.45%	6.90%	347.84%

资料来源：《中国税务年鉴》（2006~2016 年）

图 3.14 中地方税税收收入与地税系统税收收入的变动趋势线表明，二者在 2005 年和 2006 年间的变动比较平稳，震荡幅度不太大，之后的年度均以较为平稳的速度增长。表 3.12 中数据显示，样本期间地方税税收收入按年份依次约为 13 869 亿元、17 056 亿元、17 774 亿元、21 585 亿元、23 778 亿元、29 460 亿元、

37 255 亿元、47 130 亿元、53 533 亿元、58 804 亿元和 62 355 亿元。2008 年、2011 年、2012 年、2013 年和 2015 年分别跨过了 20 000 亿元、30 000 亿元、40 000 亿元、50 000 亿元和 60 000 亿元台阶。地税系统税收收入按年份依次约为 12 247 亿元、14 885 亿元、15 027 亿元、18 301 亿元、20 636 亿元、25 890 亿元、33 268 亿元、42 192 亿元、47 314 亿元、51 311 亿元和 54 849 亿元。2009 年、2011 年、2012 年和 2014 年分别跨过了 20 000 亿元、30 000 亿元、40 000 亿元和 50 000 亿元台阶。

表 3.13 中的数据指出，地方税的最大波动幅度为 349.61%，略高于地税系统税收收入的最大波动幅度，略低于中央税、国税系统和全国税收收入的最大波动幅度。2006~2015 年的环比增长率分别是 22.98%、4.21%、21.44%、10.16%、23.89%、26.46%、26.51%、13.59%、9.85%和 6.04%。增速最大的年份和最小的年份分别是 2012 年和 2007 年，二者的增速相差 22.30 个百分点，与其他年份相比，2007 年的增速较为异常。地税系统的最大波动幅度为 347.84%，略低于中央税、国税系统和全国税收收入的最大波动幅度。2006~2015 年的环比增长率分别是 21.54%、0.95%、21.79%、12.76%、25.46%、28.49%、26.83%、12.14%、8.45%和 6.90%。最大增速与最小增速分别出现在 2011 年和 2007 年，二者相差 27.54 个百分点。与其他年份的增速相比，2007 年的增速是异常的。

经济增长为税收收入的增收提供了经济基础，税收征管模式以及先进的税收征管理论和征管工具的运用为我国税收的增收提供了技术保证。在前面的直接税和间接税的分析中，我们已经就经济增长与税收征管质量的提高等对我国税收总额持续增加的原因做了分析，所以此处略过不提。

表 3.13 显示，在 2009 年，中央税税收收入、地方税税收收入、国税系统税收收入和地税系统税收收入的增速明显降低，最主要的原因在于国际金融危机席卷全国，影响了我国各地经济，使得各地区当年的经济增长幅度有限，最终导致税收收入增速降低。该表的数据中中央税与国税系统税收收入的高速增长以及地方税与地税系统的低速增长同样是异常的。从后文中表 3.15 与表 3.16 中可知，国税中的中央税和地方税的增速均超过了 50%，而地税中的中央税和地方税的增幅均低于国税的增速，其中地税的增速更是出现负增长。2007 年交易印花税改革对国税和中央税的高速增长有重要贡献。

图 3.15 直观描述了我国税收收入中中央税和地方税的构成比例情况以及国税系统税收收入和地税系统税收收入的构成比例情况。

数值分析：2005 年以来的全国税收收入中，超过半数的税收均属于中央税。具体说来，中央税所占比重均高于 53%，最多的时候达到 64.06%。样本期间，其在全国税收收入中所占比例依次为 54.14%、53.68%、64.06%、62.69%、62.32%、61.94%、61.08%、57.45%、55.37%、54.61%和 54.16%。地方税所占比重

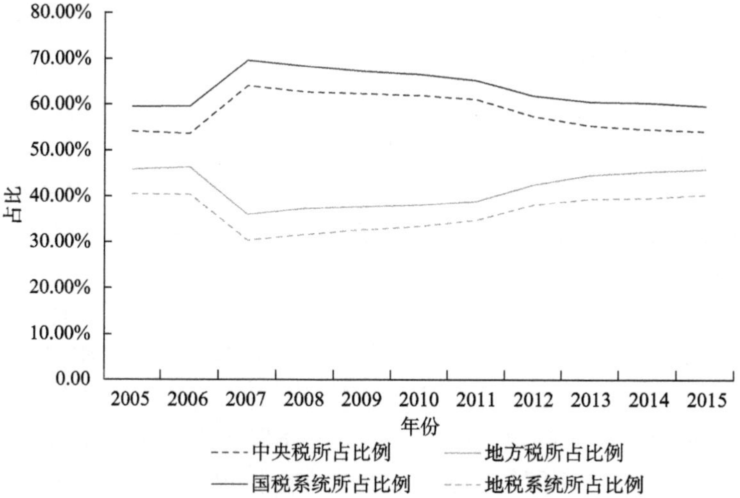

图 3.15　全国税收收入构成及各自变化趋势图

资料来源：《中国税务年鉴》（2006~2016 年）

均在 47%以下，最低的时候为 35.94%，按年份依次为 45.86%、46.32%、35.94%、37.31%、37.68%、38.06%、38.92%、42.55%、44.63%、45.39%和 45.84%。从国税和地税角度分析，图 3.15 显示，2005~2015 年我国税收收入中国税系统征收的税收比例均在 59%以上，最多的时候接近 70%，依次为 59.50%、59.58%、69.61%、68.37%、67.30%、66.55%、65.25%、61.91%、60.56%、60.39%和 59.68%。而地税系统征收的税收比例比国税系统征收的税收比例小，所占比例最大时仅处于 40%附近，而最少时，其比例只有 30.39%。依据年份大小，其所占比例依次为 40.50%、40.42%、30.39%、31.63%、32.70%、33.45%、34.75%、38.09%、39.44%、39.61%和 40.32%。

波动分析：前期样本，也即在 2007 年及以前两个年度，中央税在全国税收收入中所占比重变动比较大；样本后期，即 2008 年及之后的样本年度，中央税在全国税收收入中所占比重的变动比较小，但是显现出平稳下降趋势。2012 年和 2013 年下降趋势又有所增大。具体的变化情况：2005~2006 年，中央税所占比例基本平稳，2006 年略有微小下降，维持在 54%左右；2006~2007 年，中央税在全国税收收入中所占比例大幅度提高并从 54%上下，直接越过 60%，达到 64%左右；2008~2011 年中央税所占比例一直在稳步下降，截至 2011 年，中央税所占比例降到 61%左右。2012 年和 2013 年中央税所占比例分别下降到 57%和 55%，2014~2015 年，中央税所占比例由 55%下降至 54%。

地方税在全国税收收入中所占比例在 2005~2007 年存在明显波动，2008~2011 年变动情况较小，有缓慢稳步上升的态势。2012~2015 年上升趋势有所增大。地方税在全国税收收入中所占比例的变动趋势与中央税所占比例的变动趋势相反，具体的变动情况如下：2005~2006 年，地方税所占比例比较平稳，无太大变化，维持在 46%左右；2006~2007 年，地方税在全国税收收入中所占比例急剧下降，从 46%左右下降到 36%上下；2007 年过后，地方税所占比例稳步上升，到 2011 年，地方税所占比重约为 39%。2012 年和 2013 年地方税所占比例分别上升到 43%和 45%，2014 年和 2015 年地方税所占比例分别为 45%和 46%。

仅从图形看，国税系统税收收入在全国税收收入总额中所占比例的变动趋势与中央税在全国税收收入总额中所占比例的变动趋势有极高的相似度。波动年份集中在 2005~2007 年，2008 年及之后，其变动比较稳定，呈现缓慢平稳下降趋势。2012 年和 2013 年下降幅度增大，2014 年下降幅度较小，2015 年下降幅度较大。二者的主要差别在于国税系统税收收入在全国税收收入中所占比例略高于中央税在全国税收收入中所占的比例。

地税系统税收收入在全国税收收入总额中所占比例的变动情况与地方税在全国税收收入中所占比例的变动情况也具有很高的相似度。2005~2007 年，该比例变动幅度较大，2008~2011 年，其变动比较平和，呈缓慢稳步上升趋势。2012~2015 年上升幅度增大。二者的主要差异在于地税系统税收收入在全国税收收入总额中所占比例略低于地方税在全国税收总额中所占的比例。

图 3.15 至少传递了两个信息：首先，以不同的分类标准将我国税收收入进行分类后发现，中央税和国税系统所征税收在全国税收总收入中所占比例均过半数，而地方税和地税系统所征税收在全国税收总收入中所占比例相对前面二者而言少了不少；其次，国税和中央税在全国税收总收入中所占比重在很大程度上具有较大的相关性。

将税收分为中央税和地方税、国税系统税收收入和地税系统税收收入之后，表 3.14 对其各自在全国税收收入中所占比例的变动情况进行了数字性分析。

表 3.14　全国税收收入比例构成情况变动表

项目	2006 年	2007 年	2008 年	2009 年	2010 年	2011 年	2012 年	2013 年	2014 年	2015 年	最大波动幅度
中央税/全国税收收入	−0.84%	19.33%	−2.13%	−0.60%	−0.62%	−1.38%	−5.95%	−3.61%	−1.39%	−0.82%	19.33%
地方税/全国税收收入	0.99%	−22.40%	3.79%	1.01%	1.02%	2.24%	9.34%	4.88%	1.72%	0.99%	28.87%
国税/全国税收收入	0.13%	16.85%	−1.78%	−1.57%	−1.11%	−1.95%	−5.12%	−2.18%	−0.28%	−1.18%	17.00%
地税/全国税收收入	−0.19%	−24.83%	4.09%	3.39%	2.29%	3.88%	9.61%	3.54%	0.43%	1.80%	33.29%

资料来源：《中国税务年鉴》（2006~2016 年）

表 3.14 中数据显示，中央税在全国税收收入中所占比例的最大波动幅度为 19.33%，高于国税在全国税收收入中所占比例的最大波动幅度，低于地方税和地税系统税收收入在全国税收收入中所占比例的最大波动幅度。其环比增长率表明中央税在全国税收收入中所占比例的增速在 2006~2015 年分别是−0.84%、19.33%、−2.13%、−0.60%、−0.62%、−1.38%、−5.95%、−3.61%、−1.39%和−0.82%。增速最快的年份和最慢的年份分别是 2007 年和 2012 年，两年的增速相差 25.28 个百分点，与其他年份相比，2007 年的增速存在异常。

地方税在全国税收收入中所占比例的最大波动幅度为 28.87%，仅低于地税系统在全国税收收入中所占比例的最大波动幅度，高于中央税及国税系统税收收入在全国税收收入中所占比例的最大波动幅度。其在 2006~2015 年各年的增速分别是 0.99%、−22.40%、3.79%、1.01%、1.02%、2.24%、9.34%、4.88%、1.72%和 0.99%。增速最快和最慢的年份分别是 2012 年和 2007 年，二者相差 31.74 个百分点，较之于其他年份，2007 年的增速比较特殊。

国税系统税收收入在全国税收收入中所占比例的最大波动幅度为 17.00%，在四类比例中是最大波动幅度最小的，低于地方税、地税系统税收收入和中央税在全国税收收入中所占比例的最大波动幅度。其在 2006~2015 年的环比增长率分别是 0.13%、16.85%、−1.78%、−1.57%、−1.11%、−1.95%、−5.12%、−2.18%、−0.28%和−1.18%。增速最大和增速最小的年份分别是 2007 年和 2012 年，二者相差 21.97 个百分点，其中 2007 年的增速远远高于其他年份，属于异常增长。

地税系统税收收入在全国税收收入中所占比例的最大波动幅度为 33.29%，在四类比例中是最大波动幅度最大的，高于地方税、地税系统税收收入和中央税在全国税收收入中所占比例的最大波动幅度。2006~2015 年，其环比增速依次为−0.19%、−24.83%、4.09%、3.39%、2.29%、3.88%、9.61%、3.54%、0.43%和 1.80%。环比增速最快和最慢的年份分别是 2012 年和 2007 年，二者相差 34.44 个百分点，较之其他年度，该比例在 2007 年的增速远低于其他年度，属于异常增长。

表 3.14 中 2007 年比例的异常变动，主要是中央税与地方税、国税与地税之间此消彼长的关系造成的。中央税和国税系统税收收入的大幅度增长，以及地方税和地税系统税收收入的有限增长形成对比并直接导致相对应的一方在全国税收收入中所占比例的异常变动。

图 3.16 与表 3.15 简要刻画和描述了国税系统税收收入的变动情况。因前面在分析全国税收收入情况时已经分析了国税系统税收收入总额的变动情况，所以此处不再详细分析国税系统税收收入总额，主要针对国税系统中中央税和地方税的变动进行分析。

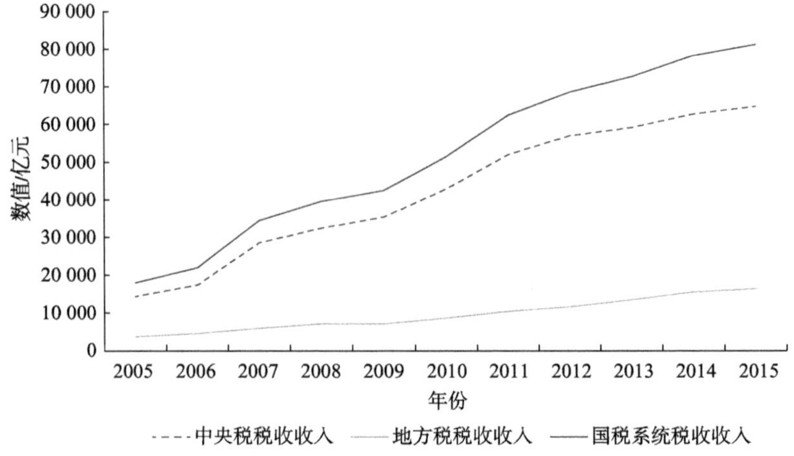

图 3.16 国税系统税收收入变动情况图

资料来源：《中国税务年鉴》（2006~2016 年）

表 3.15 国税系统税收收入变动情况表

项目	环比增长率										最大波动幅度
	2006 年	2007 年	2008 年	2009 年	2010 年	2011 年	2012 年	2013 年	2014 年	2015 年	
国税中的中央税	21.43%	64.21%	13.75%	8.97%	21.36%	21.23%	9.49%	3.86%	6.00%	3.32%	352.82%
国税中的地方税	23.88%	29.19%	20.58%	−0.05%	20.86%	21.53%	11.26%	16.17%	15.09%	5.55%	344.82%

资料来源：《中国税务年鉴》（2006~2016 年）

图 3.16 中国税系统中中央税的变动趋势线的坡度较为陡峭，向右上变动，这表明国税系统中的中央税税收收入的增长情况良好。就趋势走向看，国税系统税收收入总额的走势与国税系统中中央税税收收入的走势基本一致，仅在数额上高于国税系统中中央税的税收收入。从趋势线看，国税系统中中央税税收收入在 2006~2007 年这段时期有更为陡峭的走势，也即 2007 年国税系统中中央税税收收入的增加量比较多；2007~2009 年的趋势线走势平缓，略有幅度，这表明在 2008 年和 2009 年，国税系统中中央税税收收入的增加量有限，增加幅度不是很理想；2009~2011 年的趋势线斜率增加，国税系统中中央税税收收入的增加量回升。2012~2015 年国税系统中中央税税收收入增加量逐渐放缓。表 3.15 中有关中央税的数据显示，国税系统中中央税税收收入的最大波动幅度为 352.82%，高于国税系统税收收入的最大波动幅度 351.18%，远高于国税系统中地方税的最大波动幅度。其在 2006~2015 年的环比增长率依次为 21.43%、64.21%、13.75%、8.97%、21.36%、21.23%、9.49%、3.86%、6.00%和 3.32%。增速最快的年份和最慢的年份分别是 2007 年和 2015 年，二者的增速相差 60.89 个百分点。2007 年的增速远高于其他年份，而 2015 年的增速远低于其他年份（2013 年除外），均属于异常增长。

图 3.16 中国税系统中地方税税收收入的变动趋势线整体离横轴较近，并随着年份的增加有所上扬，这表明国税系统中地方税税收收入比较少，并非主体税类，但就税收收入绝对额的增长看，国税系统中地方税税收收入是增加的。因其趋势线整体较为接近横轴，无法准确地判断其在各年间的变化情况，所以我们借助表 3.15 中的数据进行分析。表 3.15 中数据显示，国税系统中地方税税收收入的最大波动幅度为 344.82%，低于国税系统中中央税税收收入以及国税系统税收收入的最大波动幅度。其在 2006~2015年的环比增长率分别是 23.88%、29.19%、20.58%、−0.05%、20.86%、21.53%、11.26%、16.17%、15.09%和 5.55%，增速最快和最慢的年份分别是 2007 年和 2009 年，二者增速相差 29.24 个百分点。较之其他年份，2007 年的高增速与 2009 年的低增速均属于异常情况。

图 3.16 中 2009 年低速增长的异常情况主要源于金融危机对我国经济的冲击很大，经济增长急速下滑。而 2007 年的高速增长则主要是因为税收政策的调整变动。

图 3.17 和表 3.16 利用图形和数据对地税系统税收收入的变动情况进行了描述。和国税系统税收收入变动情况分析一样，此处同样不对地税系统税收收入总额进行单独描述，仅针对地税系统中中央税和地方税的变动情况进行详细分析。

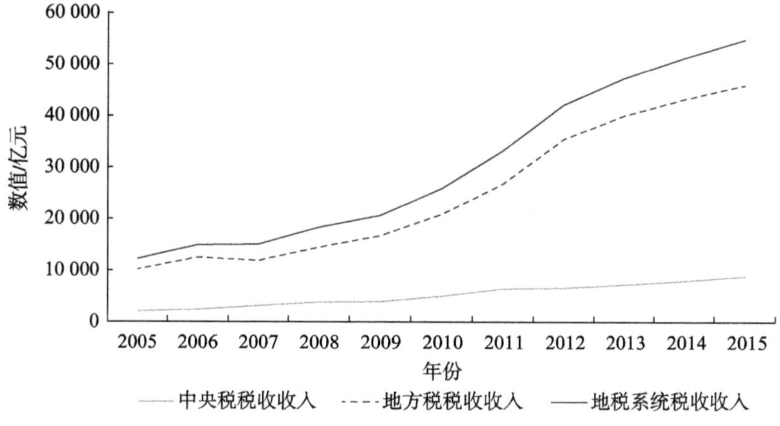

图 3.17　地税系统税收收入变动情况图

资料来源：《中国税务年鉴》（2006~2016 年）

表 3.16　地税系统税收收入变动情况表

项目	环比增长率										最大波动幅度
	2006 年	2007 年	2008 年	2009 年	2010 年	2011 年	2012 年	2013 年	2014 年	2015 年	
地税中的中央税	16.02%	31.57%	21.49%	3.63%	26.61%	28.52%	3.48%	8.94%	10.46%	10.58%	330.56%
地税中的地方税	22.65%	−4.91%	21.87%	15.17%	25.19%	28.49%	32.44%	12.74%	8.08%	6.21%	351.34%

资料来源：《中国税务年鉴》（2006~2016 年）

图3.17中地税系统中地方税税收收入与地税系统税收收入的变动趋势具有高度的相似性。地税系统中地方税税收收入的变动趋势线以略微下凹的方式向上增长。这表明，地税系统中地方税的税收收入随着时间的推移，是不断增加的，但是在不同的年份其增加数额与增速存在差异。仅从图形观察，地税系统中地方税在2006年、2008~2015年均有比较明显的增长，而在2007年，其税收收入不仅没有增长，反而在2006年的基础上有所减收。表3.16中的数据对此做了进一步的说明。表3.16中数据显示，地税系统中地方税的最大增幅为351.34%，高于地税系统税收收入总额的最大波动幅度347.84%，高于地方税中中央税税收收入的最大波动幅度。其在2006年、2008年、2009年、2010年、2011年、2012年、2013年、2014年和2015年均出现正增长，各年的环比增长率分别为22.65%、21.87%、15.17%、25.19%、28.49%、32.44%、12.74%、8.08%和6.21%，数据同时显示，地税系统中地方税在2007年出现了负增长，增长率为−4.91%。其在样本期间增速最快和最慢的年份分别是2012年与2007年，二者相差37.35个百分点。较之其他年份出现的正增长，2007年的负增长是异常的，其原因在于国税系统税收收入绝对额的大幅度增加，直接导致地税系统税收收入在全国税收收入中所占的比例降低。

图3.17中地税系统中中央税税收收入趋势线在整体上更接近横轴，其斜率整体上大于零，这说明，地税系统征管的中央税数额不大，中央税并非地税系统征管的主体税类，同时，趋势线向上倾斜的走势表明，随着时间的推移，地税系统中中央税的税收收入在不断增加。2005~2006年、2008~2009年及2011~2012年的趋势线段基本平行于横轴，也就是说，2006年、2009年和2012年，地税系统中中央税的增加额有限。其他年份的趋势线段向右上上扬的趋势较为明显，说明地税系统中的中央税税收额在其他几个样本年份有较为明显的增加。表3.16中的数据显示，地税系统中中央税税收收入的最大波动幅度为330.56%，低于地税系统税收收入总额的最大波动幅度，同时也低于地税系统中地方税的最大波动幅度。2006~2015年地税系统中中央税税收收入均是增长的，其各年的增速分别是16.02%、31.57%、21.49%、3.63%、26.61%、28.52%、3.48%、8.94%、10.46%和10.58%。增速最快的年份和增速最慢的年份分别是2007年和2012年，较之其他年份，2012年的增速远低于除2009年以外的其他年份，属于异常情况，发生这种现象的主要原因是经济危机。

图3.18和表3.17、表3.18描述分析了国税系统与地税系统中各自中央税和地方税所占比例结构的变动情况。

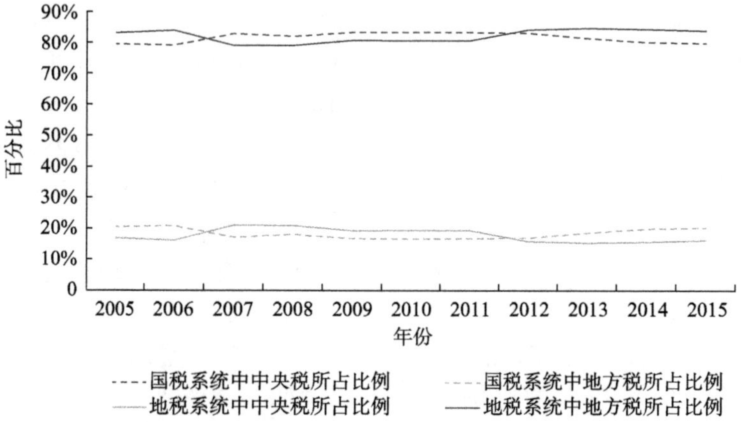

图 3.18　国税系统和地税系统收入结构比例变动图

资料来源：《中国税务年鉴》（2006~2016 年）

表 3.17　国税系统和地税系统内部结构构成表

项目	2005 年	2006 年	2007 年	2008 年	2009 年	2010 年	2011 年	2012 年	2013 年	2014 年	2015 年
国税系统中中央税所占比例	79.53%	79.20%	82.88%	82.03%	83.27%	83.33%	83.30%	83.07%	81.44%	80.16%	79.82%
国税系统中地方税所占比例	20.47%	20.80%	17.12%	17.97%	16.73%	16.67%	16.70%	16.93%	18.56%	19.84%	20.18%
地税系统中中央税所占比例	16.83%	16.07%	20.94%	20.89%	19.20%	19.38%	19.38%	15.81%	15.36%	15.65%	16.18%
地税系统中地方税所占比例	83.17%	83.93%	79.06%	79.11%	80.80%	80.62%	80.62%	84.19%	84.64%	84.35%	83.82%

资料来源：《中国税务年鉴》（2006~2016 年）

表 3.18　国税系统和地税系统税收比例构成变动情况表

项目	环比增长率										最大波动幅度
	2006 年	2007 年	2008 年	2009 年	2010 年	2011 年	2012 年	2013 年	2014 年	2015 年	
国税系统中中央税所占比例	−0.41%	4.65%	−1.03%	1.51%	0.07%	−0.04%	−0.28%	−1.97%	−1.57%	−0.43%	5.21%
国税系统中地方税所占比例	1.61%	−17.69%	4.96%	−6.90%	−0.36%	0.18%	1.38%	9.66%	6.88%	1.73%	24.78%
地税系统中中央税所占比例	−4.52%	30.30%	−0.24%	−8.09%	0.94%	0	−18.41%	−2.85%	1.86%	3.44%	36.33%
地税系统中地方税所占比例	0.91%	−5.80%	0.06%	2.14%	−0.22%	0	4.43%	0.54%	−0.34%	−0.64%	7.06%

资料来源：《中国税务年鉴》（2006~2016 年）

图3.18中国税系统中中央税所占比例的变动趋势线离横轴很远，处于纵轴的上半部分，基本在 80%上下浮动。该趋势线表明，2007 年国税系统中中央税所占比例有较大幅度的上升，其他年份的变动则比较微小。表3.17中的数据更准确地刻画了中央税在国税系统中的具体比重。从 2005 年到 2015 年，其所占比重分别为

79.53%、79.20%、82.88%、82.03%、83.27%、83.33%、83.30%、83.07%、81.44%、80.16%和 79.82%。表 3.18 就其比例的变动情况做了进一步描述：其最大波动幅度仅有 5.21%，说明其整体的波动并不明显。其在 2006~2015 年的环比增长率分别为−0.41%、4.65%、−1.03%、1.51%、0.07%、−0.04%、−0.28%、−1.97%、−1.57%和−0.43%，增速最大的年份和最小的年份分别是 2007 年和 2013 年，二者的增速相差 6.62 个百分点。与其他年份相比，2007 年的增速远高于其他年份。

图 3.18 中国税系统中地方税所占比例的变动趋势线离横轴不远，处于纵轴的下半部分，其数值在 20%上下浮动。该趋势线显示 2007 年国税系统中地方税所占比例有明显的降低，其他年份的变动比较微小。表 3.17 显示，在 2005~2015 年，国税系统中地方税所占的比例依次为 20.47%、20.80%、17.12%、17.97%、16.73%、16.67%、16.70%、16.93%、18.56%、19.84%和 20.18%。表 3.18 中显示其最大波动幅度为 24.78%，高于国税中中央税所占比例的最大波动幅度，即其波动幅度大于国税中中央税所占比例的波动幅度。在 2006~2015 年，其环比增长率分别为 1.61%、−17.69%、4.96%、−6.90%、−0.36%、0.18%、1.38%、9.66%、6.88%和 1.73%。增速最大和最小的年份分别是 2013 年和 2007 年，二者相差 27.35 个百分点。

图 3.18 中地税系统中地方税所占比例的变动趋势线处于纵轴的上半部分，以 80%为中心上下波动，先向下发展后平稳上升，总体呈上升趋势。该趋势线在 2007 年时明显下降，2008~2011 年走势比较平稳，2012 年增幅较大，2013 年保持平稳走势。表 3.17 中数据显示，2005~2015 年地税系统中地方税所占比例依次为 83.17%、83.93%、79.06%、79.11%、80.80%、80.62%、80.62%、84.19%、84.64%、84.35%和 83.82%。表 3.18 中的数据进一步分析了地税系统中地方税所占比例的变动情况。该表的数据显示，地税系统中地方税所占比例的最大波动幅度为 7.06%，远小于地税系统中中央税所占比例的波动幅度。该比例的环比增长率在 2006 年、2008 年、2009 年、2012 年、2013 年为正增长，增长率分别为 0.91%、0.06%、2.14%、4.43%、0.54%，在 2007 年、2010 年、2014 年和 2015 年为负增长，增长率分别为−5.80%、−0.22%、−0.34%和−0.64%，2011 年的增长率为 0。总体而言，该比例的变动幅度并不大，增速最快的年份和最慢的年份分别是 2012 年和 2007 年，二者相差 10.23 个百分点。

图 3.18 中地税系统中中央税所占比例的变动趋势线离横轴较近，围绕 20%上下波动，先向上增长后平稳下降，总体呈下降趋势。与其他年份相比，2007 年有较为明显的增长，2012 年有较为明显的下降，其他年份的变动情况并不太明显。表 3.17 中数据显示，2005~2015 年地税系统中中央税所占比例依次为 16.83%、16.07%、20.94%、20.89%、19.20%、19.38%、19.38%、15.81%、15.36%、15.65%和 16.18%。表 3.18 显示，其最大波动幅度为 36.33%，远高于地税系统中

地方税所占比例的最大波动幅度。其在 2007 年、2010 年、2014 年和 2015 年为正增长，增长率分别为 30.30%、0.94%、1.86%和 3.44%，在 2006 年、2008 年、2009 年、2012 年和 2013 年为负增长，增长率分别为−4.52%、−0.24%、−8.09%、−18.41%和−2.85%，2011 年增长率为 0。

表 3.19~表 3.22 就中央税、地方税、国税系统和地税系统内部各主要税种的比例结构进行了刻画。

表 3.19　中央税各税种比例构成表

项目		2005 年	2006 年	2007 年	2008 年	2009 年	2010 年	2011 年	2012 年	2013 年	2014 年	2015 年
间接税	增值税/中央税	61.85%	60.51%	55.85%	57.15%	54.43%	54.34%	53.14%	52.79%	50.86%	49.18%	44.69%
	消费税/中央税	8.55%	8.29%	7.50%	7.85%	13.27%	14.11%	13.57%	13.95%	13.69%	13.88%	15.46%
	营业税/中央税	0.66%	0.67%	0.64%	0.64%	0.42%	0.32%	0.30%	0.32%	0.31%	0.11%	0.20%
	资源税/中央税	0	0	0	0	0	0	0	0.08%	0.07%	0.06%	0.05%
	城市维护建设税/中央税	0.02%	0.03%	0.02%	0.02%	0.03%	0.03%	0.03%	0.02%	0.03%	0.04%	0.03%
	印花税/中央税	0.33%	0.72%	6.14%	2.64%	1.27%	1.10%	0.73%	0.46%	0.69%	0.92%	3.37%
	合计	71.41%	70.22%	70.15%	68.30%	69.42%	69.90%	67.77%	67.62%	65.65%	64.19%	63.80%
直接税	企业所得税/中央税	19.37%	20.78%	21.04%	22.81%	21.60%	20.30%	22.52%	23.38%	24.55%	25.48%	25.38%
	个人所得税/中央税	6.38%	6.13%	6.04%	6.16%	6.02%	6.06%	6.21%	5.49%	5.90%	6.26%	7.02%
	房产税/中央税	0	0	0	0	0	0	0	0	0	0	0
	城镇土地使用税/中央税	0	0	0	0	0	0	0	0	0	0	0
	土地增值税/中央税	0	0	0	0	0	0	0	0	0	0	0
	车船税/中央税	0	0	0	0	0	0	0	0	0	0	0
	车辆购置税/中央税	2.83%	2.86%	2.77%	2.73%	2.96%	3.74%	3.50%	3.50%	3.91%	4.08%	3.79%
	合计	28.58%	29.77%	29.85%	31.70%	30.58%	30.10%	32.23%	32.37%	34.36%	35.82%	36.19%

资料来源：《中国税务年鉴》（2006~2016 年）

表 3.20　地方税各税种比例构成表

项目		2005 年	2006 年	2007 年	2008 年	2009 年	2010 年	2011 年	2012 年	2013 年	2014 年	2015 年
间接税	增值税/地方税	23.98%	23.74%	22.02%	21.08%	19.85%	18.39%	16.52%	0	0	16.66%	16.31%
	消费税/地方税	0	0	0	0	0	0	0	0	0	0	0
	营业税/地方税	36.77%	36.60%	35.99%	34.37%	37.34%	37.46%	36.34%	41.24%	40.80%	30.10%	30.73%
	资源税/地方税	1.29%	1.52%	1.47%	1.40%	1.43%	1.42%	1.61%	2.27%	2.30%	1.77%	1.60%
	城市维护建设税/地方税	7.09%	6.87%	6.48%	6.21%	6.47%	6.37%	7.43%	8.26%	8.16%	6.15%	6.23%
	印花税/地方税	1.45%	1.49%	1.79%	1.68%	1.70%	1.74%	1.66%	1.81%	1.85%	1.52%	1.55%
	合计	70.58%	70.22%	67.75%	64.74%	66.79%	65.38%	63.56%	53.58%	53.11%	56.20%	56.42%
直接税	企业所得税/地方税	15.17%	15.39%	16.99%	18.22%	15.46%	16.40%	17.31%	15.15%	14.34%	14.31%	14.46%
	个人所得税/地方税	7.50%	7.22%	7.18%	6.91%	6.65%	6.58%	6.51%	15.25%	15.57%	5.02%	5.53%
	房产税/地方税	3.91%	3.79%	3.25%	3.16%	3.39%	3.04%	2.97%	3.65%	3.80%	3.15%	3.29%
	城镇土地使用税/地方税	1.23%	1.30%	2.17%	3.80%	3.89%	3.42%	3.29%	4.09%	4.13%	3.39%	3.44%
	土地增值税/地方税	1.26%	1.70%	2.27%	2.50%	3.04%	4.35%	5.55%	7.23%	7.91%	6.66%	6.15%
	车船税/地方税	0.35%	0.37%	0.38%	0.67%	0.79%	0.82%	0.81%	1.04%	1.14%	0.92%	0.99%
	车辆购置税/地方税	0	0	0	0	0	0	0	0	0	0	0
	合计	29.42%	29.77%	32.24%	35.26%	33.22%	34.61%	36.44%	46.41%	46.89%	33.45%	33.86%

资料来源：《中国税务年鉴》（2006~2016 年）

表 3.21　国税系统各税种比例构成表

项目		2005 年	2006 年	2007 年	2008 年	2009 年	2010 年	2011 年	2012 年	2013 年	2014 年	2015 年
间接税	增值税/国税系统税收	69.68%	67.80%	62.73%	63.87%	61.48%	61.07%	59.57%	58.99%	58.06%	56.99%	53.09%
	消费税/国税系统税收	7.90%	7.61%	6.90%	7.19%	12.29%	13.13%	12.71%	12.95%	12.52%	12.55%	14.03%

续表

项目		2005 年	2006 年	2007 年	2008 年	2009 年	2010 年	2011 年	2012 年	2013 年	2014 年	2015 年
间接税	营业税/国税系统税收	0.66%	0.65%	0.63%	0.63%	0.45%	0.35%	0.32%	0.35%	0.36%	0.19%	0.28%
	资源税/国税系统税收	0	0	0	0	0	0	0	0.08%	0.07%	0.06%	0.05%
	城市维护建设税/国税系统税收	0.03%	0.03%	0.03%	0.03%	0.03%	0.02%	0.03%	0.03%	0.03%	0.04%	0.04%
	印花税/国税系统税收	0.32%	0.69%	5.83%	2.50%	1.22%	1.06%	0.71%	0.45%	0.65%	0.86%	3.15%
	合计	78.59%	76.78%	76.12%	74.22%	75.47%	75.63%	73.34%	72.85%	71.69%	70.69%	70.64%
直接税	企业所得税/国税系统税收	17.08%	18.80%	19.78%	22.40%	21.42%	20.78%	23.29%	23.79%	24.66%	25.55%	25.84%
	个人所得税/国税系统税收	1.71%	1.79%	1.55%	0.87%	0.37%	0.10%	0.09%	0.12%	0.07%	0.07%	0.07%
	房产税/国税系统税收	0	0	0	0	0	0	0	0	0	0	0
	城镇土地使用税/国税系统税收	0	0	0	0	0	0	0	0	0	0	0
	土地增值税/国税系统税收	0	0	0	0	0	0	0	0	0	0	0
	车船税/国税系统税收	0	0	0	0	0	0	0	0	0	0	0
	车辆购置税/国税系统税收	2.62%	2.63%	2.55%	2.50%	2.74%	3.48%	3.27%	3.25%	3.58%	3.69%	3.44%
	合计	21.41%	23.22%	23.88%	25.77%	24.53%	24.36%	26.65%	27.16%	28.31%	29.31%	29.35%

资料来源：《中国税务年鉴》（2006~2016 年）

表 3.22　地税系统各税种比例构成表

项目		2005 年	2006 年	2007 年	2008 年	2009 年	2010 年	2011 年	2012 年	2013 年	2014 年	2015 年
间接税	增值税/地税系统税收	0	0	0	0	0	0	0	0	0	0	0
	消费税/地税系统税收	0	0	0	0	0	0	0	0	0	0	0
	营业税/地税系统税收	42.93%	43.47%	41.62%	40.48%	42.94%	42.54%	40.62%	41.24%	40.80%	38.99%	39.14%
	资源税/地税系统税收	1.49%	1.81%	1.70%	1.65%	1.64%	1.61%	1.79%	2.27%	2.30%	2.29%	2.03%
	城市维护建设税/地税系统税收	8.28%	8.16%	7.49%	7.32%	7.46%	7.26%	8.32%	8.26%	8.16%	0	0
	印花税/地税系统税收	1.67%	1.72%	3.76%	1.81%	1.87%	1.92%	1.81%	1.81%	1.85%	4.09%	4.20%
	合计	54.37%	55.16%	54.57%	51.26%	53.91%	53.33%	52.55%	53.58%	53.11%	45.37%	45.37%
直接税	企业所得税/地税系统税收	19.59%	18.91%	18.74%	18.28%	14.89%	14.90%	15.23%	15.15%	14.34%	14.27%	13.81%
	个人所得税/地税系统税收	18.15%	17.40%	17.33%	18.52%	18.41%	18.53%	18.09%	15.25%	15.57%	16.20%	17.55%
	房产税/地税系统税收	4.57%	4.51%	3.76%	3.73%	3.91%	3.46%	3.32%	3.65%	3.80%	7.98%	7.95%
	城镇土地使用税/地税系统税收	1.44%	1.55%	2.52%	4.48%	4.48%	3.89%	3.68%	4.09%	4.13%	1.92%	1.81%
	土地增值税/地税系统税收	1.47%	2.03%	2.63%	2.95%	3.50%	4.95%	6.22%	7.23%	7.91%	4.41%	4.39%
	车船税/地税系统税收	0.41%	0.44%	0.45%	0.79%	0.91%	0.93%	0.91%	1.04%	1.14%	8.65%	7.85%

续表

项目		2005 年	2006 年	2007 年	2008 年	2009 年	2010 年	2011 年	2012 年	2013 年	2014 年	2015 年
直接税	车辆购置税/地税系统税收	0	0	0	0	0	0	0	0	0	1.19%	1.26%
	合计	45.63%	44.84%	45.43%	48.75%	46.10%	46.66%	47.45%	46.41%	46.89%	54.62%	54.62%

资料来源：《中国税务年鉴》（2006~2016 年）

表 3.19 中的数据表明，间接税是构成中央税税收收入的主要来源，其在中央税中所占比例均超过了 63%；直接税在中央税中所占比例在 28%~37%。样本期间，间接税在中央税中所占比例分别为 71.41%、70.22%、70.15%、68.30%、69.42%%、69.90%、67.77%、67.62%、65.65%、64.19%和 63.80%。该比例表现出震荡下降趋势，由 2005 年的 71.41%下降到了 2015 年的 63.80%，下降了 7.61 个百分点，相对下降了 10.66%。直接税在中央税中所占比例分别为 28.58%、29.77%、29.85%、31.70%、30.58%、30.10%、32.23%、32.37%、34.36%、35.82%和 36.19%。其所占比例走势是整体上升的，从 2005 年的 28.58%上升到 2015 年的 36.19%，上升了 7.61 个百分点，相对上升了 26.63%。

就税种看，间接税中的增值税、直接税中的企业所得税、间接税中的消费税、直接税中的个人所得税、直接税中的车辆购置税在中央税中所占比例分别位列前五的位置。

增值税在中央税中占据了半壁江山，是构成中央税税收收入的最主要的税种，其所占比例均超过了44%，更具体地，其比例在 2005~2015 年依次为 61.85%、60.51%、55.85%、57.15%、54.43%、54.34%、53.14%、52.79%、50.86%、49.18%和44.69%。该比例虽然在各个样本年份有所波动，但是其主导地位一直都没有改变过。增值税税收收入稳定与否直接关系到中央财政是否充足。

直接税对中央税税收收入的贡献占了中央税税收收入的 30%左右，其中大部分源于直接税中的企业所得税。具体地，企业所得税在中央税税收收入中所占的比例从 2005 年到 2015 年分别是 19.37%、20.78%、21.04%、22.81%、21.60%、20.30%、22.52%、23.38%、24.55%、25.48%和 25.38%。作为中央税税收收入的第二大来源，企业所得税是否能够及时足额上缴对中央财政有重要影响。

与增值税和企业所得税在中央税中所占的大比例相比，消费税、个人所得税和车辆购置税所占的比例相对较小，它们对中央税的影响程度比较有限。但是从数据看，消费税在中央税中所占比例随着时间的推移在大方向上是上升的。样本期间，其所占比例依次为 8.55%、8.29%、7.50%、7.85%、13.27%、14.11%、13.57%、13.95%、13.69%、13.88%和 15.46%。在统计过程中，我们发现，车辆购置税仅存在于中央税中，而在地方税中并不存在，即车辆购置税是中央税的特有税种。正常年份，个人所得税在中央税中所占比例在 6%左右。在所选的样本年份中，个人所得税在中央税中所占比例在 6%的基础上小幅度波动，未出现异常情况。

房产税、城镇土地使用税、土地增值税和车船税在中央税中所占比例为零，其主要是因为它们是归属于地方的地方税种。另外，营业税和城市维护建设税在中央税中所占比例比较小。营业税在中央税中所占比例低于 0.7%，并且呈下降趋势，从 2005 年的 0.66%下降到了 2015 年的 0.20%，下降了 0.46 个百分点，相对下降了 70%。城市维护建设税仅处于 0.02%~0.04%。在样本期间，该比例绝对额变动不大，很平稳。印花税在中央税中所占比例在样本期间波动比较大，特别是 2007 年，其比重比 2006 年增加了 5.42 个百分点，相对上升了 752.78%，这主要是因为国家更改了印花税政策。

从表 3.20 可以看出，我国地方税仍然以间接税为税收收入的主要来源，地方税税收收入有 50%以上均属于间接税，其余为直接税。2005~2015 年间接税在地方税中所占的比例分别为 70.58%、70.22%、67.75%、64.74%、66.79%、65.38%、63.56%、53.58%、53.11%、56.20%和 56.42%；直接税在地方税中所占比例分别是 29.42%、29.77%、32.24%、35.26%、33.22%、34.61%、36.44%、46.41%、46.89%、33.45%和 33.86%。间接税所占比例在下降，从 2005 年的 70.58%下降到 2015 年的 56.42%，下降了 14.16 个百分点，相对降低了 20.06%；直接税所占比例在增加，自 2005 年的 29.42%增加到 2015 年的 33.86%，增加了 4.44 个百分点，相对增加了 15.09%。

与中央税不同，营业税是地方税税收收入的第一大税种，而非增值税。营业税在地方税中所占的比重超过了 34%，并以 36%为中心不规则地上下波动。增值税位居其次，是地方税的第二大来源，在地方税中所占比例在 20%左右，但是其比例呈下降趋势，从 2005 年的 23.98%下降到了 2015 年的 16.31%，下降了 7.67 个百分点，相对下降了 31.98%。间接税中的城市维护建设税是地方税税收收入的重要来源，其所占比重在 6%~9%浮动，整体变动不大，比较稳定。资源税与印花税在地方税中所占的比例相差无几，均在 1%~3%，无论是资源税还是印花税，它们在中央税中所占的比例都有所提升。资源税从 1.29%上升到了 1.60%，上升了 0.31 个百分点，相对上升了 24.03%；印花税从 1.45%上升到了 1.55%，上升了 0.1 个百分点，相对上升了 6.90%。

企业所得税、个人所得税和房产税是构成地方税中直接税税收收入的前三个税种。企业所得税在地方税中所占比例高于 14%，但是不到 20%，样本期间，其并没有明显变动，呈小幅度震荡波动。个人所得税在地方税中所占比例在 6%~16%，波动下降，由 7.50%下降到了 5.53%，下降了 1.97 个百分点，相对降低了 26.27%。房产税作为主要的地方税，它在地方税中所占比例维持在 2%~4%，样本期间呈下降趋势，由 3.91%降到了 3.29%，下降了 0.62 个百分点，相对下降了 15.86%。

城镇土地使用税和土地增值税是地方税中的重要税种。城镇土地使用税在地方税中所占比例有较大幅度的上升，从1.23%增加到了3.44%，上升了2.21个百分点，相对增加了179.67%。土地增值税在地方税中所占的比例有很大比例的提高，从1.26%涨到了6.15%，增加了4.89个百分点，相对增加了388.10%，增加幅度很大。

车船税在地方税中所占比重不大，样本前期仅为0.4%左右，但是随着时间的推移，其所占比重也有所增加，在1%上下。具体地，由0.35%上升到了0.99%，上升了0.64个百分点，相对增加了182.86%，涨幅跨度比较大。

表3.21刻画了我国国税系统税收收入中各主要税种的构成比例情况。从大的税类看，间接税是构成国税系统税收收入的主要税类，其所占比例高于七成；直接税在国税系统中有重要地位，其在国税系统税收收入中所占比例处于20%~30%。从直接税与间接税所占比例的变化情况看，国税系统中间接税所占比例的整体变化方向是下降的，从2005年的78.59%下降到了2015年的70.64%，下降了7.95个百分点，相对下降了10.12%；直接税所占比例在提高，从2005年的21.41%提高到了2015年的29.35%，上升了7.94个百分点，相对提高了37.09%。

间接税中的资源税与直接税中的房产税、城镇土地使用税、土地增值税和车船税属于地税系统所征管的税种，所以其税收收入并不归属于国税，在此不做分析。

国税系统税收收入中，间接税的主要来源是增值税，在间接税所占比例的百分之七十多中有60%上下的比例均来源于增值税。增值税在国税税收收入中所占比例一直居于高位，在早期样本中，其所占比例更是接近70%。从变化方向看，增值税在国税中所占的比重在下降，从2005年的69.68%下降到了2015年的53.09%，下降了16.59个百分点，相对下降了23.81%，但是其主导地位并未受到影响。

消费税是国税系统间接税中比例居于第二位的税种，其在国税税收收入中所占比重处于6%~15%。随着我国经济的发展，居民消费水平的提高，人们对高端消费品的需求量增大，消费税应税消费品的成交量增多，直接导致的结果是消费税在国税税收收入中所占的比例有大幅度的提高。其所占比例由2005年的7.90%提高到了2015年的14.03%，上升了6.13个百分点，相对提高了77.59%。

与增值税和消费税相比较，营业税和城市维护建设税在国税系统中所占比例很小，它们对国税税收收入的影响很小，城市维护建设税所占比例不超过0.1%，营业税和城市维护建设税的和所占比例也不超过1%。营业税所占比例在下降，从2005年的0.66%下降到了2015年的0.28%，相对下降了57.58%；城市维护建设税在国税中所占比例比较稳定，保持在0.03%上下，其主要原因是城市维护建设税以增值税、消费税和营业税的税收额为纳税基础，当征税比例不变时，其所占比例依赖于这三种税在税收总额中所占的比例，当其依赖的课税基础总额比例不变时，城市维护建设税所占比例也不会有太大变动。

印花税在国税税收收入中所占比例存在较大幅度的波动，特别是2007年，其所占比例高达5.83%，比2005年高出5.51个百分点，高了1 721.88%。其他年份所占比例较低，这表明2007年国税税收收入中印花税的变动应该是异常的。

国税系统中的直接税主要由企业所得税构成，企业所得税在国税中所占比例处于17%~26%。伴随着我国经济的发展，企业数量增加，企业经营利润上升，企业所得税在国税中所占比例也有明显的增长，由2005年的17.08%上升到了2015年的25.84%，上涨了8.76个百分点，相对上涨了51.29%。

车辆购置税是国税系统特有的税种，同时也是构成国税直接税税收收入的第二大税种，但就其所占比例而言，仅占2%~4%。但是随着人们生活水平的提高，对汽车等交通工具的需求增加，车辆购置税的税收收入呈现出上涨的趋势，由2005年的2.62%上升到2015年的3.44%，上升了0.82个百分点，相对上涨了31.30%。

尽管个人所得税是构成我国税收收入中直接税的第二大税种，但是其在国税系统中所占比例并不高，最高年份也不到2%，这主要是因为我国国税与地税在对个人所得税的归属问题进行划分时，将大部分的个人所得税收入划归于地税系统征管。从表3.21中的数据可知，国税系统中个人所得税所占比例呈现的是下降趋势，由2005年的1.71%下降到2015年的0.07%，下降了1.64个百分点，相对下降了95.91%，下降幅度很大。

表3.22刻画了地税系统中各主要税种的比例构成情况，与国税系统间接税占据绝对主导地位，直接税占据次要地位有所不同，地税系统中，虽然间接税仍然是地税系统税收收入最主要的来源，并且在大多数年份中，其在地税税收收入中占据过半的比例，但是间接税在地税中所占比例并没有超过60%，而直接税所占比例也没有低于40%，这说明，地税系统税收收入中，直接税和间接税所占比例比较均衡，二者对地税税收的影响虽有主次之分，但是这种主次表现得没有国税系统明显。直接税和间接税所占比例的变化情况与国税系统相似，间接税在地税税收收入中所占比例呈震荡降低态势，由2005年的54.37%下降到2015年的45.37%，下降了9个百分点，相对下降了16.55%；直接税在地税税收收入中所占比例呈现波动上升趋势，由2005年的45.63%上升到2015年的54.62%，上升了8.99个百分点，相对上升了19.71%；不论是直接税还是间接税，其比例上升和下降的过程中均有所反复。

表3.22中的数据表明，间接税中的增值税、消费税以及直接税中的车辆购置税均不属于地税系统征管的范围，所以此处不做分析。

营业税是地税税收收入中间接税的第一大税类，它在地税税收收入中占据的比例高于38%，2005~2015年，营业税在地税税收收入中所占的比例分别是42.93%、43.47%、41.62%、40.48%、42.94%、42.54%、40.62%、41.24%、

40.80%、38.99%和39.14%。样本期间，其所占比例所表现出的变化情况，并没有某种明显趋势，一直波动于38%~44%。

城市维护建设税是地税税收收入中间接税税收的第二大税种，2005~2013年它在间接税中所占比例一直处于7%~9%，样本期间的比例依次为8.28%、8.16%、7.49%、7.32%、7.46%、7.26%、8.32%、8.26%、8.16%、6.15%和6.23%。该比例在年份之间并没有出现特别异常的变动，情况较为稳定。

印花税和资源税在地税中所占的比例相较于营业税和城市维护建设税而言，所占比例比较小，但是从税收的绝对额来说，其数量仍不可小觑。2005~2011年受资源税中多数资源从量征税的影响，当每年开采和销售的资源量比较稳定时，资源税的税收收入额也较为稳定。2012年资源税的征税扩大从价计征范围，2012年和2013年资源税所占比例为2.27%、2.30%，较2011年有一定程度的上升；而2014年和2015年又呈现出轻微的下降趋势，分别为2.29%和2.03%。而印花税在正常年份中，其在地税税收收入中所占的比例在1.6%~2.0%，但是在2007年，受印花税税收政策调整的影响，其在地税中所占比例大幅增长到了3.76%，其后又回归到正常水平，但是到2014年又飙升到4.09%，并在2015年达到4.20%。

所得税是地税系统直接税税收收入的主要来源，其所占比例一般高于30%。所得税中企业所得税和个人所得税对地税税收收入的贡献大体相当。但是企业所得税所占的比例呈下降趋势，由2005年的19.59%下降到了2015年的13.81%，下降了5.78个百分点，下降幅度为29.50%，企业所得税在地税系统直接税税收收入中的地位由第一降到了第二。2005~2011年，个人所得税在地税税收收入中所占的比例的变动情况不明显，以18%为中心，在15%~19%波动。2012年个人所得税在地税税收收入中所占比例有较大程度下降，为15.25%，2013年以后，个人所得税所占比例小幅上升。自2009年起，企业所得税在地税税收收入中所占比例显著下降，并降到个人所得税所占比例之下，进而使得个人所得税一跃成为地税直接税税收收入的第一大税收来源。

房产税对地税税收收入影响比较大，它在地税中所占比例在3%~8%波动，其比例的变化趋势是在波动变化的，由2005年的4.57%下降到了2013年的3.80%，在2014年开始剧增，2015年相较于2014年变化幅度小一些，达到7.95%，总计上升3.38个百分点，上升幅度为73.96%。

土地增值税和城镇土地使用税是地税系统直接税中继房产税后的两个比较重要的税种，在2005~2013年，二者在地税中所占比例均呈上升趋势，2014年出现大幅下降。城镇土地使用税在地税中所占比例是曲折上升的，它的比例由2005年的1.44%上升到了2013年的4.13%，上升了2.69个百分点，上升幅度为186.81%，更甚者，该比例在2008年和2009年达到了4.48%；到2015年下降至1.81%，总计上升幅度25.69%。土地增值税在地税中所占比例呈上升趋势，从2005年的

1.47%提高到 2013 年的 7.91%，增加了 6.44 个百分点，增幅达到了 438.10%；至 2015 年为 4.39%，总计增加了 2.92 个百分点，总计上升幅度为 198.64%，为地税各税种中变化幅度较大的税种。

2005~2013 年车船税在地税中所占比例并不大，为 1%左右，但是随着我国经济的发展，拥有车船的人越来越多，车船税在地税中所占比例不断上升。车船税所占比例由 2005 年的 0.41%上升到 2015 的 7.85%，上升了 7.44 个百分点，增幅达到 1 814.63%，增幅比较大，远高于土地增值税和城镇土地使用税的增加幅度。

第四章　我国税收效率的现实刻画

第一节　税收公平与税收效率

一、税收公平

（一）税收公平的含义

在本书的绪论部分已经提到税收公平原则是税收基本原则之一，它要求税收负担公平地分配给各个纳税人，也就是说，国家征税要使每个纳税人所负担的税收和其所处的经济情况相适应，并使各纳税人之间的税收负担保持平衡。税收公平原则包括横向公平和纵向公平：就横向公平而言，其要求在经济条件相同时，纳税人的税收负担相同；就纵向公平而言，其要求经济条件不同的人负担不同税额的税收。税收公平的基本功能是政府通过各种税收制度和税收政策来促进公平竞争，进而实现社会公平。具体来讲，就是按照国家税制设置的原则和税收法律、法规的规定，税收负担的标准和比例建立在一个相对公平合理的基础上，使每个经济组织和个人能够履行税收责任和承担纳税义务。

从历史发展过程看，税收公平经历了从绝对公平到相对公平，从社会公平到经济公平的发展过程。

税收的绝对公平要求每个纳税人都应该缴纳相同数额的税。历史上定额税和人头税的实行就是税收绝对公平的产物。瓦格纳将公平的标准从绝对公平发展到相对公平，主张在征税时要考虑纳税人的纳税能力。现阶段，相对公平在理论上又分为“横向公平”和“纵向公平”。

在西方税收中，公平通常是指社会公平。现实中，税收公平不仅包括社会公平，还包括经济公平。经济公平包括两个层次的内容：一是要求保持税收中性，即对所有从事经营的纳税人相同情况同等对待，创造一个公平竞争的环境，增值税、公司比例税率等都体现了这种公平；二是对于客观上存在的不公平的因素，如资源禀赋差异等，需要通过差别征税实施调节，以达到大体同等或者创建大体公平的客观竞争环境。

（二）税收公平观点

对于税收如何才能公平地分配给纳税人，专家持有不同的观点，大致可以分为以下几种。

1. 天赋能力公平说

这是一种比较古老的公平学说，它以人们的天赋能力为准则依据，认为征税应不妨碍人们按天赋才能进行收入分配。如果人们的税后收入符合人们的天赋能力差别，则税收是公平的。

2. 最小牺牲说

最小牺牲说主张，若征税后能使社会的收入获得最大效用，那么税收就是公平的。为了获得最小的总牺牲，各项赋税在分配时应使纳税的货币边际效用对一切纳税人而言都是相等的。

庇古在《财政学研究》中阐述了赋税理论，他把均等牺牲说发展成为最小牺牲说，并认为最小牺牲原则是税收的最高原则。他将最小牺牲定义如下："为了获得最小的总牺牲，各项赋税应如此分配，使纳税的货币边际效用对一切纳税人都是相等的。如果甲纳税人所付的最后一个便士税款的效用，小于乙纳税人所付的最后一个便士税款的效用，则把对乙纳税人的一部分课税额转到甲纳税人的肩上，则能得到总牺牲的减少。所以，符合最小总牺牲原则的税收在纳税人之间的分配，是使所有纳税的社会成员的边际牺牲均等，而非总牺牲均等。"庇古还指出，最小牺牲原则不仅包括上述的均等边际当前牺牲（直接牺牲），还包括均等边际未来牺牲（间接牺牲）。他将最小牺牲作为税收的最高原则，其理由在于：第一，根据一些学者的论述，均等牺牲包括同样并处在同等地位的人之间的均等牺牲和一切人们之间的均等牺牲。他指出"同样并处在同等地位的人之间的均等牺牲和一切人们之间的均等牺牲是全然不同的另一回事"。前者包括在最小牺牲原则之中，对于后者，则无人明确说明它的具体内容。第二，均等牺牲的原则，包含着要向最穷的人课征若干税收的要求，这是违背增进公民福利的总原则的，而且也是无法做到的。

庇古认为，在税收实践过程中，商品税之所以不能贯彻最小牺牲原则，是因为商品税无法调节纳税人的收入水平。所得税课税对象不是总收入，也不是毛收入，而是扣除各项费用、基金后的净收入，因而所得税比较容易贯彻最小牺牲原则。他同时指出实行累进税率可以彻底贯彻最小牺牲原则。

3. 受益负担公平说

受益负担公平说（受益原则）认为，纳税人的税收负担应与其享受的政府提供的福利相匹配。凡是享受政府提供的福利多的纳税人应多纳税，享受福利少的人应少纳税，而不享受利益的人则不纳税，这才能够达到公平。受益原则在确定纳税人的税收负担时所依据的是纳税人从政府提供的服务中所受益的多少，以此为依据，判定纳税人应纳多少税，负担多重的税。

受益原则的理论基础是交换说。该原则认为国家和个人是各自独立平等的实体，因国家的活动而使得公民受益，公民则应当向国家提供金钱。国家向公民提供利益和公民的税赋实质上是一种交换关系，这样税收就充当了政府所提供公共产品和服务的价格，政府根据所提供公共产品的成本和个人的边际效用征收税赋。

亚当·斯密和卢梭等就曾根据社会契约论和税收交换学说，提出过受益原则。亚当·斯密在《国民财富的性质和原因的研究》中提出“一国人民，都必须在可能的范围内，按照各自能力的比例，即按照各自在国家保护下享得的收入的比例，缴纳赋税、维持政府”。

受益原则将政府征税看作一种交换关系或市场交易过程，很好地实现了受益与代价的对等，不仅可以有效确定政府提供公共产品和服务的合理规模，还可以改进个人的福利水平，实现有效的资源配置。

但是，受益原则有一个最致命的缺陷：它很难准确地度量各个纳税人各自的受益程度。政府提供的服务是公共产品，具有非竞争性、非排斥性和效用的不可分割性三大特征。在公共产品领域，无论消费者是否付款都不影响其受益情况，消费者不以购买来表达自己的偏好，而是以投票来表达偏好。从个人自身利益出发，消费者为维护自身利益，总是歪曲或降低个人对公共产品的边际效用，从而降低个人税负。如果偏好歪曲得过于严重，那么受益原则就无法实现受益与代价的对等，从而具有非中性的收入分配效应，且对资源的有效配置也会产生不良影响。此外，受益原则无法解释转移支付也就是收入分配问题，如针对穷人和残疾人支出的社会福利，受益人的纳税能力很小甚至没有，按照受益原则应该向他们征收更多的税，但这显然有悖公平。正是因为受益原则有这些局限，在操作上又难以执行，所以世界各国在税制选择中都很少使用受益原则，其不具有普遍意义。但是这并不排除特定场合对它的运用，如对汽油消费和车船使用等征税。

4. 量能负担说

量能负担说（支付能力说）是根据纳税人的纳税能力，判定纳税人应纳多少税或其税收负担有多重。税收负担与纳税能力成正比，纳税能力大的多纳税，纳税能力小的少纳税，无纳税能力的则不纳税。

量能负担说认为税收的征纳不应以形式上实现依法征税，满足财政需要为目的，而应在实质上实现税收负担在全体纳税人之间的公平分配，使所有的纳税人按照其实质纳税能力负担其应缴纳的税收额度。即该学说主张根据纳税人负担能力的大小来确定税负水平的原则。负担能力的大小有多种测量指标，其中主要是所得和财产。凡所得多的，表明其税负能力强，应承担较重的税收负担；凡所得少的，表明其税负能力弱，应承担较轻的税收负担或者不纳税。

瓦格纳将税收公平分为普遍和平等原则。他主张，社会上的人都具有纳税义务，不能因为身份不同、地位特殊而例外；税收的负担应力求公平合理。平等并非指每个人应缴纳一样多的税，而是应该按照各个纳税人的能力大小来缴税，并实行累进税制，做到收入多的多缴税，收入少的少缴税，对于处于最低收入以下的免税，这样才符合社会正义，也就是公平原则。

贯彻量能负担原则的主要方法是设置累进税率，以及起征点、免征额等。企业利润和个人所得收入最能反映纳税人的负税能力，因此，这两种所得自然成为量能负担原则的主要适用对象。在税收分配中贯彻量能负担原则，除了财政目的外，更重要的是社会目的，即通过量能负担，避免社会成员之间收入差距的过分拉大，缓和各收入阶层人们之间的矛盾，保持社会的和谐发展。

在近代，由于社会财富和个人所得分配日趋重要，税收公平原则也日益受到重视，更多的经济学者认为，税收按每个人的纳税能力大小来负担才是公平的。

（三）税收公平的衡量标准

税收是否公平的衡量标准主要有两个：受益原则和能力原则。

在前面关于税收的观点中已经提及了受益原则这一标准，即根据纳税人从政府提供的公共物品中受益的多少来判定其应缴纳的税收。该原则按照市场平等交换的观点，把纳税多少和税负是否公平同其享受的利益程度相结合，因此又称为“利益说”。但是该标准由于自身的局限并不能很好地解释税收公平原则，不适用于大多数的公共产品，如国防、教育和社会治安等多方面，比较适用在公路使用的课税、城市设施的建设以及社会保险等方面。

能力原则是根据纳税人的纳税能力来判断其应缴纳税额的数量以及税负是否公平，将纳税人应缴纳的税收与其纳税能力联系起来，纳税能力强的纳税人多纳税，而纳税能力弱的纳税人则少纳税或者不纳税。由于能力原则侧重于将纳税能力的强弱同纳税多少、税负是否公平相结合，因此又被称为“能力说”。

在税收公平与否的衡量方面，能力原则一般被认为是较为合理且更易实行的。但就如何评定纳税能力问题上，又存在两种观点。

（1）一种观点认为，以纳税人所拥有的财富的多少作为衡量纳税人纳税能力的标准，即综合运用收入、财产和支出这三种表示财富的尺度来衡量纳税能力的强弱。这种观点因其以客观收入作为衡量标准，因此又被称为“客观说”。

在客观说中，收入、财产和支出是衡量纳税人能力的三种尺度。

收入被广泛地认为是衡量纳税人纳税能力的最佳尺度。这主要是因为收入能决定一个人在特定时期内的消费或增添其财富的能力。但是如何确定收入的统计口径，以单个人的收入为标准还是以家庭平均收入为标准；以毛收入为标准还是以净收入为标准；以货币收入为标准还是以经济收入为标准，这些都是应该考虑的问题。

财产被认为是衡量纳税人纳税能力的合适尺度，它代表着纳税人的一种独立的支付能力。一方面，纳税人可以利用财产赚取收入，仅仅拥有财产本身也可以使其产生某种满足；另一方面，通过遗产继承或受赠等而增加的财产拥有量可以为纳税人带来好处，增加他的纳税能力。但是用财产来衡量纳税人的纳税能力存在一些缺陷：可能会使得税额相等的财产并不一定给纳税人带来相等的收益；有财产的纳税人中，负债者和非负债者的情况有所不同，财产中的不动产与动产的情况也有所不同；财产有多种形式，其价值难以核查。

消费支出是另一个衡量纳税人纳税能力的尺度，它充分反映了一个人的支付能力。在日常生活中，消费支出多的人的纳税能力高于消费支出少的人。且个人消费支出可以通过纳税人总收入情况进行估算，进而可以根据消费支出数字设计税率。

（2）另一种观点认为应以纳税人因纳税而感受到的牺牲程度作为衡量其纳税能力的标准。因其将个人主观带入衡量标准，所以又被称为“主观说”。在某种意义上，纳税能力也就是忍耐能力和承担能力。如果税收的课征能使每一个纳税人所感受到的牺牲程度相等，那么税收就是公平的，否则就是不公平的。

主观说中牺牲程度的度量有三种尺度：均等牺牲（等量绝对牺牲）、比例牺牲（等量比例牺牲）和最小牺牲（等量边际牺牲）。

均等牺牲要求每个纳税人因纳税而牺牲的总效用相等。依据边际效用递减的原理，人们收入越多，边际效用就越小；而收入越少，边际效用就越大。据此可以推断，低收入者的货币边际效用大于高收入者的货币边际效用。将其引入公平课税中，则表明，如果对边际效用大的收入和边际效用小的收入按照同样比例征税，那么，边际效用大的纳税人的牺牲程度会大于边际效用小的纳税人，不具有公平性。为了使每个纳税人牺牲的总效用相等，就必须对边际效用小的收入征收较高的税，对边际效用大的收入征收较低的税。换言之，就是对高收入者征高税，对低收入者征低税。

比例牺牲主张每个纳税人因纳税而牺牲的效用与其收入成相同的比例。这种观点的依据是，虽然随着纳税人收入的增加，其货币边际效用递减，但是高收入者的总效用大于低收入者的总效用。从总效用出发，应该对总效用大者征收更多的税，而对总效用小者征收较少的税，这才可能使得各个纳税人在征税过程中所牺牲的效用与其收入成相同比例，实现税收公平。

最小牺牲主张社会全体成员因征税而损失的总效用牺牲最小。要做到这一点，就纳税人个人的牺牲来说，如果甲纳税人最后一个单位货币的效用小于乙纳税人最后一个单位货币的效用，那么就应该将乙承担的税收加之于甲身上，借以达到二者因纳税而牺牲的最后一个单位货币的边际效用相等。就整个社会来说，为了让每个纳税人完税后因最后一个单位货币而损失的收入边际效用相等，应该从高收入者开始递减征税，对低收入者实行税收全免。

主观说以主观唯心作为税收征税的推断基础，缺乏客观的科学依据，因而未能被经济学界普遍承认，但是就实际影响而言，最小牺牲的设想在考虑纳税人纳税能力方面更加周到，更为合理。

相比较而言，客观说更具有实际操作的现实可能性。以客观说作为衡量标准的税目有财产税、所得税和消费税。西方学者认为，所得是衡量纳税能力的最佳指标。因为把消费作为课税对象的消费税具有累退性，若只对奢侈品征税，虽然避免了累退性，但是无法保证税收收入，影响财政收入。以财产作为课税对象的财产税虽然比消费税具有更好的特性，但是如果不加以区分地征税，由于相同价值的财产在不同收入阶层中具有不同的效用（北野弘久认为财产分为投资性的财产和生存权意义上的财产），因此不符合公平原则。除此之外，对财产进行课税很难做到对低收入阶层税前抵扣，而且对富裕阶层征收过重的税收会影响其投资的积极性。而所得是一种扣除各项费用之后的纯收入，能够真正反映各类纳税人真实的收入状态和纳税能力。对所得进行征税，可以根据最低生活标准进行税前扣除，也可以根据不同性质和来源使用累进税率。所以以所得为依据设计税收负担可以实现税收水平和纵向的公平，尤其是无负担能力不纳税的观点，可以保障纳税人在法律上的生存权，更甚至，当纳税人的收入低于最低生活标准时，国家可以向其提供补助，使之达到最低生活标准。

（四）税收公平的作用

税收作为一种分配工具，在调节收入分配、促进社会公平和稳定方面具有重要作用。为了发挥税收的这一作用，在税收制度和政策上就要求尽量贯彻量能负担原则，实现税负公平的目标。在我国，公平税负可以有效调节在初次分配中形成的收入差距，对全面发挥税收职能作用、促进和谐社会建设具有重要意义。

税收公平，有助于提高税收效率，保障财政收入。正确处理好公平和效率，才能在不断发展的前提下实现真正的公平，在相对公平的基础上实现更好的发展。税收公平、负担合理，正确处理国家、集体和个人利益的关系，有助于协调不同类型纳税主体之间的利益，弱化社会成员之间的摩擦和冲突，减少社会内耗，提高纳税遵从度，减少税收流失，提高税收行政效率（最小化税收征纳成本）和经济效率（最大化经济发展的杠杆作用），实现经济与税收的可持续发展，保证国家财政收入。

税收公平有助于保障公平竞争，促进经济发展。税收作为国家经济调控的重要杠杆，是构建和谐社会的重要保障条件之一。在坚持国家宏观经济政策的前提下，使不同区域、不同所有制、不同规模和不同行业的纳税主体的税负尽可能趋于公平合理，让纳税人享受公平的税收待遇，有利于创造公平竞争的经济发展环境，促使市场主体加强管理和技术革新，提高产品质量和劳动生产效率。

税收公平有利于缩小贫富差距，促进社会公平。贫富差距大已经成为制约我国现阶段社会经济协调发展的突出矛盾。税收公平通过税收手段合理适度调节市场初次分配形成的个人收入差距，有利于在国民收入再分配的方式、过程和结果上促进社会公平与公正。

二、税收效率

（一）税收效率的含义

早前，税收效率是指政府得到的税款与其所付出的一切成本代价之比，其中包括因为征税所降低的社会经济效率。随着理论研究的深入，税收效率的含义已经不再局限于政府所获得的税款收入与成本之间的比，而是扩大到了其他方面。

胡怡建在《税收学》一书中认为税收通过产生超额负担以及改变消费者选择从而导致了效率损失。税收的超额负担是指政府税收导致纳税人的福利损失大于政府税收收入，从而形成税外负担，引起效率损失。而导致这种损失的主要原因是税收干扰了由市场决定的纳税人消费、生产等方面的选择，从而使资源偏离了自由配置状态。但是，在经济资源没有处于最优配置时，征税引起的资源重新配置又有可能改善配置效率。也就是说，当经济没有处于完全竞争，或存在外部因素影响情况下，征税有可能改善配置效率。因为税收在资源配置上的两面性，税收的目标应是，在市场对经济资源配置有效的情况下，保持税收中性，减少效率损失；在市场对资源配置低效或无效的情况下，强化税收杠杆作用，提高资源配置效率。

税收效率的主要内容包括：征税给纳税人带来的额外负担降低至最低，使税收活动尽量减少对经济运行的干扰，从而提高经济运行效率；在征税过程中，征纳双方花费的费用应尽可能小，使税务支出占税收收入的比重尽量降低，从而增加税收实际缴入国库数额。

税收效率反映了一定时期内，国家和个人用于税收方面的投入或消耗与所获取的聚集资金、调控经济及监督管理等方面的效率或成果之间的对比关系，它集中体现了在税收分配过程中投入和产出的关系。

（二）税收效率原则

通常认为，税收效率原则分为税收经济效率原则和税收行政效率原则。现阶段，越来越多的学者将税收社会效率原则也纳入税收效率原则当中。

1. 税收经济效率原则

税收经济效率原则是指国家征税应有助于提高经济运行效率，保证经济的良性、有序运行，实现资源的有效配置，其主要侧重于考察税收对经济的影响，包括税收对社会资源配置和经济机制运行的影响。评判经济效率的标准是税收额外负担最小化和额外收益最大化，即税收分配必须有利于发挥税收对经济的调节作用，有利于促进经济的发展和经济效率的提高。

在西方，关于经济效率，学者们提出了“帕累托”这一概念。“帕累托”指的是资源配置达到的一种状态，在这种状态下，已不可能再增加任何一个人的福利而不减少其他一些人的福利，也就是不可能通过改变资源配置来使一些人得到利益的同时又不使另一些人受到损失。即在经济活动中应该对得者所得到的与失者所失去的进行对比。从更广的全社会层面看，宏观上的所得要大于宏观上的所失。如果做到了这一点，那么就可以判定说经济活动是有效率的。若将“帕累托”应用于税收领域，容易发现，税收征收活动中同样存在着“得者所得与失者所失”之间的比较问题。政府征税过程中将原属于纳税人的社会资源（经济利益）从纳税人手中转移到政府部门手中的过程中，一定会对整体经济环境以及个人的经济状况产生影响。当这种影响仅仅影响税收数额本身时，这种影响是正常的。但是，如果在正常影响之外，经济活动因此受到了干扰和阻碍，社会利益因此受到削减，那么税收额外负担就产生了。与之相反，如果在正常影响之外，经济活动因此而得到促进，社会利益因此而有所增加，此时，额外收益就产生了。

我们所说税收的额外负担，是指政府征税对市场经济的运行造成了不良影响，干扰了私人消费和生产的正常或最佳决策，同时使得相对价格和人们的行为方式随之发生了改变。当税收的额外负担存在时，那么，经济所处的状态就是无效率或低效率的。税收的额外负担越大，就意味着政府征税给社会带来的消极影响越大。

保持税收对市场机制运行的中性作用（税收中性）是降低税收额外负担的根本途径。税收中性要求税收保持中立，尽量减少对经济的干预，政府征税不能影响纳税人正常的经济决策，也不能使纳税人因税收而扭曲投资行为或者消费行为，从而产生税收额外负担。在西方，学者将税收中性解释得更为具体，他们认为在税收中性的要求下，政府征税要做到以下两点：第一，政府征税行为使社会所付出的代价应以征税数额为限，在征税税额之外，不能让纳税人或社会承担其他的经济牺牲或额外负担；第二，政府征税应当尽可能避免对市场机制运行产生不良影响，尤其是不能超越市场而成为影响资源配置和经济决策的主导力量。

但是，严格意义上的税收中性仅仅是一种理论假设。在现实生活当中，税收具有调节经济的内在属性，而政府征税必然会对纳税人的经济情况和行为选择产生影响，并难以避免。即政府课税对经济的影响不可能仅限于税收数额本身而保持完全的中性，税收课征带来的额外负担通常是不可避免的。实际中，人们所倡导的税收中性的现实意义在于：尽可能地减少税收对经济干扰的程度，尽量降低因政府课税而给纳税人或社会带来的额外负担量。

2. 税收行政效率原则

税收行政效率原则是指政府在征税过程中尽可能地以最小的税收成本获取最大的税收收入，从而使得税收的实际收入（扣除税收成本）更为接近税收名义收入（包含税收成本）。亚当·斯密在其著作《国民财富的性质和原因的研究》中就有提到“一切赋税的征收，须设法使人民所付出的，尽可能等于国家所收入的”。税收行政效率也被称为税收征收效率，亦指努力使税收行政优化，最大限度地降低国家课税给经济活动带来的额外负担，以最少的征税费用或者最小的额外损失取得同样或者更多的税收收入。税收行政效率原则更侧重于对税务行政管理效率状况的考察。

常用税收行政效率评判标准是税收成本与税收收入的比值，即依据相关机构在征税过程中是否以最小的税收成本取得了最大的税收收入，抑或是名义税收收入与实际税收收入之间的差距是否达到最小。

税收成本是指相关机构在税收征收缴纳过程中所发生的各类费用支出和时间消耗，存在广义和狭义之分。狭义的税收成本也称为“税收征收费用”，特指税务机关为征税而花费的行政管理费用，包括：工作人员的薪金和奖金支出；税务部门办公用具和办工设备支出；在税收征管过程中，税务机关因实施或者采用各种办法、措施而支出的费用；税务部门为进行或者适应税制改革而付出的费用以及由其他政府部门提供而无须支付的各种劳务；等等。而广义的税收成本不仅包括税务机关征税过程中产生的行政管理费用，还从纳税人角度做了更为合理的考虑，将纳税人在按照税法规定纳税过程中所支付的费用，即“纳税执行费用”归入了税收成本当中。纳税执行费用包括：纳税人为了准确无误地缴纳税收，因填写纳税申报表而雇佣会计师、税务顾问或职业报税者所花费的费用；企业或者厂商为个人代缴税款所花费的费用；纳税人在申报纳税方面所花费的时间（机会成本）和交通费用；纳税人为逃税、避税所花费的时间、精力以及因逃税、避税未能成功而受到的惩罚；等等。

在税收成本中，税收征收费用的计算相对容易，即使是有些不存在实际数字的费用也可以通过估算解决。与税收征收费用相比，纳税执行费用的计算则更不易，尤其是纳税人在纳税上所花费的时间、心理方面的成本，更是不能用金钱来计算，因而没有较为精确的指标对这些税收隐蔽费用加以衡量。所以在税收实践中，各国政府对税收行政效率进行考察时，多以税收征收费用与税收收入之间的比值作为衡量税收行政效率高低的重要指标。税收征收成本在税收收入中所占的比重越低，则表明税收成本越小，相关部门以较小的税收成本换取了较多的税收收入，税收行政效率比较高；比重越高，则表明税收成本越大，国家取得一定量的税收收入是以相当多税收成本作为代价的，税收行政效率较为低下。

在税收实践中，税收行政原则对税收征管提出的要求是，规范征税标准和依据、组建精干有力的税务机构、构建简便易行的征收制度、设立通畅的税收信息流程、减少征收费用和税收额外负担。为了降低税收成本在税收收入中所占比重，提高税收行政效率，应做到以下几点：第一，运用先进科学的方法管理税务，防止税务人员贪污舞弊，以节约征收费用；第二，简化税制，使纳税人易于理解掌握，并尽量给纳税人以方便，以降低纳税执行费用；第三，可将纳税人所花费的纳税执行费用转化为税务机关所支出的征收费用，以减少纳税人负担或费用分布的不公，进而达到压缩税收成本的目的。

3. 税收社会效率原则

税收社会效率原则主要是指税收分配要有利于消除和缓和社会矛盾，维护社会的安定与繁荣，这要求税收分配应该合理、公平和平等，消除税收歧视，使社会形成一个平等的关系、和谐的气氛。

在社会主义初级阶段，提高税收社会效率要求税收分配要有利于调节人们的收入。这种调节既调节人们因客观差异所造成的利益分配上的悬殊，也要有效地防止和调节少数人行为能力的与众不同所造成的过分悬殊的利益分配格局，调节某些人通过倒卖、垄断或利用特权等不正当手段所形成的收入，发挥税收对社会、经济和人们收入不平等的抑制功能和平抑效用。通过缩小贫富差距，协调社会成员之间的关系，强化机会平等，鼓励竞争，避免人们出现利益冲突。

另外，国家还可以通过税收分配和税收优化，建立社会福利基金，支持、促进社会福利事业的发展，为社会成员创造更多的社会福利。例如，通过开征社会保险税，筹集社会保障资金，完善社会保障制度和保障体系，解除劳动者的后顾之忧。这既有利于促进经济的发展，又有利于维护社会安定，提高税收的社会效率。

除了这些常规的、已被人们所接受的社会效率外，我们还认为税收社会效率不仅仅调和了社会成员经济利益上的矛盾，同时也发挥了税收在改善社会自然环境、满足纳税人心理需求方面的作用。

良好的自然环境是人们赖以生存的基本条件，但是随着工业化和现代化进程的发展，特别是工业化过程中，伴随着经济快速发展的是不断恶化的自然环境。20 世纪末，环境税在国际税收学界兴起。为了降低污染对环境的破坏，部分政府当局和学界学者都主张开征环境税。2011 年 10 月 17 日，国务院发布《国务院关于加强环境保护重点工作的意见》，将环境税费改革、开征环境保护税正式提上议程。

在经济领域存在着“公地悲剧”一说。公地悲剧理论基于公共品非排他性和非竞争性的特征，认为当资源或财产有许多拥有者时，每一个拥有者都有使用权，但是他们没有权利阻止其他人使用，从而造成资源被过度使用并逐渐枯竭。公地悲剧提出者哈丁认为应该通过相互牵制甚至政府强制解决此问题。

福利经济学的创始人庇古在其 1920 年出版的《福利经济学》中，最早开始系统地研究环境与税收的理论问题。按照庇古的观点，经济当事人的私人成本与社会成本不相一致是导致市场配置资源失效的主要原因，而私人的最优导致了社会非最优，产生了外部性。纠正外部性的方案是政府通过征税或者补贴来矫正经济当事人的私人成本。只要政府采取的措施使得私人成本和私人利益与相应的社会成本和社会利益相等，则资源配置就可以达到帕累托最优。

站在可持续发展角度，环境税的征收是必需的，但是环境税的征收以及税收在环境方面的支出对自然环境恶化的缓解或是改善的效率如何，对提高人们保护自然环境的效果怎样，这些均是税收征管过程中应考虑的问题，因此，我们认为应该在税收效率中加入环境效率，并将社会效率改为社会环境效率。

纳税人是税收征管过程中重要的一环。从心理学角度分析，纳税人的纳税意愿直接影响纳税人纳税的积极性。我们在前面关于税收公平的观点的受益原则中提到，因为个人利益的驱使，人们会尽可能地歪曲自己从政府那里享受的益处，以此来降低自身的税负。由此可见，纳税人不愿意承担过多的税收费用，他们企图通过各种途径少承担甚至是不承担税负。在政府课税的起跑线上，纳税人就有不愿纳税的意愿，如果政府在征税过程中不仅从经济上侵占了纳税人的利益，而且在心理上让纳税人付出了更多的心理成本，那么势必会增加纳税人对税收的厌恶度，从而使得纳税人在纳税问题上更不愿意或是更不积极了。

如何满足纳税人的需求，特别是在心理上给予其满足，这对提高税收征管效率，减少社会福利损失，调节税收征纳双方的矛盾，促进社会的和谐稳定有着重要作用。因此，我们认为将满足纳税人需求纳入衡量税收社会效率的指标当中是必要的。

三、税收公平与税收效率的关系

税收的公平与效率是既矛盾又统一的，其矛盾性在于：在具体的税收制度中往往很难兼顾公平与效率。税收公平强调量能负担税负，而效率原则则强调税收应尽量避免对经济产生干扰，实现资源的有效配置和经济的稳定增长，要达到这一目标，贫富差距的可能性会增大，进而，公平原则被破坏了。但是就整个经济运行看，税收公平是实现税收效率的前提，只有以达到一定程度的税收公平为原则，税收效率问题才能被提及。若不以一定程度的公平为前提，政府课税会打乱甚至扭曲经济活动主体的经济行为，税收效率也会因此而受到影响。由此可见，在税收实践当中，税收公平与税收效率的选择不能顾此失彼，应该妥善处理。

第二节　税收效率研究概况

一、税收效率的研究基础

（一）税收效率衡量指标

确定税收效率衡量指标是进行税收效率刻画的前提。随着税收效率内涵及其所包含的内容的变化，税收效率衡量指标也经历了以下几个阶段。

20 世纪末期，税收征管效率被表述为征管成果（税收收入）和征管付出（征管成本）之间的数值对应关系，包括质量和数量两个方面。税收征管效率的衡量指标以李大明（1998）提出的两类衡量指标为代表：一类指标评价征税机构效率，如税收征管成本率、税收征管收益率；另一类指标评价监管制度效率，如漏税率等。

2000~2009 年，税收征管效率理论逐渐成熟，税收征管效率被认为是一个综合概念。有学者提出运用税收征管过程的评价指标对税收征管效率进行衡量。臧秀清和许楠（2005）提出了 10 个衡量征管效率的综合指标：登记率、申报率、入库率、欠税增加率、滞纳金加收率、处罚率、征管成本率、人均征税额、税收计划完成程度和税收收入增长率。

2010 年之后，人们对税收征管效率的认识逐渐趋于完善，税收征管效率的内涵也较以前更加丰富，税收征管效率的衡量指标也较以前更加妥当。董晓岩（2010）将税收征管指标分为三类：一是税收征管投入指标，主要由税收成本收入率衡量；二是税收征管产出指标，主要由登记率、申报率等衡量；三是税收征管效率指数，将纳税遵从度和税收征管成本两个指标分别赋予不同的权重考虑，然后将两项分数相加得到税收征管效率指数。

（二）税收效率的实证研究方法

在税收效率的实证研究当中，许多研究者偏向于以数据模型为架构，以某些年份的税收数据为样本对税收效率进行分析。在实际研究过程中，SFA 方法、非参数研究方法中的 DEA 法和 Malmquist 指数法等均已被用于税收效率的实证研究当中。

经济学中，在投入既定的前提下尽可能地增加产出的能力或者在产出既定的情况下尽可能减少投入的能力被称为技术效率。在经济学研究领域，技术效率的应用比较广泛。技术效率概念最早是由 Koopmans 提出的，他认为，在技术条件一定的情况下，如果不减少其他产出就不可能增加责任和产出，或者说，不增加其他投入就不可能减少任何投入，则该投入产出是技术有效的。就如何测定技术效率，Farrell 最先提出运用前沿测定方法对技术效率进行测定，他的观点得到了理论界的广泛认同，并成为效率测度的基础。生产前沿分析方法是测量技术效率的主要方法。生产前沿是指在一定技术水平下，各种比例投入所对应的最大产出集合。根据是否已知生产函数的具体形式可以将前沿分析方法分为参数方法和非参数方法。参数方法中以 SFA 方法为代表，非参数分析方法以 DEA 方法为代表。

（1）参数方法又称为统计方法，它是利用计量模型对前沿生产函数的参数进行估计，并在参数估计的基础上测定技术效率，并用于评价效率的一种方法。参数方法通过确定前沿生产函数的参数进而确定生产前沿面。参数方法依赖于生产函数的选择，因为不同研究对象的生产函数是有差异的，所以利用此方法进行技术效率测度是有针对性的。

参数方法经历了确定型前沿模型和随机型前沿模型两个发展阶段。在确定型前沿模型中，求解前沿生产函数过程中不考虑随机因素的影响，把所有可能产生影响的因素都作为技术无效率处理，这使得确定型模型在测定技术效率时，实际效率和测定的结果存在一定的偏差。为了解决这一问题，Meeusen 和 van den Broeck 等提出了随机型前沿模型，也即 SFA 模型，该模型对模型中的误差项进行了区分，与确定型前沿模型相比，其对效率的测度更为精准。

当要度量 n 个 DMU T 期的技术效率（TE），而每个 DMU 都有 m 种投入和一种产出时，SFA 中最常用的模型组成是

$$\ln y_{it} = \ln f\left(x_{it},\beta\right) + v_{it} - \mu_{it}\left(i=1,2,\cdots,n;t=1,2,\cdots,T\right) \tag{4.1}$$

$$\mu_{it} = \delta\left(t\right)\mu_i,\delta\left(t\right) = \exp\left\{\varphi\left(T-t\right)\right\} \tag{4.2}$$

$$\mathrm{TE} = E\left\{\exp\left(\mu_{it}\right)\middle|\varepsilon_{it}\right\} \tag{4.3}$$

$$\gamma = \frac{\sigma_\mu^2}{\sigma_\mu^2 + \sigma_v^2} \tag{4.4}$$

其中，σ_v^2，σ_μ^2，φ，γ 和 β 为待估参数。

在模型中，y_{it} 是第 i 个 DMU 第 t 期的实际产出；x_{it} 是第 i 个 DMU 第 t 期的投入；$f(x_{it},\beta)$ 是某种生产函数；v_{it} 是随机干扰项，并假设 $v_{it} \sim \mathrm{N}(0,\sigma_v^2)$；$\mu_{it}$ 是技术无效率项，表示技术无效率对产出的影响，其由 $\delta(t)$ 和 μ_i 组成，并假设服从半正态分布、指数分布等，且与 v_{it} 独立；$\delta(t)$ 表示技术效率随着时间变化的特点。在估计出 φ 后就可以根据其正负号判断出 DMU 的技术效率的发展趋势：如果 $\varphi > 0$，那么 $\delta(t)$ 是 t 的单调递减函数，表明技术越来越有效率；如果 $\varphi < 0$，那么 $\delta(t)$ 是 t 的单调递增函数，表示技术越来越没有效率；如果 $\varphi = 0, \delta(t) = 1$，则表示当时间 t 发生变化时，技术效率并没有随着时间的变动而发生变化。$\varepsilon_{it} = v_{it} - \mu_{it}$，是合成误差，用极大似然估计各个参数，然后通过 μ 的条件分布求出 $\mu|\varepsilon$ 条件期望 $E\{\exp(\mu_{it})|\varepsilon_{it}\}$，将其作为技术效率 TE_{it} 的估计值。$0 \leqslant \mathrm{TE}_{it} \leqslant 1$ 越小，则 TE_{it} 越大，表示该 DMU 的技术效率越高，$1/\mathrm{TE}_{it}$ 表示在当前的投入下产出可能扩大的程度。

（2）非参数方法是通过求解数学中的线性规划来确定生产前沿面，进而测定技术效率的一种方法，其又被称为数学规划方法。非参数方法在运用时只需要求解线性规划就可确定生产前沿面，比较简单，所以应用较为广泛。

DEA 是一种基于现代规划的用于评价同类型组织（或项目）工作绩效相对有效性的特殊工具手段。这些同类型组织各自具有相同（或者相近）的投入与产出，实际中，通常采用投入–产出指标来衡量组织间的绩效高低，当各自的投入–产出均可折算成同一单位计量时，就比较容易计算出各自的投入–产出比值，并按大小进行绩效排序。DEA 方法的主要特点在于，它是纯技术性的，与市场或者价格可以无关，仅仅需要区分投入与产出，不需要对指标进行无量纲化处理，可以在不定义特殊函数形式的前提下对规模效率和技术效率进行分析，而且 DEA 方法对样本数量的要求不高，比其他方法更具有广泛的适用性。

1978 年，美国的 A. Charnes 等在“Measuring the efficiency of decision making units”（《决策单元的有效性度量》）一文中正式提出了 DEA，并用以评价部门间的相对有效性。DEA 通过使用数学规划（包括线性规划、多目标规划、半无限规划和随机规划等）模型，评价具有多个收入特别是多个输出的“部门”或“单位”之间的相对有效性。

DEA 方法通过先行规划的方法对效率进行度量，它是一种非参数方法，在不需要生产前沿的具体形式的条件下，只需要知道投入产出的数据就可对效率进行估计。在 DEA 中，通常将被衡量绩效的组织称为 DMU。DEA 模型有输入型（Input-DEA 模型）和输出型（Output-DEA 模型）两种。输入模型是基于投入的技术效率，即在产出一定的情况下，以最小投入与实际投入之比对技术效率进行衡量，或者说，决策者追求的是输入的减少；输出模型是基于产出的技术效率，即在投入组合一定的情况下，以实际产出与最大产出之比作为技术效率的估计，这种模型表明决策者追求的倾向是输出的增大。DEA 方法能较为容易地处理 DMU 是多产出的情况。

比较常用的 DEA 模型有 CCR 模型和 BCC 模型。

CCR 模型是 1978 年由美国著名运筹学家 A. Charnes 和 W. W. Cooper 等以相对效率概念为基础发展起来的一种效率评价方法，是他们建立的关于效率测定的第一个模型，适用于规模报酬不变的情况。从生产函数角度看，CCR 模型是用来研究具有多个输入特别是具有多个输出的“生产部门”同时为“规模有效”与“技术有效”的十分理想且比较有效的方法。它假设有 t 个 DMU，每个 DMU 都有 m 个投入变量和 n 个产出变量。

1984 年 R. D. Banker、A. Charnes 和 W. W. Cooper 又提出了 BCC 模型。假设 x_{ij} 表示第 j 个 DMU 第 i 种输入的投入量，$x_{ij}>0$；y_{rj} 表示第 j 个 DMU 对第 r 种输出的产出量，$y_{rj}>0$；v_i 表示第 i 种输入的一种度量（称为“权系数”）；u_r 表示第 r 种输出的一种度量（称为“权系数”）；$i=1,2,\cdots,m$；$r=1,2,\cdots,s$；$j=1,2,\cdots,n$，x_{ij} 和 y_{rj} 为已知数据，可以根据资料得到，v_i 和 u_r 为变量。

对应于一组权系数 $\boldsymbol{v}=\left(v_1,v_2,\cdots,v_m\right)^{\mathrm{T}}$，$\boldsymbol{u}=\left(u_1,u_2,\cdots,u_n\right)^{\mathrm{T}}$，存在输入矩阵和输出矩阵分别为

$$\begin{pmatrix} x_{11} & \cdots & x_{1n} \\ \vdots & & \vdots \\ x_{m1} & \cdots & x_{mn} \end{pmatrix} 和 \begin{pmatrix} y_{11} & \cdots & x_{1n} \\ \vdots & & \vdots \\ y_{s1} & \cdots & x_{sn} \end{pmatrix}$$

对于每一个 DMU 有相应的效率评价指数：

$$h_j=\frac{\boldsymbol{u}^{\mathrm{T}}y_j}{\boldsymbol{v}^{\mathrm{T}}x_j}=\frac{\sum_{r=1}^{n}u_r y_{ri}}{\sum_{i=1}^{m}v_i x_{ij}},j=1,2,\cdots,t$$

其中，$\boldsymbol{x}=\left(x_{1j},x_{2j},\cdots,x_{mj}\right)^{\mathrm{T}}$，$\boldsymbol{y}=\left(y_{1j},y_{2j},\cdots,y_{nj}\right)^{\mathrm{T}}$，$j=1,2,\cdots,t$，适当地选取权系数，使其满足：$h_j\leqslant 1,j=1,2,\cdots,t$。

对第 j_0 个 DMU 进行效率评价，一般来说，h_{j_0} 越大则表明 DUM_{j_0} 越能够用较少的输入得到较多的产出。如果要对 DUM_{j_0} 进行评价，就看 DUM_{j_0} 在这 n 个

DMU 中相对来说是不是最优的，也可以考察当尽可能地变化权重时，h_{j_0} 的最大值是多少。

CCR 模型的基本思想是通过对样本的投入、产出数据的分析确定有效生产前沿面，并根据各个 DMU 与生产前沿面的距离状况，确定各个 DMU 是否为 DEA 有效。

如图 4.1 所示，假设 A、B、C、D 分别表示有效率的 DMU，它们构成生产前沿面 $ABCD$，E 表示无效率的 DMU。设 E' 与 C' 分别为 OE 与 OC 在生产前沿面 $ABCD$ 上的交点，则 E 的效率值为 $OE'/OE<1$，而 C 的效率值为 $OC'/OC=1$。

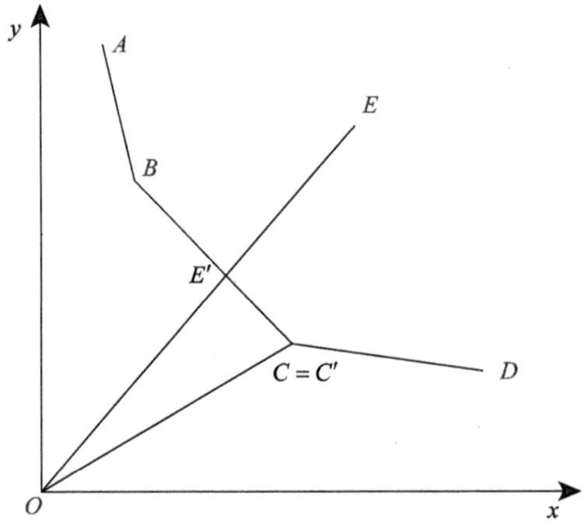

图 4.1　随机前沿模型

现在对第 j_0 个 DMU 进行效率评价（$1<j_0<t$），以权系数 $\boldsymbol{v}$ 和 $\boldsymbol{u}$ 为变向量，第 j_0 个 DMU 的效率指数为目标，以所有的 DMU（也包括第 j_0 个 DMU）的效率指数为约束，构建如下的最优化模型：

$$
p\begin{cases}\max\dfrac{\boldsymbol{u}^{\mathrm{T}}y_0}{\boldsymbol{v}^{\mathrm{T}}x_0}\\ \text{s.t.}\dfrac{\boldsymbol{u}^{\mathrm{T}}y_1}{\boldsymbol{v}^{\mathrm{T}}x_j}\leqslant 1, j=1,2,\cdots,t\\ \boldsymbol{u}\geqslant 0,\boldsymbol{v}\geqslant 0,\boldsymbol{u}\neq 0,\boldsymbol{v}\neq 0\end{cases}
$$

其中，$x_0=x_{j_0},y_0=y_{j_0},1\leqslant j_0\leqslant t$

对该分式规划进行 Charnes-Cooper 变换，令

$$
s=\frac{1}{\boldsymbol{v}^{\mathrm{T}}x_0}>0,\boldsymbol{\omega}=s\boldsymbol{v},\boldsymbol{\mu}=s\boldsymbol{u}
$$

则有等价的线性规划问题：

$$
\left(P_{\mathrm{CCR}}\right)\begin{cases}\max h_{j_0}=\boldsymbol{u}^{\mathrm{T}}y_0\\ \mathrm{s.t.}\boldsymbol{\omega}^{\mathrm{T}}x_j-\boldsymbol{u}^{\mathrm{T}}y_j\geqslant 0,j=1,2,\cdots,t\\ \boldsymbol{\omega}^{\mathrm{T}}x_0=1\\ \boldsymbol{\omega}\geqslant 0,\boldsymbol{u}\geqslant 0\end{cases}
$$

将其对偶规划，引入松弛变量后有

$$
\left(D_{\mathrm{CCR}}\right)\begin{cases}\min\theta\\ \mathrm{s.t.}\sum_{j=1}^{t}\lambda_j x_j\leqslant\theta x_0\\ \sum_{j=1}^{t}\lambda_j y_j\geqslant y_0\\ \lambda_j\geqslant 0,j=1,2,\cdots,t\end{cases}\Leftrightarrow\left(D_{\mathrm{CCR}}^{1}\right)\begin{cases}\min\theta\\ \mathrm{s.t.}\sum_{j=1}^{t}\lambda_j x_j+s^{-}=\theta x_0\\ \sum_{j=1}^{t}\lambda_j y_j-s^{+}=y_0\\ \lambda_j\geqslant 0,j=1,2,\cdots,t\\ s^{-},s^{+}\geqslant 0\end{cases}
$$

其中，θ无约束。

θ为第 i 个 DMU 的技术效率值，满足$0\leqslant\theta\leqslant 1$。当$\theta=1$时，则称 DMU 为 DEA 有效；当$\theta<1$时，DMU 为非 DEA 有效。

1984 年，Banker、Charnes 和 Cooper 为生产可能集合建立了凸性性质、无效率性质、射线无限制性质和最小外插性质等四项公理，并引进 Shepherd 距离函数的概念，将技术效率 TE 分解为纯技术效率 PTE 和规模效率 SE，即 TE=PTE×SE，增加对权重λ的约束条件，建立了规模报酬可变模型：

$$
\begin{cases}\min\theta\\ \mathrm{s.t.}\sum_{j=1}^{t}\lambda_j x_j\leqslant\theta x_0\\ \sum_{j=1}^{t}\lambda_j y_j\geqslant y_0\\ I^{\lambda}=1\\ \lambda_j\geqslant 0,j=1,2,\cdots,t\end{cases}
$$

其中，$I=\left(1,1,\cdots,1\right)_{1\cdot t}$。

目标函数求得的即纯技术效率（PTE），根据 SE=TE/PTE 可以求出规模效率 SE。

1953 年，瑞典经济学家 Sten Malmquist 最先提出缩放因子概念，并利用缩放因子之比构造消费数量指数，成为最初的 Malmquist 指数。1982 年 Caves 等将这种方法运用到生产分析中，利用距离函数的比值构造生产率指数，并将其称为 Malmquist 生产率指数。在 DEA 方法的基础上，Fare 等将 Malmquist 生产率指数变为了实证指数，并进一步将该指数分解成技术效率变动、技术进步和规模效率变动，其后，Ray 和 Desli 对其模型做了修正。将 Malmquist 指数法和 DEA 相结合也是效率研究的一种方法，因为本书后面会用到 Malmquist 指数法对税收效率进行分析，所以此处不做详解。

（三）我国税收效率概况

分税制改革以来，我国税收征管工作取得了很大进步，税收收入保持了稳定增长的态势，税务机关在税收征管模式改进、征管法制建设及依法治税等方面也取得了显著的成绩。根据财政部发布的《2017 年公共财政收支情况》，2017 年税收收入为 144 360 亿元，税收总额与上一年相比增长 10.7%。从 1994 年至 2017 年 23 年间，税收总额年平均增长率接近 20%。2011 年税收总收入占全国财政收入的 83.65%，税收收入一直是保障财政收入与支出平衡的关键因素。

税收收入大幅度上升的同时，征税成本也连年攀升，根据国家税务总局公布的数据测算，1994 年征税成本占税收收入的 3.12%，1996 年征税成本率为 4.73%，2008 年征税成本率约为 8%；从经济合作与发展组织 2008 年测算的税收征税成本来看，2007 年美国征税成本占税收收入的 0.28%，英国为 0.95%，加拿大为 0.25%。国内税收征管成本较其他发达国家较高，存在很大的优化空间，降低税收成本、提高税收征管效率成为亟待解决的问题。

改革开放 40 多年来，国内学者对税收征管效率问题进行了有益探讨，从最初定义税收征管效率、界定税收征管影响因素、探讨税收征管度量模型，到现阶段学者用定量的方法刻画税收征管效率、提出降低税收征管成本提高税收征管效率方法，国内税收征管效率理论从无到有，取得了一定的成果。税收对财政收入具有重大影响，征管效率作为衡量税收征管活动的效果指标对其评价起重要作用。

二、我国税收效率概况

为了较为深入地刻画我国税收效率的现实情况，我们从国税与地税层面、区域层面对我国税收效率进行了刻画，并对国际上其他国家的税收效率进行了简要分析，以期能有所借鉴。

（一）国税与地税税收效率

在本书前面的文献综述及税收效率实证方法部分，我们已经提到，参数方法和非参数方法是学者进行税收效率研究的主要手段，在非参数估计方法中，学者多使用 DEA 方法以及基于 DEA 的 Malmquist 指数法对税收效率进行研究，而在参数方法中，学者多采用 SFA 方法对税收效率进行研究。

但不论采用的是参数方法还是非参数方法，学者的研究有两个共同点：第一，将税收征管系统看作一个投入产出系统，利用投入与产出的关系对税收征管效率进行评价。第二，以省际或城市总体税收的征管效率为视角，鲜有分别评价国税、地税系统征管效率的研究。

所以，借鉴前人经验，本章仍将税收征管系统看作一个投入产出系统，基于区分国税、地税的视角，运用基于DEA的Malmquist指数法分别对国税、地税系统税收征管效率的省际差异进行动态评价，以期了解财政体制改革实施分税制后国税、地税系统各自税收征管效率的变化情况。

Malmquist指数由Malmquist于1953年作为一种消费指数提出，是距离函数的比值（Caves et al.，1982），可以用于对统一DMU在不同时点上的效率提高程度进行评价。DEA是A. Charnes、W. W. Cooper等提出的一种相对效率评价方法，自1978年产生以来，得到了广泛的应用。经过发展融合，Fare等（1994）提出了基于DEA的Malmquist指数模型。根据其定义，Malmquist指数可以表现为下面的形式：

$$M_{t,t+1}=\left[\frac{D^t\left(x^{t+1},y^{t+1}\right)}{D^t\left(x^t,y^t\right)}\times\frac{D^{t+1}\left(x^{t+1},y^{t+1}\right)}{D^{t+1}\left(x^t,y^t\right)}\right]^{\frac{1}{2}} \tag{4.5}$$

其中，

$$D^t\left(x^t,y^t\right)=\inf\left\{\theta:\left(\boldsymbol{X}^t,\boldsymbol{Y}^t/\theta\right)\in P(X)\right\} \tag{4.6}$$

式（4.6）即Shephard（1970）提出的距离函数，表示生产配置$\left(X^t,Y^t\right)$到系统前沿面的距离，$\boldsymbol{X}^t$为t时刻的投入向量，$\boldsymbol{Y}^t$为t时刻的产出向量，$P(X)$为一定技术对应的生产可能集，$D^t\left(x^t,y^t\right)=1$表示$\left(X^t,Y^t\right)$位于税收征管效率的前沿上。

另外，Malmquist指数表达式可以进行如下分解：

$$M_{t,t+1}=\left[\frac{D^t\left(x^{t+1},y^{t+1}\right)}{D^t\left(x^t,y^t\right)}\times\frac{D^{t+1}\left(x^{t+1},y^{t+1}\right)}{D^{t+1}\left(x^t,y^t\right)}\right]^{\frac{1}{2}}$$

$$M_{t,t+1}=\left[\frac{D^t\left(x^{t+1},y^{t+1}\right)}{D^{t+1}\left(x^{t+1},y^{t+1}\right)}\times\frac{D^t\left(x^t,y^t\right)}{D^{t+1}\left(x^t,y^t\right)}\right]^{\frac{1}{2}}\times\frac{D^{t+1}\left(x^{t+1},y^{t+1}\right)}{D^t\left(x^t,y^t\right)}$$

其中，

$$\text{技术进步指数}(\text{TECH})=\left[\frac{D^t\left(x^{t+1},y^{t+1}\right)}{D^{t+1}\left(x^{t+1},y^{t+1}\right)}\times\frac{D^t\left(x^t,y^t\right)}{D^{t+1}\left(x^t,y^t\right)}\right]^{\frac{1}{2}} \tag{4.7}$$

$$\text{技术效率指数}(\text{EFF})=\frac{D^{t+1}\left(x^{t+1},y^{t+1}\right)}{D^{t}\left(x^{t},y^{t}\right)} \tag{4.8}$$

由式（4.7）和式（4.8）可知，Malmquist 指数（TFPCH）可以分解为技术进步指数（TECH）与技术效率指数（EFF）的乘积，即 TFPCH= TECH×EFF。技术进步指数表示科技进步等带来的生产前沿面前移，体现了生产前沿面前移对效率的影响；技术效率指数则是$t+1$期对 t 期的相对效率，反映了一定时期内组织管理水平的变化。

因为对于规模报酬是否改变存在两种假设，技术效率指数（EFF）又可分为纯技术效率指数（PECH）及规模效率指数（SECH），即$\text{EFF}=\text{PECH}\times\text{SECH}$，其中纯技术效率指数是在规模报酬变动的假定下得到的效率变化程度，规模效率指数则是在规模报酬不变的假定下得到的效率变化程度。

本书借鉴前人经验，将税收征管系统看作一个投入产出系统，采用基于 DEA 的 Malmquist 指数模型分别对国税、地税系统的税收征管效率进行动态评价。评价体系中各项投入产出指标分别如下。

（1）GDP。GDP 是一个地区一定时间的经济规模的体现，常被公认为衡量地区经济状况的理想指标。GDP 对税收收入有着重要影响，能够代表一定时期税源的数量。一般而言，GDP 越高，税源数量也越大。

（2）第二、三产业之和占 GDP 的比重。根据我国税源分布，我国税源主要集中于第二、三产业，尤其是在取消农业税进入“后农业税时代”之后，这一现象更为明显。所以，在 GDP 相同的情况下，第二、三产业之和占 GDP 的比重越高，税源数量就越大。

（3）税收征收难易程度。如果将税收征管系统看作一个投入产出系统，那么其“生产”的过程自然也有难易之分。税收征收难易程度主要由所需征收税种的多少、区域内纳税人违规的情况等复杂因素所决定。在前人对税收征管效率的实证研究中，许多学者都提出了税收征收难易程度对税收征管效率有影响，但是因为没有合适的量化指标，都未将税收征收难易程度纳入模型。

本书采用量化的税种集中度指标衡量税收征收难易程度，此处税种集中度是指构成税收收入的各个税种收入的集中程度，相同情况下，税收收入的构成越集中，税收征收的难度越小，如云南省税收中烟叶税的比重很高，其税收征收复杂程度相比税种丰富的省份要低。虽然税种集中与否只是影响税收征收难易程度的一个方面，但是将其纳入模型也是对税收征管效率评价指标体系的补充与完善。

研究中，我们借鉴赫芬达尔-赫希曼指数（HHI 指数）来量化税种集中度指标，即

$$\mathrm{HHI}=\sum_{i=1}^{n}\left(\frac{X_i}{X}\right)^2 \qquad (4.9)$$

其中，X 表示税收收入总量；X_i 表示第 i 种税收收入，如增值税收入、营业税收入等。

（4）人力资本投入。对于税收征管系统而言，人力资本投入的数量与质量是最直接的投入因素。在相同条件下，一般认为税务部门人员越多，税务人员素质越高，越能够胜任税收征管工作，越能够产生较高的税收征管效率。本书采用税务部门人员数量、大学本科及以上学历人数占总人数的比重来衡量人力资本的投入。

（5）税收成本。税收征管系统除了人员的投入还有其他成本的投入，如税务人员的工资福利、办公成本等，相同情况下，税收成本越高越应该拥有更高的效率。

在对国税与地税税收效率进行评价时，我们在前人的基础上，做了一定的创新，尽可能合理地选取各种指标，最终选取 GDP，第二、三产业之和占 GDP 的比重，税种集中度，税务部门人员数量，以及税务人员文化水平［用国税（地税）本科以上学历人员所占比例表示］五个投入指标，由于难以取得税务人员工资总额等税收成本相关信息，故放弃选用该指标。

在此处，本书研究选取税收收入总额作为产出指标，因为就目前而言，较为可行的税收征管系统可量化的产出只是税收收入总额，纳税服务、偷逃税监管等其他指标都难以量化，这也和其他学者的研究相一致。但是，本书所采用的税收收入总额未扣除出口退税，主要是因为我国出口退税政策在不断变动，1994 年税制改革以来，中国出口退税政策历经十一次大幅调整，出口退税对于税收收入的影响主要来自于政策层面，所以为了增强动态评价的可比性，剔除了出口退税对税收总额的影响。

需要说明的是，我们将分别评价国税、地税系统的税收征管效率，所以以上指标中，税种集中度、税务部门人员数量、税务人员文化水平、税收收入总额这四个指标都是分国税、地税统计的。而 GDP，第二、三产业之和占 GDP 的比重这两个指标很难按国税、地税系统划分，无法确切量化各省（自治区、直辖市）生产总值分别对国税、地税系统的影响，所以，近似地将 GDP 总值，以及第二、三产业之和占 GDP 的比重作为各省（自治区、直辖市）国税、地税系统的投入变量。国税（地税）系统税收征收效率投入产出变量表见表 4.1。

表 4.1　国税（地税）系统税收征收效率投入产出变量表

产出变量	国税（地税）税收收入总额	
投入变量	GDP	国税（地税）税务部门人员数量
	第二、三产业之和占 GDP 的比重	国税（地税）税种集中度
	国税（地税）本科以上学历人员所占比例	

在国税和地税税收效率研究中研究样本省（自治区、直辖市）、时间的选取如下：由于西藏没有设立地方税务局，为了增强与其他省（自治区、直辖市）的可比性，故将西藏剔除，选取除西藏外的30个省（自治区、直辖市，不包括港澳台）作为样本，并综合考虑将研究时间定为2005~2015年。

以基于DEA的Malmquist指数模型为基础，结合上述的指标，利用DEAP 2.1软件包分别就我国国税系统征管效率的省际差异进行动态评价后得到表4.2。

表4.2 2005~2015年我国各省（自治区、直辖市）国税系统平均Malmquist指数变化及其分解

地区	技术效率指数（EFF）	技术进步指数（TECH）	纯技术效率指数（PECH）	规模效率指数（SECH）	征管效率指数（TFPCH）
北京	1.009	1.156	0.999	1.010	1.167
天津	0.997	1.081	1.008	0.988	1.078
河北	0.921	1.149	1.001	0.920	1.058
山西	0.989	1.078	1.005	0.985	1.066
内蒙古	0.972	1.085	0.993	0.979	1.055
辽宁	1.192	1.155	1.016	1.173	1.377
吉林	0.943	1.079	1.005	0.938	1.017
黑龙江	0.963	1.078	1.005	0.958	1.039
上海	1.000	1.152	1.000	1.000	1.152
江苏	0.986	1.182	0.999	0.988	1.166
浙江	1.251	1.159	1.016	1.231	1.450
安徽	0.904	1.092	0.994	0.909	0.987
福建	1.238	1.085	1.000	1.238	1.343
江西	0.973	1.074	1.000	0.973	1.045
山东	1.202	1.171	1.013	1.187	1.407
河南	0.939	1.131	1.001	0.938	1.062
湖北	0.852	1.135	0.996	0.856	0.968
湖南	0.883	1.118	0.998	0.885	0.988
广东	1.205	1.157	1.012	1.191	1.394
广西	0.941	1.076	0.992	0.948	1.012
海南	1.022	1.078	1.000	1.022	1.102
重庆	0.969	1.078	1.008	0.961	1.044
四川	0.889	1.149	0.999	0.890	1.021
贵州	0.954	1.078	1.000	0.954	1.028
云南	0.913	1.077	1.000	0.913	0.983
陕西	0.974	1.076	0.994	0.980	1.048
甘肃	0.952	1.078	0.992	0.960	1.027

续表

地区	技术效率指数（EFF）	技术进步指数（TECH）	纯技术效率指数（PECH）	规模效率指数（SECH）	征管效率指数（TFPCH）
青海	0.968	1.078	1.000	0.968	1.044
宁夏	0.946	1.078	1.000	0.946	1.020
新疆	0.996	1.079	0.990	1.006	1.075
均值	0.998	1.108	1.001	0.997	1.107

资料来源：2006~2016 年《中国税务年鉴》、2006~2016 年《中国统计年鉴》

为了方便分析，我们把表 4.2 中的 Malmquist 指数变化及其分解转化为了图形，具体见图 4.2。

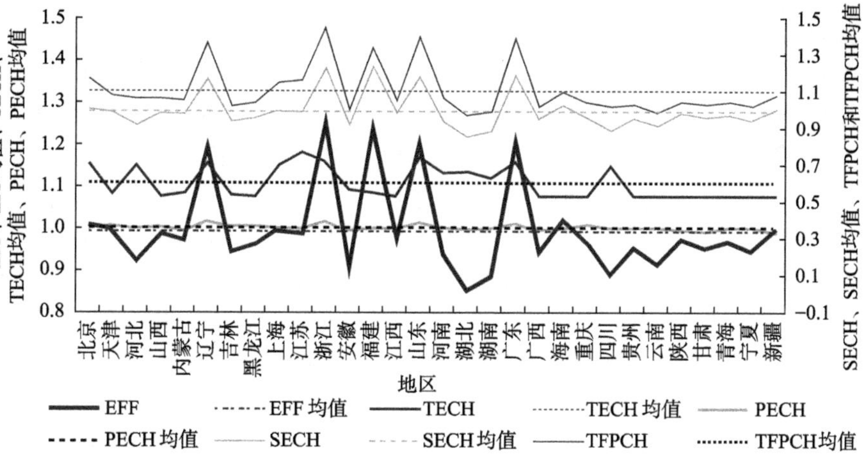

图 4.2　2005~2015 年我国各省（自治区、直辖市）国税系统平均 Malmquist 指数变化及其分解

概括分析如下。

图 4.2 显示 Malmquist 指数的变动情况，在各地区国税系统中的数值均表现出了差异，且其变动分解指数在各地区也存在差异。

仅从图形分析，国税系统中的税收征管效率指数变动线的波动幅度很大，存在多个明显的峰值与低谷，这表明各省（自治区、直辖市）国税系统在征管效率的变化上存在明显差异；规模效率指数变动线的波动幅度仅次于征管效率指数，其同样存在多个较为明显的峰值和低谷，而且就图形看，规模效率指数变动线的波动情况与征管效率指数变动线的波动极其相似，出现峰值和低谷的省（自治区、直辖市）相同，这表明，各省（自治区、直辖市）国税税收征管规模效率的变化情况有较大差异，同时也表明，国税系统税收征管效率的变动与税收征管规模变动之间存在一定的规律关系。技术效率指数变化线的波动情况与税收规模效率指数变化线的波动情况基本一致，峰值和低谷所出现的地方以及程度都非常接近，其主要原因在于规模效率指数是技术效率指数的一个乘子，这也表明，各省（自治区、直辖市）税收征管技术效率指数变化与税收征管规模效率变化之间存在显著关联关系。税收征管技术进步指数变化线呈现出有波动但是波动幅度较小的态势，即各省（自治区、直辖市）国税系统的征管技术进步变动程度存在差异，但是其差异并不是特别显著。在所有的分解指数中，纯技术效率指数变化线的波动最小，在各省（自治区、直辖市）之间基本不存在明显的波动，其主要原因在于纯技术效率指数剔除了其他因素对效率的影响，仅仅从纯技术角度分析其对税收征管效率的影响，所以，各省（自治区、直辖市）纯技术效率指数变化情况表现出一定的一致性是正常的，反之，纯技术效率指数变化线如果波动过大则可能是因为分析有误。

分解指数分析如下。

（1）技术效率指数。根据表 4.2 和图 4.2，辽宁、浙江、福建、山东和广东的税收征管技术效率指数的变化值分别是 1.192、1.251、1.238、1.202 和 1.205，远高于平均水平 0.998。北京、天津、河北、山西、内蒙古、吉林、黑龙江、上海、江苏、安徽、江西、河南、广西、海南、重庆、贵州、云南、陕西、甘肃、青海、宁夏和新疆的税收征管技术效率指数变化值基本持平于平均水平，其中有的省（自治区、直辖市）的指数变动值略高于平均水平，有的省（自治区、直辖市）则略低于平均水平；湖北、湖南和四川国税系统中税收征管技术效率指数变化程度值均离平均程度较远，这些省的变动程度均低于 0.9，分别为 0.852、0.883 和 0.889，即这些省国税系统的税收征管技术效率的提高速度低于全国其他地区。

（2）技术进步指数。图 4.2 中各省（自治区、直辖市）技术进步指数变化线存在多个起伏，即各省（自治区、直辖市）国税系统在税收征管技术进步速度上存在比较大的差异。结合表 4.2 可知，国税系统税收征管技术进步指数变化程度的均值为 1.108，北京、河北、辽宁、上海、江苏、浙江、山东、河南、湖北、湖南、广东和四川国税系统中的技术进步指数的变动程度均高于平均水平，其中北京、河北、辽宁、上海、江苏、浙江、山东、广东和四川的指数变动程度均在 1.14 以上，远高于平均水平，这意味着这些省（自治区、直辖市）国税系统的技术进步速度显著高于全国其他省（自治区、直辖市）；天津、山西、内蒙古、吉林、黑龙江、安徽、福建、江西、广西、海南、重庆、贵州、云南、陕西、甘肃、青海、宁夏和新疆地区国税系统技术进步指数均低于平均水平，在 1.08 上下浮动。

分区域看，技术进步速度快的地区主要集中在中东部经济比较发达地区，以及西部部分地区，而在中西部经济较为落后的地区，国税系统在技术进步方面的成果并不显著。

（3）纯技术效率指数。仅从图 4.2 中各省（自治区、直辖市）纯技术效率指数变化线看，该线具有明显波动，但是结合表 4.2 中的数据以及图 4.2 中纵轴数据可以发现，尽管各省（自治区、直辖市）国税系统的纯技术效率指数变化线存在波动，但是波动的数值比较小，在纯技术效率指数波动的可接受范围内。其中天津、山西、辽宁、吉林、黑龙江、浙江、山东、广东和重庆国税系统税收征管的纯技术效率指数变动值高于平均值，这些省（自治区、直辖市）国税系统税收征管的纯技术利用率提高的程度较之其他地区略高；北京、河北、内蒙古、上海、江苏、安徽、福建、江西、河南、湖北、湖南、广西、海南、四川、贵州、云南、陕西、甘肃、青海、宁夏和新疆地区国税系统的纯技术效率指数变动值持平或低于平均水平，可以适当提高纯技术效率。

（4）规模效率指数。在样本地区中，辽宁、浙江、福建、山东、广东的规模效率指数变化程度远高于平均水平 0.997，指数变化值分别是 1.173、1.231、1.238、1.187 和 1.191；北京、天津、河北、山西、内蒙古、吉林、黑龙江、上海、江苏、安徽、江西、河南、广西、海南、重庆、贵州、云南、陕西、甘肃、青海、宁夏和新疆国税系统税收征管规模效率指数的变动值在平均水平上下波动，均在 0.9 以上，这些地区国税系统税收征管规模的变动与平均变动程度相差不大；湖北、湖南和四川国税系统的税收征管规模效率指数变动值与平均值以及其他省（自治区、直辖市）的指数变动值相比偏低，其各自的指数变动值均在 0.9 以下，国税系统税收征管规模效率没能得到较大幅度的提高，这三个省的国税机关应该注意在这方面进行改善，以提高地区国税机构的税收征管效率。

（5）征管效率指数。图 4.2 中各省（自治区、直辖市）征管效率指数变化线上下震荡，出现多处“V”形以及“倒 V”形，表明国税系统税收征管效率的变化在各省（自治区、直辖市）国税系统存在差异。且就纵轴的数值看，峰值和低谷值之间的差额比较大，也即是说，各省（自治区、直辖市）国税系统税收征管效率的变化幅度不仅存在差异，而且差异比较大。在这些省（自治区、直辖市）当中，北京、辽宁、上海、江苏、浙江、福建、山东、广东和海南的征管效率指数变动值高于全国平均水平，其中辽宁、浙江、福建、山东和广东国税系统的税收征管效率指数的变化程度明显高于平均水平，这些地方国税系统的征管效率的变动值均在 1.4 上下，比均值高出了 27%左右；天津、河北、山西、内蒙古、吉林、黑龙江、安徽、江西、河南、湖北、湖南、广西、重庆、四川、贵州、云南、陕西、甘肃、青海、宁夏和新疆国税系统税收征管效率指数变动值低于该指数变动的平均水平。

与表 4.2 一样，我们同样将表 4.3 中各省（自治区、直辖市）地税系统平均 Malmquist 指数变化及其分解化作图形为辅助分析，具体情况见图 4.3。

表 4.3　2005~2015 年我国各省（自治区、直辖市）地税系统平均 Malmquist 指数变化及其分解

地区	技术效率指数（EFF）	技术进步指数（TECH）	纯技术效率指数（PECH）	规模效率指数（SECH）	征管效率指数（TFPCH）
北京	0.999	1.050	1.000	0.999	1.049
天津	1.017	1.033	1.010	1.007	1.050
河北	0.942	1.072	1.006	0.936	1.010
山西	0.971	1.030	0.998	0.973	1.000
内蒙古	0.949	1.015	0.998	0.951	0.963
辽宁	1.182	1.110	1.023	1.156	1.312
吉林	0.972	1.034	1.003	0.969	1.005
黑龙江	0.952	1.079	1.012	0.940	1.027
上海	1.000	1.104	1.000	1.000	1.104
江苏	1.001	1.199	1.008	0.993	1.200
浙江	1.268	1.096	1.022	1.241	1.389
安徽	0.942	1.052	0.994	0.947	0.991
福建	1.249	1.089	1.009	1.238	1.360
江西	0.953	1.032	1.001	0.953	0.984
山东	1.177	1.182	1.017	1.157	1.392
河南	0.975	1.075	1.004	0.971	1.049
湖北	0.888	1.063	0.994	0.894	0.944
湖南	0.948	1.077	0.997	0.951	1.021
广东	1.184	1.148	1.027	1.153	1.360
广西	0.961	1.016	1.000	0.961	0.976
海南	0.987	0.999	1.000	0.987	0.986
重庆	1.005	1.000	0.999	1.006	1.005
四川	0.918	1.085	0.997	0.921	0.996
贵州	1.004	1.011	1.000	1.004	1.015
云南	0.967	1.046	1.005	0.962	1.012
陕西	0.977	1.025	1.008	0.969	1.002
甘肃	0.992	1.007	1.001	0.991	0.998
青海	1.008	1.021	1.000	1.008	1.029
宁夏	0.996	1.021	1.000	0.996	1.016
新疆	0.996	1.003	1.001	0.995	1.000
均值	1.013	1.059	1.004	1.008	1.075

资料来源：2006~2016 年《中国税务年鉴》、2006~2016 年《中国统计年鉴》

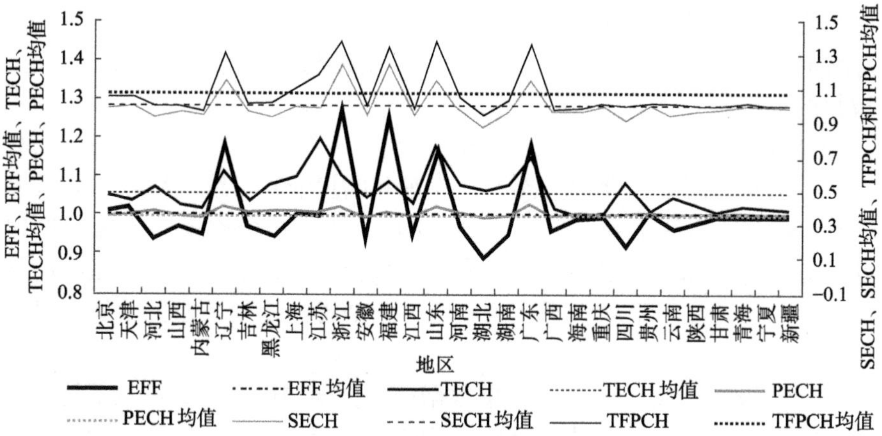

图 4.3　2005~2015 年我国各省（自治区、直辖市）地税系统平均 Malmquist 指数变化及其分解

概括分析如下。

图 4.3 描述了各省（自治区、直辖市）地税系统平均 Malmquist 指数变化及其分解指数变化的具体情况，以及各省（自治区、直辖市）相关指数的对比结果。

图 4.3 中各指数变化线的波动情况存在较大差异，其中税收征管效率指数变化线的波动幅度最大，其次是税收征管规模效率指数变化线和税收征管技术效率指数变化线，三条线在各省（自治区、直辖市）的变动方向上具有高度的一致性。税收征管技术进步指数变化线在各省（自治区、直辖市）之间也有较大差异，但是最大值与最小值之间差异值的绝对值小于征管效率指数、规模效率指数和技术效率指数变化线中各自最大值与最小值之间的差异。税收征管纯技术效率指数变化线是所有指数变化线中波动幅度最小的一条。也就是说，各省（自治区、直辖市）地税系统税收征管过程中，税收征管效率的变化情况有所差异。

分解指数分析如下。

（1）技术效率指数。各省（自治区、直辖市）地税系统的技术效率指数变动的均值为1.013，在这些省（自治区、直辖市）中，天津、辽宁、浙江、福建、山东和广东地税系统税收征管技术效率指数变动高于平均水平。其中，辽宁、浙江、福建、山东和广东地税系统税收征管技术效率指数的变动值在 1.2 左右，高出平均水平 19%左右。北京、河北、山西、内蒙古、吉林、黑龙江、上海、江苏、安徽、江西、河南、湖北、湖南、广西、海南、重庆、四川、贵州、云南、陕西、甘肃、青海、宁夏和新疆地税系统税收征管技术效率指数变动值低于全国平均水平，其中湖北更是以 0.888 的指数变动值比浙江低 43%。

（2）纯技术效率指数。结合表 4.3 可知，各省（自治区、直辖市）地税系统税收征管纯技术效率指数变动均值为 1.004。相较于其他指数，纯技术效率指数变动情况是各指数变动中差异最小的。尽管各省（自治区、直辖市）纯技术效率指数变化线有多个峰值和低谷，且其指数变化值在各省（自治区、直辖市）之间的变动比较频繁，但是这些变动值的绝对差和相对差均比较小，低于其他指数的变动值。绝对差最大为 0.033，相对差最大为 3%。

（3）技术进步指数。表 4.3 显示，河北、辽宁、黑龙江、上海、江苏、浙江、福建、山东、河南、湖北、湖南、广东和四川地税系统的税收征管技术进步指数的变化值高于全国平均水平。其中江苏的技术进步指数高于平均水平 14.1 个百分点，山东高于 12.4 个百分点。值得一提的是，湖北和湖南地税系统的技术进步指数的变动程度高于平均水平，这表明这两个省的地税局在税收征管时比较注重提高技术。

（4）规模效率指数。从表 4.3 中数据可知，全国地税系统税收征管规模效率指数变化均值为1.008。在样本地区中，天津、辽宁、浙江、福建、山东、广东、重庆和青海地税系统税收征管规模效率变动程度均在全国平均水平以上。其中辽宁、浙江、福建、山东和广东地税系统税收征管规模效率指数变动情况显著高于全国平均水平，各自的税收征管规模效率指数的变动值为 1.156、1.241、1.238、1.157 和 1.153，均高出平均水平 14 个百分点以上。北京、河北、山西、内蒙古、吉林、黑龙江、上海、江苏、安徽、江西、河南、湖北、湖南、广西、海南、四川、云南、陕西、甘肃、宁夏和新疆地税系统税收征管规模效率的变动程度均低于全国平均水平。

（5）征管效率指数。结合表 4.3 分析知道，全国地税系统的税收征管效率平均变化为 1.075。分析所采用的样本地区地税系统中，辽宁、上海、江苏、浙江、福建、山东、广东地税系统税收征管效率的提高幅度高于全国平均水平，其中辽宁、浙江、山东、广东和福建地税系统税收征管效率指数变动值均高于 1.3，分别为 1.312、1.389、1.392、1.360 和 1.360，高出全国平均水平 24 个百分点以上。北京、天津、河北、山西、内蒙古、吉林、黑龙江、安徽、江西、河南、湖北、湖南、广西、海南、重庆、四川、贵州、云南、陕西、甘肃、青海、宁夏和新疆地税系统税收征管效率变动值低于全国平均水平。这些省（自治区、直辖市）的地税系统机构应该注重税收征管效率水平的提高，注重税收征管技术的改善与提高，合理运用规模效应在税收征管过程中的作用，努力提高税收征管效率水平。

为了分析各省（自治区、直辖市）国税系统与地税系统的税收征管效率的变化情况，结合表 4.2 和表 4.3 中的数据，绘制出图 4.4，图中关于各指数变动的均值均是将国税系统与地税系统该指数变动均值算数平均后所得。我们根据表 4.2 和表 4.3 中各指数变动均值计算后得到了各指数在全国税收系统中的变动均值，具体数值见表 4.4。

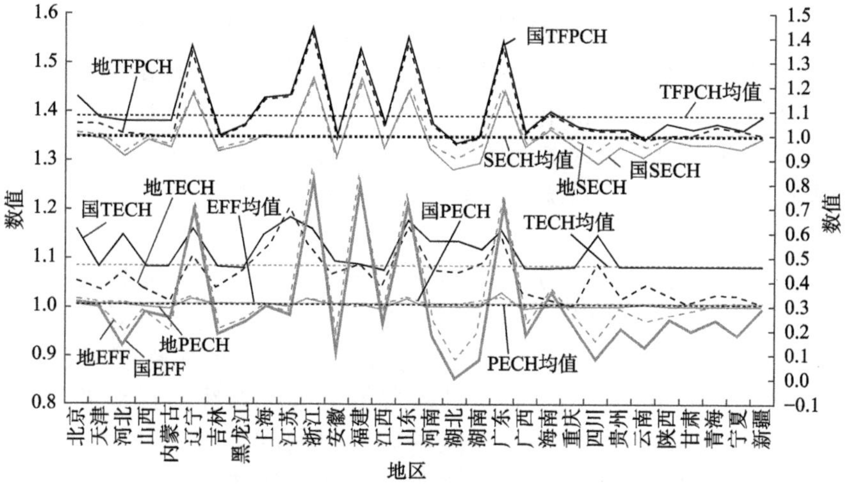

图 4.4　全国税收征管效率指数变化及其分解变化均值

右轴为国 SECH、地 SECH、SECH 均值、国 TFPCH、地 TFPCH 和 TFPCH 均值，其余为左轴

表 4.4　全国税收征管效率指数变化及其分解变化均值

各指数变动均值				
EFF	TECH	PECH	SECH	TFPCH
1.001	1.083	1.002 5	0.998	1.083 5

资料来源：2006~2016 年《中国税务年鉴》、2006~2016 年《中国统计年鉴》

分解指数分析如下。

1）技术效率指数

结合图 4.4、表 4.2、表 4.3 和表 4.4 中的数据可以知道，全国税收征管技术效率指数的变动均值是1.001；辽宁、浙江、福建、山东和广东地区国税系统和地税系统税收征管技术效率指数的变动值均明显高于全国平均水平，且这些地区各自的国税系统与地税系统之间的税收征管技术效率指数变动值比较接近，差距很小；北京、天津、山西、上海、江苏、江西、河南、海南、重庆、陕西、青海和新疆国税系统和地税系统的税收征管技术效率指数变动水平非常接近全国平均程度，可能微高也可能微低于平均值，但是离差不大；贵州、云南、甘肃和宁夏等国税系统的税收征管技术效率指数的变动情况处于全国平均水平附近，但是这些地区地税系统的征管技术效率的变动程度略低于全国平均水平，这也同时说明，这些地区国税系统的税收征管技术效率的变动幅度略高于地税系统的税收征管技术效率的变动幅度；内蒙古、黑龙江等国税系统和地税系统的税收征管技术效率的变动幅度均低于全国平均水平，且这些地区国税系统的征管技术效率的变动幅度均高于地税系统的税收征管效率的变动幅度。

从全局看，国税系统的税收征管技术效率变动程度高于地税系统的税收征管技术效率，即使部分地区地税系统的技术效率变动值高于国税系统（如广西和四川），但其所高出的程度很小；各省（自治区、直辖市）国税系统与地税系统的技术效率在变动上有较大的相似性，也就是说，一个地区的技术效率提高得越快，那么这个地区地税系统的技术效率也提高得越快，反之亦成立。

2）技术进步指数

整体上，除了江苏等个别地区地税系统的技术进步速度微高于国税系统的技术进步速度，大部分省（自治区、直辖市）表现出的是国税系统的技术进步快于地税系统的技术进步，而且相比较于地税系统高于国税系统的情况，其相差的程度更大；就全国整体情况看，国税系统的技术进步速度基本上处于全国平均水平以上，而地税系统则是有的高于全国平均水平，而有的低于全国平均水平；辽宁、上海、江苏、浙江、福建、山东、广东和四川等地地税系统的技术进步程度高于全国平均水平，其他地区地税系统税收征管技术进步程度低于全国平均水平。

不论是国税系统还是地税系统，税收征管技术进步比较快，幅度比较大的地区基本集中于东部沿海经济发达的地区，而在中西部地区，税收征管技术进步情况有限，其中中西部地区地税系统的技术进步尤为缓慢，应加快中西部地区特别是中西部地区地税系统技术水平的提高以及高新税收征管技术的引入。

3）纯技术效率指数

表 4.4 中提到，全国纯技术效率指数的变动均值为 1.002 5。根据表 4.2 和表 4.3，结合图 4.4 分析，可知税收征管中纯技术效率指数变动值的最大离差为广东和安徽两地地税系统之间的差异，但是差异仅为 0.033，相对差异也仅为 3%，这同样证明前面我们分别对国税系统和地税系统分析的结论。但是与前面技术进步指数的变动相比，多数地区地税系统征管纯技术效率指数的变动幅度高于国税系统的纯技术效率指数；除重庆国税系统纯技术的提高程度高于平均水平，地税系统纯技术效率的提高程度低于平均水平，云南地税系统纯技术效率指数的变动值高于平均水平，而国税系统的纯技术效率指数的变动值低于全国平均水平外，其他省（自治区、直辖市）国税和地税纯技术效率指数的变动程度要么均高于全国平均水平，要么均低于全国平均水平。

4）规模效率指数

图 4.4 比较了各省（自治区、直辖市）国税与地税系统税收征管规模效率指数的变动情况。全国平均规模效率指数变动值为 0.998；国税系统与地税系统税收征管规模效率变动值均处于全国平均水平以上的地区，其国税系统征管规模效率的变动与地税系统的规模效率变动非常接近；国税系统与地税系统税收征管规模变动幅度均处于平均水平以下的地区，国税与地税之间的规

模效率的变动程度绝对差比平均水平以上的地区更加明显，而且大部分地区都表现出地税系统规模效率的变动幅度高于国税系统规模效率的变动，仅有部分地区除外，如海南省。

5）征管效率指数

图 4.4 中，国税征管效率指数变动线整体上高于地税系统征管效率指数变动线，这说明在我国大部分省（自治区、直辖市）中，国税系统的税收征管效率的提高幅度大于地税系统的税收征管效率的提高幅度，仅江苏、安徽、福建、湖南和云南五个省的地税系统税收征管效率的提高幅度略高于国税系统税收征管效率的提高幅度；在中西部的大部分地区，无论是国税系统还是地税系统的税收征管效率变动程度多处于全国平均水平以下；税收征管效率的提高速度显著高于全国平均水平的地区主要集中在东部经济较发达的地区。

综合前面对国税与地税税收征管效率指数（Malmquist 指数）变化及其分解指数变化情况的分析，我们可以得出以下几点结论。

（1）就总体而言，2005~2015 年的 11 年间，大部分地区 Malmquist 均值大于 1，也就是说，多数样本省（自治区、直辖市）的国税与地税系统税收征管效率是提高的。在国税系统中，仅安徽、湖北、湖南、云南四省的 Malmquist 小于 1，税收征管效率有所下降；在地税系统中，内蒙古、安徽、江西、湖北、广西、海南、四川、甘肃八省（自治区）的 Malmquist 小于 1，税收征管效率下降，其余样本省（自治区、直辖市）的税收征管效率都是提高的。

（2）通过后续计算，国税、地税系统样本省（自治区、直辖市）税收征管效率增长率的方差分别为 0.139 7 和 0.137 9，相差较小，相对总体样本而言，各样本省（自治区、直辖市）国税、地税系统的税收征管效率增减波动情况相当。

（3）就拆分的征管效率指数而言，因为征管效率指数（TFPCH）=技术效率指数（EFF）×技术进步指数（TECH），又因为技术效率指数（EFF）=纯技术效率指数（PECH）×规模效率指数（SECH），通过以上结果可以明显看出，不论是国税系统还是地税系统，技术进步指数都是大于等于 1 的（除海南地税系统技术进步效率为 0.999，近似为 1），而技术效率指数则仅有 31.67%的样本省（自治区、直辖市）大于等于 1，税收征管效率提高的样本省（自治区、直辖市）占样本的 80%，所以由此可见，税收征管效率的提高，是由技术效率指数和技术进步指数共同作用的，但大多数样本省（自治区、直辖市）税收征管效率的提高是由技术进步指数的提高推动的。其中，技术效率指数衡量的是税收征管系统的组织管理水平，如税务人员、税务机构管理运作等的内在效率；技术进步指数则衡量税收征管系统的技术进步，此处所说技术进步主要指新的税收征管技术与方法的应用、税务部门信息化建设的增强等，我国的金税工程、重点税源监控系统工程等就是其中的代表。

（4）拆分税收征管效率下降的样本省（自治区、直辖市）的征管效率指数可知，其技术进步指数都是大于等于 1 的（除海南地税系统技术进步效率为 0.999，近似为 1），导致税收征管效率下降的原因都是技术效率指数小于 1。

（5）从整体均值而言，地税系统的征管效率指数、技术效率指数、技术进步指数、纯技术效率指数、规模效率指数都是大于 1 的，而国税系统技术效率指数、规模效率指数小于 1。也就是说，地税系统的组织管理水平是提高的，而国税系统则相反。

（6）较高的国税系统税收征管效率增长率往往伴随着较高的地税系统税收征管效率增长率出现。另外，可以发现，经济发达地区税收征管效率往往较高，即较高的税收征管效率增长率往往伴随着较发达的经济出现。

（二）区域层面税收效率

在区域层面税收效率的研究中，我们以 2005~2015 年的相关数据为基础，采用合适的方法从横向和纵向两个层面进行研究。

1. 横向研究

利用 DEA-TOBIT 两步法模型（采用 DEA 中的 BCC 模型）对我国区域税收效率进行横向研究，我们发现，我国税收征管效率不论按省（自治区、直辖市）分类还是按区域分类，总体水平还较低，省际、区域间税收征管效率差距也较大；各省（自治区、直辖市）税收征管纯技术效率相差较小，各省（自治区、直辖市）税收征管效率间较大的差异主要源自于规模效率间的差异。通过 TOBIT 回归分析可知，税收分权程度、就业比、教育水平、人口密度、外商直接投资对税收征管效率的影响都显著为正，而税务人员服务人数对税收征管效率的影响都显著为负，政府规模对税收征管效率的影响为负，但不显著。

在前面 DEA 常用模型中已经介绍过 BCC 模型，所以此处仅对 TOBIT 模型和 DEA-TOBIT 两步法进行简单说明。

TOBIT 回归模型又称截尾样本模型，最早由 Tobit 于 1958 年提出，由 Goldberger 于 1964 年采用。TOBIT 回归模型是受限因变量模型的一种，适用于因变量是片段值或切割值的情况，其标准模型为

$$\begin{cases} Y_i^* = X_i\beta + \varepsilon_i \\ Y_i = X_i\beta + \varepsilon_i, Y_i^* > 0 \\ Y_i = 0,\ Y_i^* \leqslant 0 \end{cases}$$

其中，Y_i^* 为潜变量；Y_i 为观察到的因变量；X_i 为自变量；β 为相关系数；$\varepsilon_i \sim \mathrm{N}\left(0,\sigma^2\right)$，若 $Y_i^* \leqslant 0$，则 $Y_i = 0$，若 $Y_i^* > 0$，则 $Y_i = Y_i^*$。

运用 DEA，结合投入产出变量，可以评价 DMU 的相对效率，但是其无法进一步解释影响效率的因素，为解决这一问题，衍生出了基于 DEA 的 DEA-TOBIT 两步法模型（Coelli，1998）。

DEA-TOBIT 两步法模型的第一步是运用 DEA 计算出 DMU 的相对效率，第二步则是将相对效率作为被解释变量，影响因素作为解释变量，建立 TOBIT 线性回归模型分析其关系。因为 DEA 所测算的相对效率值（被解释变量）都介于 0 和 1 之间，使用普通最小二乘（ordinary least square，OLS）法所得结果是有偏且不一致的，所以在这种情况下使用 TOBIT 模型更加合理。

采用 DEA-TOBIT 两步法模型评价效率并分析影响因素已经比较成熟。Kirjavainen 和 Loikkanen（1998）使用 DEA-TOBIT 两步法模型分析了芬兰高级中学间效率的差异及其影响因素；Merkert 和 Hensher（2011）使用该方法对航空战略管理和航班规划的效率及影响因素进行了分析；同样，使用该方法，Huang 等（2012）动态分析了中国酒店的效率和影响因素，Zhou 等（2011）分析了中国改革开放后的技术效率及其影响因素；涂俊和吴贵生（2006）利用 DEA-TOBIT 两步法模型对区域农业创新系统进行了评价和分析；张江雪和朱磊（2012）运用两步法分析了我国各地区工业企业技术创新效率及其影响因素；李燕凌和欧阳万福（2011）则运用该方法分析了县乡政府财政支农支出效率；李建军（2012）利用 TOBIT 模型分析了我国国税系统税收征管效率的各项影响因素。除此之外，国内外学者对 DEA-TOBIT 两步法模型的运用还有很多，覆盖了财政、税收、审计、企业、医疗、教育等多个领域，应用十分广泛。本部分旨在评价我国税收征管效率、分析其影响因素，运用 DEA-TOBIT 两步法模型是可行的和可靠的。

本部分的研究以我国省际税收征管效率为评价对象，将税收征管系统看作一个投入产出系统，采用 DEA 中的 BCC 模型对其效率进行评价。在这部分的研究中，我们使用 DEA-TOBIT 两步法模型研究税收征管效率的影响因素，DEA 结果的可靠性对下一步分析影响因素起到决定性的作用，所以，为了保证结果的准确性，我们借鉴前人研究经验，参考已有相对成熟的评价指标体系，综合考虑数据的可得性与稳健性。税收征管效率评价投入产出变量表见表 4.5。

表 4.5　税收征管效率评价投入产出变量表

产出变量	税收收入总额	
投入变量	GDP	各省（自治区、直辖市）税务人员人数
	第二、三产业生产总值占 GDP 总额的比重	营业盈余占 GDP 比重
	各省（自治区、直辖市）税务人员中大学本科以上学历人数所占比例	

分析采用 GDP，第二、三产业生产总值占 GDP 总额的比重，营业盈余占

GDP 比重、各省（自治区、直辖市）税务人员人数、各省（自治区、直辖市）税务人员中大学本科以上学历人数所占比例作为投入指标。具体原因见国税与地税分析部分。

分析选取税收收入总额作为产出指标，因为就目前而言，较为可行的税收征管系统可量化的产出只是税收收入总额，纳税服务、偷逃税监管等其他指标都难以量化，这也和其他学者的研究相一致。样本时间的选择同样为 2005~2015 年。

1）DEA-TOBIT 两步法第一步：税收征管效率分析

本书采用 DEAP 2.1 软件包，基于规模报酬可变和投入视角的假定，系统评价 2005~2015 年各省（自治区、直辖市）的税收征管效率，具体结果见表 4.6 以及图 4.5~图 4.7。

表 4.6　2005~2015 年各省（自治区、直辖市）税收征管效率均值

地区	EFF	TE	SE	排名	地区	EFF	TE	SE	排名	地区	EFF	TE	SE	排名
东部地区					西部地区					中部地区				
北京	0.650	0.763	0.847	3	内蒙古	0.217	0.821	0.268	23	山西	0.265	0.709	0.374	12
天津	0.444	0.726	0.611	6	广西	0.191	0.869	0.221	29	江西	0.159	0.824	0.193	30
河北	0.264	0.778	0.339	13	重庆	0.198	0.765	0.261	28	吉林	0.213	0.821	0.261	25
辽宁	0.266	0.746	0.354	11	四川	0.263	0.853	0.305	14	河南	0.232	0.831	0.279	19
上海	0.789	0.887	0.884	1	贵州	0.271	0.871	0.318	10	黑龙江	0.240	0.739	0.326	17
江苏	0.477	0.796	0.595	5	云南	0.479	0.867	0.550	4	湖北	0.276	0.827	0.327	9
浙江	0.441	0.773	0.566	7	陕西	0.243	0.776	0.316	16	安徽	0.210	0.818	0.257	26
福建	0.214	0.759	0.282	24	甘肃	0.230	0.798	0.290	20	湖南	0.202	0.838	0.240	27
山东	0.346	0.793	0.434	8	青海	0.219	0.893	0.250	22					
广东	0.781	0.898	0.861	2	宁夏	0.233	0.963	0.243	18					
海南	0.221	0.986	0.225	21	新疆	0.249	0.808	0.309	15					

注：EFF 表示技术效率或综合效率，TE 表示纯技术效率，SE 表示规模效率，排名根据 EFF 的高低排列

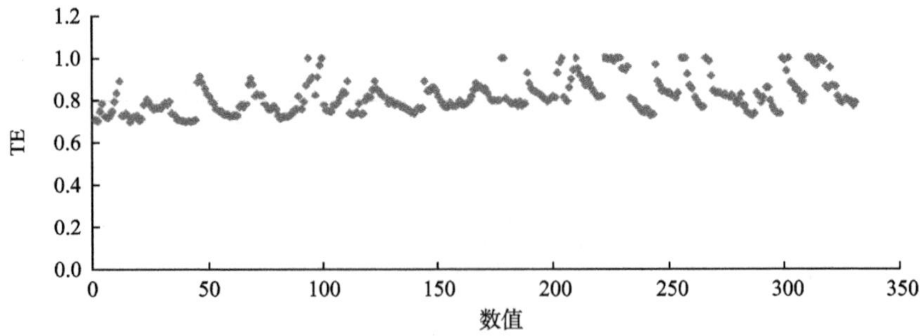

图 4.5　2005~2015 年各省（自治区、直辖市）税收征管纯技术效率散点图

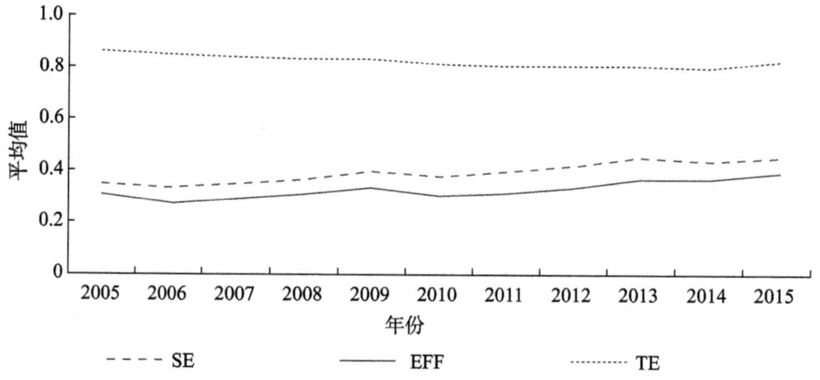

图 4.6 2005~2015 年全国三种技术效率平均值趋势图

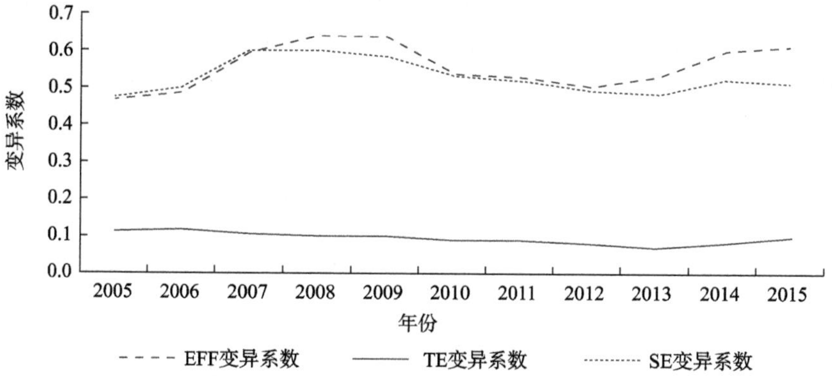

图 4.7 2005~2015 年全国三种技术效率变异系数趋势图

就 30 个样本省（直辖市、自治区）而言，由表 4.6 可以看出，2005~2015 年各省（自治区、直辖市）税收征管效率均值排名前五名的是上海、广东、北京、云南、江苏，分别为 0.789、0.781、0.650、0.479、0.477，而排名最后五名的分别是安徽、湖南、重庆、广西、江西，税收征管效率均值分别为 0.210、0.202、0.198、0.191、0.159，各个省（自治区、直辖市）税收征管效率存在着很大的差距。

就区域而言，由表 4.6 可以看出东部地区的税收征管效率普遍高于中西部地区，税收征管效率均值排名前五名的省（自治区、直辖市）中，有四个位于东部地区，排名前十名的省（自治区、直辖市）中，有八个位于东部地区，仅有一个位于西部地区，一个位于中部地区。

由此可以看出，经济较为发达的东部地区省市，其税收征管效率普遍高于中西部地区省（自治区、直辖市），究其原因，可能有以下几点：第一，经济发达地区税源丰富，税收潜力较大。第二，经济发达地区较容易吸引人才。正如上文所说，税务人员的素质是决定税收征管效率的一个重要因素，一般而言，经济发达地区人才较为聚集，税务征管部门人员文化素质相对较高，如 2015 年浙江省税务人员本科以上学历比重为 61.45%，而 2015 年湖北省税务人员本科以上学历比重为 44.54%，比浙江省低近 17 个百分点。第三，经济发达地区税务人员积累了较多经验。纵观我国各省（自治区、直辖市）经济发展，经济发达地区一般都是东部沿海省市且其经济一直保持稳定增长，在这样一个税源较同期其他省（自治区、直辖市）更丰富的环境下，税务人员业务量大，积累的经验也更多，在一定程度上也促进了税收征管效率的提高。

另外，BCC 模型将综合技术效率（EFF）分解为纯技术效率（TE）与规模效率（SE），即 EFF=TE × SE。一般而言，纯技术效率是 DMU 由于管理和技术等因素影响的生产效率，规模效率是 DMU 由于规模因素影响的生产效率。表 4.6 显示，2005~2015 年各省（自治区、直辖市）税收征管纯技术效率相差较小，由此可见各省（自治区、直辖市）税收征管效率均值间较大的差异主要源自于各省（自治区、直辖市）规模效率间的差异。更直观地，由图 4.5 可知，2005~2015 年各省（自治区、直辖市）税收征管纯技术效率主要分布在 0.7~0.9，差异较小且均值较高，说明了 2005~2015 年我国各省（自治区、直辖市）税收征管纯技术效率相对稳定且处于一个较高的水平。

就趋势而言，由图 4.6 可以看出，从 2005 年到 2015 年的 11 年间，我国税收征管效率［全国各省（自治区、直辖市）税收征管效率均值，下同］除了在 2006 年和 2010 年存在较小起伏外，整体保持着稳步小幅上涨的趋势，由 2005 年的 0.3 左右上升到 2015 年的 0.4 左右。同样，规模效率与税收征管效率保持着基本一致的趋势，由 2005 年的 0.35 左右上升到 2015 年的 0.45 左右，涨幅与税收征管效率相当。另外，纯技术效率则呈现出下降的趋势，但降幅较小，由 2005 年的 0.86 左右下降到 2015 年的 0.8 左右。图 4.7 显示，从 2005 年到 2014 年，税收征管效率和规模效率变异系数呈现出波动的趋势，大致经历了先上升后下降再上升的过程，两者变异系数在 2005 年最小，而纯技术效率变异系数基本保持稳定。也就是说，随着时间的推移，纯技术效率间的差异保持稳定，而税收征管效率、规模效率之间的差异表现出上升趋势。

2）DEA-TOBIT 两步法第二步：影响因素分析

在第一阶段，我们运用 DEA 中的 BCC 模型评价了我国省际税收征管效率，得到了税收征管技术效率指数（EFF）的得分，在第二阶段，我们将把该得分作为被解释变量，利用受限 TOBIT 模型对各种可能影响税收征管效率的变量进行回归分析，以期得到这些变量对于税收征管效率的影响方向和程度。

系统论是研究系统的一般模式、结构和规律的学问，它研究各种系统的共同特征，用数学方法定量地描述其功能，寻求并确立适用于一切系统的原理、原则和数学模型，是具有逻辑和数学性质的一门科学。Bertalanffy 在 *General System Theory：Foundations，Development，Applications* 一书中认为任何系统都是一个有机的整体，它不是各个部分的机械组合或简单相加，系统的整体功能是各要素在孤立状态下所没有的性质。我们在研究税收征管效率时将税收征管系统看作政府系统的子系统，而政府系统又是宏观经济系统下的子系统，纳税人则是税收征管系统的直接作用对象。所以，在研究税收征管效率影响因素时，不仅要考虑税收征管系统的影响因素，还应该考虑其他外生因素，如环境、政策等。我们主要从以下的因素来分析其对税收征管效率的影响。

改革开放以来，外商直接投资从无到有、从少到多，投资领域也在不断扩大，各地方政府也在积极寻求外商直接投资投入，随着外商直接投资投入的不断增大，税源结构也逐渐发生着变化。我国税收政策对于外商投资企业实行低税收政策，并对国家鼓励投资的行业、地区实行税收优惠。例如，国家对鼓励和支持发展的外商投资项目进口设备，免征关税和进口环节增值税、外国企业及外商投资企业技术转让免征营业税，等等。Kamalakanthan 和 Laurenceson（2005）认为外商直接投资作为经济子系统的组成部分，会直接影响经济子系统，同时也会影响其他子系统，而其他子系统便包括税收征管系统，即外商直接投资也可能会对税收征管效率产生影响。祁毓和郭均均（2012）的研究结果则表明，外商直接投资对政府效率产生了显著的负面影响，究其原因，主要是政府对于外商直接投资的争夺导致了其效率的降低。一方面，外商直接投资规模的增加改变了税源结构，外商投资企业税收参与意识也较强，在一定程度上降低了税收征管的难度；另一方面，税收部门可能参与了地方政府对外商直接投资的争夺，损失了一定的税收资源，从而降低了其效率。所以，我们将外商直接投资规模作为解释变量，使用外商直接投资占 GDP 的比例（外商直接投资）作为表征外商投资规模的变量，研究其对税收征管效率产生的影响。

吕冰洋和樊勇（2006）认为影响税收征管效率的因素应该包括税务部门的财政投入，但是由于税收提成的存在，无法精确计算各地实际的税收投入，所以两位学者也放弃了对此因素的研究。陈诗一和张军（2008）使用 DEA-TOBIT 两步法模型分析得到了政府支出效率与政府规模存在负相关关系的结论。由于无法取得各地实际的税收投入，无法计算税务部门规模，而税收系统又是政府系统的一个子系统，所以我们采用在政府效率影响因素中被广泛使用的政府规模作为替代因素，使用政府消费占 GDP 的比例（GOV）作为表征政府规模的变量。

另外，本书研究选取了税收分权、服务比例、就业比、教育水平、人口密度作为解释变量。1994 年财政体制改革实施分税制，改变了税收权力的分配，必然对税收征管效率产生影响，税收分权规模是这一宏观政策影响的具体表现，研究使用国税收入总额占总税收收入的比重（TAXDEC）代表税收分权程度。税务人员作为税收征管的直接实施者，其工作饱和程度在一定程度上影响着其工作效率，从而影响税收征管系统效率，我们使用总人口与税务人员的比取对数（LNNUM）表示税务机关服务比例，即每一位税务工作人员所要提供税收服务的人数。

如前文所述，税收征管系统是整个经济系统的子系统，自然也会受一些外生因素的影响，其中最主要的就是社会环境因素。Hamilton（1983）、Hayes 等（1998）、Milligan 等（2004）、Afonso 和 Aubyn（2005）等学者的研究都表明政府效率与人口教育水平正相关，我们认为人口教育水平对税收征管效率也会产生正向的影响，人口教育水平的提高，一方面，会提高民众依法参与税收的意识；另一方面，正如 Hamilton 等学者所提出的那样，教育水平的提高，会提高民众对于贪腐的识别，在本书研究中，我们使用大学专科以上学历人数占总人口的比例（EDU）来表示地区人口的教育水平。另外，我们使用地区人口与土地面积的比例（PD）表示人口密度，使用就业人数与总人口的比例（EMPLOY）表示就业比，作为外生的人口统计特征。综上所述，相比前人研究成果，我们着重研究外商直接投资规模、政府规模对税收征管效率的影响，TOBIT 回归模型变量表见表 4.7，变量统计描述见表 4.8。

表 4.7　TOBIT 回归模型变量表

变量		定义	预期符号
被解释变量	EFF	技术综合效率	
解释变量	FDI	外商直接投资规模：FDI/GDP	不确定
	GOV	政府规模：政府消费/GDP	不确定
	TAXDEC	税收分权程度：国税收入/总税收收入	+
	LNNUM	税务人员服务比例：LN（人口/税务人员）	−
	EMPLOY	就业比：就业人数/总人口	+
	EDU	教育水平：大学专科以上学历人数/总人口	+
	PD	人口密度：地区人口/土地面积	+

表 4.8　变量统计描述

变量	EFF	FDI	LNNUM	EMPLOY	EDU	GOV	PD
均值	0.316 1	0.000 003 0	7.316 9	0.498 8	0.052 7	0.149 0	381.814 4
标准差	0.179 3	0.000 002 9	0.288 0	0.062 1	0.041	0.038 4	472.912 6
极小值	0.130 0	0	6.673 8	0.363 7	0.007 9	0.082 1	6.877 4
极大值	1.000 0	0.000 020 0	8.308 8	0.714 5	0.286 7	0.297 3	2 930.137 2

资料来源：2006~2016 年《中国税务年鉴》、2006~2016 年《中国统计年鉴》

本书根据以上解释变量、被解释变量，建立模型Ⅰ至模型Ⅲ，分别解释不同变量对税收征管效率的影响，具体模型见式（4.10）~式（4.12）：

$$\mathrm{EFF}_{i,t} = \alpha_0 + \alpha_1 \mathrm{TAXDEC}_{i,t} + \alpha_2 \mathrm{LNNUM}_{i,t} + \alpha_3 \mathrm{EMPLOY}_{i,t} + \alpha_4 \mathrm{EDU}_{i,t} + \alpha_5 \mathrm{PD}_{i,t} + \varepsilon_{i,t} \tag{4.10}$$

$$\mathrm{EFF}_{i,t} = \beta_0 + \beta_1 \mathrm{TAXDEC}_{i,t} + \beta_2 \mathrm{LNNUM}_{i,t} + \beta_3 \mathrm{EMPLOY}_{i,t} + \beta_4 \mathrm{EDU}_{i,t} + \beta_5 \mathrm{PD}_{i,t} + \beta_6 \mathrm{PDI}_{i,t} + \varepsilon_{i,t} \tag{4.11}$$

$$\mathrm{EFF}_{i,t}=\gamma_0+\gamma_1\mathrm{TAXDEC}_{i,t}+\gamma_2\mathrm{LNNUM}_{i,t}+\gamma_3\mathrm{EMPLOY}_{i,t}+\gamma_4\mathrm{EDU}_{i,t}+\gamma_5\mathrm{PD}_{i,t}+\gamma_6\mathrm{GOV}_{i,t}+\varepsilon_{i,t} \tag{4.12}$$

采用 Eviews 6.1 软件，分别对模型Ⅰ至模型Ⅲ进行计算，得到的 TOBIT 回归结果见表 4.9。

表 4.9　TOBIT 回归结果

变量	EFF		
	模型Ⅰ	模型Ⅱ	模型Ⅲ
TAXDEC	0.128 7***	0.150 1***	0.129 0***
LNNUM	−0.098 4***	−0.074 8**	−0.098 3***
EMPLOY	0.655 0***	0.642 4***	0.654 8***
EDU	1.055 4***	1.105 1***	1.058 1***
PD	0.000 1***	0.000 2***	0.000 2***
FDI		9 253.67***	
GOV			−0.010 1
常数	0.508 8***	0.312 2	0.508 0***
最大似然估计	230.98	300.14	237.11
观测值	330	330	330

***、**分别表示在 1%、5%的水平上显著

由模型Ⅰ至模型Ⅲ回归结果可得到以下结论。

（1）税收分权程度（TAXDEC）对税收征管效率的影响都在 1%的水平上显著为正。可能的原因有以下两点：第一，一般而言，中央政府与地方政府关于税权配置有四种契约形式，即定额合同、分成合同、分税合同和代征合同，其中分权合同是最彻底的分税制形式。经过财政体制改革，我国税权配置形式由 1994 年前的以分成合同、代征合同为主转变为以分税合同为主，而这一形式具有强烈的税收激励作用，地方政府的税收努力与税收分成比例高度相关（吕冰洋和郭庆旺，2011），税收分权程度越高，地方税务部门受到的激励越大，努力程度越高，对税收征管效率起到正向的影响。第二，除了税收分权带来的激励作用以外，通过查看当今体制下各级税收征收范围可知，相比财政体制改革实行分税制之前，当今税收范围的划定更加合理，中央税收系统主要征收较易征收的税种，而较复杂的则由掌握信息更丰富、更容易实施监管的地方政府税收系统来完成。所以，相比以往的税种范围分配，税收分权程度也在一定程度上促进了税收征管效率的提高。

（2）税务人员服务比例（LNNUM）对税收征管效率的影响在不同程度上显著为负，这一结果与预期相符。因为当一名税务人员要服务于更多的纳税主体时，税收征管强度和难度也随之增加，税务人员可能面临不能更全面、完善地完成税收征管工作的情况，从而导致了税收征管效率的降低。

（3）就业比（EMPLOY）对税收征管效率的影响都在 1%的水平上显著为

正。可能的原因如下：较高的就业率意味着相对稳定且庞大的就业群体，这为税收征管提供了稳定的税源和纳税人（李建军，2012）。另外，较高的就业率往往伴随着较为稳定的社会环境，这为税收征管工作提供了稳定的社会环境条件。

（4）教育水平（EDU）对税收征管效率的影响都在1%的水平上显著为正。可能的原因如下：第一，对于纳税人而言，教育水平较高的人一般对于税收法律法规会有更好的认识，有良好的纳税意识，能够更好地参与税收征管工作。第二，对于公民而言，Hamilton（1983）认为，政府部门的效率依赖于当地居民给政府施加压力的能力，而受教育水平越高，越具有该能力。Milligan 等（2004）认为，教育能够增加受教育者的政治性动力，能够提高居民选择能干官员以及识别腐败的能力。

（5）人口密度（PD）对税收征管效率的影响都在 1%的水平上显著为正。可能是因为人口的聚集更加有利于税务机关的监管，产生了规模效应。

由模型Ⅱ回归结果可知，外商直接投资规模（FDI）对税收征管效率的影响在 1%的水平上显著为正。原因可能如下：外商直接投资促进了经济的开放程度，先进的管理理念也会随之传入，有利于促进整体经济水平的提高。另外，外商直接投资企业拥有较多的税收政策优惠，且其管理水平相对较好，有利于税收部门开展税收征管工作。由模型Ⅲ回归结果可知，政府规模（GOV）对税收征管效率的影响为负，但不具有显著性，这一结果与陈诗一和张军（2008）关于政府效率的研究是一致的，即“小政府”更为有效，由于无法获得税收部门支出的相关数据，所以暂时无法研究是否存在“小税务部门”更加有效的情况，仅能从政府规模对税收征管效率的影响进行推测。

2. 纵向研究

在纵向研究中，我们将待研究的税收征管系统看作一个投入与产出系统，基于 2003~2013 年的面板数据，采用 Malmquist 指数法对我国各省（自治区、直辖市）和各区域整体税收征管效率的变动情况做了分析。所需选取的指标即各种投入变量、产出变量。就税收征管系统而言，影响其效率的因素主要有以下几点。

（1）GDP。GDP 反映的是一个地区一定时间的经济规模，常被公认为衡量地区经济状况的最佳指标。显然，GDP 对税收收入有着重要的影响，能够代表一定时期税收的潜力。一般而言，GDP 越高，税收潜力也应该越大。

（2）第二、三产业之和占 GDP 比重。通过对税源分布的分析可知，税源主要集中于第二、三产业，尤其是在取消农业税进入“后农业税时代”之后。在 GDP 相同的情况下，第二、三产业之和占 GDP 比重越高，税收潜力就越大。

（3）税收征收难易程度。将税收征管系统看作一个投入产出系统，其“生产”过程自然也有难易之分。税收征收难易程度主要由所需征收税种的多少、区域内纳税人违规的情况、地区地理环境情况等复杂因素所决定。通过阅读前人研究成果，笔者发现，前人关于税收征管效率的实证研究，不论是使用 DEA 方法还是 SFA 方法，都没有将税收征收难易程度纳入模型，主要是因为以上因素大多难以量化。

我们采用量化的税种集中度指标量化税收征收难易程度，此处税种集中度是指构成税收收入的各个税种收入的集中程度，相同情况下，税收收入的构成越集中，税收征收的难度越小，所以税种集中度越高对税收收入的影响越有利，如云南省税收中烟叶税的比重很高，其税收征收复杂程度相比税种丰富的省（自治区、直辖市）要低。

此处借鉴 HHI 指数来量化税种集中度指标，即

$$\mathrm{HHI}=\sum_{i=1}^{n}\left(\frac{X_i}{X}\right)^2$$

其中，X 表示税收收入总量；X_i 表示第 i 种税收收入，如增值税收入、营业税收入等。

（4）市场化指数。市场化指数反映市场经济发育程度，市场化主要有政府与市场的关系、非国有经济的发展、产品市场的发育、要素市场的发育、市场中介组织发育和法律制度环境六个方面的进展。一般而言，市场化指数越高，经济越发达，因而货币化程度高、商品流转速度快、产销越旺盛，由此带来的税收也越多（吕冰洋和樊勇，2006）。

（5）税务部门人员数量。作为税收征管系统的人力资本投入，税务部门人员数量对税收收入的影响是重要的，在相同条件下，一般认为税务部门人员越多，越能够胜任更多的税收征管工作。

（6）税务人员素质。税务人员素质的高低对税收征管效率有着直接的影响，税务人员文化水平是用来描述人力资本质量的重要指标之一。本书采用大学本科以上学历人数占总人数的比重来描述该指标。

（7）税收成本。税收征管系统除了人员的投入还有资本的投入，如税务人员的工资福利、办公成本等，相同情况下，税收成本越高越应该拥有更高的效率。

但是非参数DEA方法的一个不足就是无法解决统计噪声，如生产模型中没有涵盖相关变量的影响，所以非参数DEA方法受变量选取的影响较大，对变量的选取要求更严格。正如前文所述，吕冰洋和樊勇（2006）、刘穷志等（2009）、李建军（2012）等学者都运用了DEA相关方法对税收征管效率进行研究，但选取的指标却不尽相同。我们借鉴了前人的经验，也进行了一定的创新，尽可能地合理选取各种指标，最终选取GDP，第二、三产业之和占GDP比重，税种集中度，市场化指数，税务部门人员数量，税务人员文化水平六个投入指标，由于难以取得税务人员工资总额等信息，故放弃选用该指标。

此处选取的产出指标为税收收入总额，因为就目前而言，较为可行的税收征管系统可量化的产出主要是税收收入总额，其他指标如纳税服务、偷逃税监管等

都难以量化，这也和其他学者以前的研究相一致。但是，需要说明的是，此处所采用的税收收入数据指的是不考虑出口退税的税收收入总额。我国出口退税政策在不断变动，1994 年税制改革以来，中国出口退税政策历经八次大幅调整，如2005年进行的第四次调整，中国分期分批调低和取消了部分“高耗能、高污染、资源性”产品的出口退税率等，所以出口退税对税收收入的影响主要来自于政策层面，为了增强可比性，故剔除了出口退税的影响。

研究采用 DEAP 2.1 软件包，使用基于 DEA 的 Malmquist 指数模型，结合上述指标，对我国税收征管效率进行动态评价，此处仅列出得到的结果。

第一，省际税收征管效率动态评价。通过基于 DEA 的 Malmquist 指数模型对省际税收征管效率进行动态评价，得到的结果如表 4.10~表 4.13 所示，从结果中我们可以得到以下判断。

表 4.10　2005~2015 年我国各省（自治区、直辖市）平均 Malmquist 指数变化及其分解

地区	技术效率指数（EFF）	技术进步指数（TECH）	纯技术效率指数（PECH）	规模效率指数（SECH）	征管效率指数（TFPCH）
北京	0.993	1.126	0.997	0.995	1.117
天津	0.996	1.075	0.998	0.998	1.071
河北	0.954	1.122	1.005	0.949	1.070
山西	0.983	1.070	1.014	0.969	1.052
内蒙古	0.957	1.078	0.992	0.965	1.032
辽宁	0.989	1.127	1.005	0.984	1.114
吉林	0.944	1.072	1.004	0.940	1.011
黑龙江	0.931	1.116	1.004	0.927	1.038
上海	1.000	1.130	1.000	1.000	1.130
江苏	0.994	1.170	0.998	0.996	1.163
浙江	1.028	1.162	1.005	1.023	1.195
安徽	0.919	1.091	0.998	0.921	1.002
福建	1.014	1.081	0.996	1.018	1.096
江西	0.956	1.062	0.999	0.957	1.015
山东	0.989	1.129	0.999	0.991	1.116
河南	0.963	1.106	1.001	0.962	1.066
湖北	0.871	1.122	0.994	0.876	0.977
湖南	0.922	1.110	1.001	0.922	1.024
广东	1.000	1.145	1.000	1.000	1.145
广西	0.942	1.064	1.001	0.941	1.003
海南	0.995	1.071	1.000	0.995	1.065
重庆	0.984	1.065	1.015	0.970	1.047
四川	0.896	1.129	1.000	0.896	1.012
贵州	0.969	1.071	1.000	0.969	1.038

续表

地区	技术效率指数（EFF）	技术进步指数（TECH）	纯技术效率指数（PECH）	规模效率指数（SECH）	征管效率指数（TFPCH）
云南	0.922	1.070	1.000	0.922	0.987
陕西	0.973	1.077	1.008	0.965	1.048
甘肃	0.955	1.069	1.007	0.948	1.021
青海	0.970	1.071	1.000	0.970	1.039
宁夏	0.952	1.071	1.000	0.952	1.019
新疆	0.990	1.063	1.000	0.990	1.053
均值	0.964	1.097	1.001	0.963	1.058

资料来源：2006~2016 年《中国税务年鉴》、2006~2016 年《中国统计年鉴》

表 4.11　EFF 和 TECH 对 TFPCH 的绝对影响

地区	EFF 对 TFPCH 的绝对影响	TECH 对 TFPCH 的绝对影响	地区	EFF 对 TFPCH 的绝对影响	TECH 对 TFPCH 的绝对影响
北京	−0.185 640	0.186 560	河南	−0.127 020	0.141 984
天津	−0.197 210	0.180 978	湖北	0.009 963	0.248 024
河北	0.022 995	0.221 859	湖南	−0.180 345	0.264 661
山西	−0.124 608	0.199 200	广东	0	0.160 000
内蒙古	0.012 756	0.195 570	广西	−0.102 336	0.178 632
辽宁	0.002 254	0.229 356	海南	0.187 616	0.194 436
吉林	−0.098 072	0.158 202	重庆	0.056 498	0.170 874
黑龙江	−0.337 900	0.221 130	四川	−0.150 144	0.251 715
上海	0	0.406 000	贵州	−0.174 824	0.157 806
江苏	−0.020 451	0.200 455	云南	0.005 275	0.181 374
浙江	−0.105 732	0.247 812	陕西	−0.092 307	0.241 200
安徽	0.034 947	0.194 220	甘肃	0.088 478	0.175 230
福建	−0.096 840	0.180 800	青海	0.060 762	0.166 518
江西	−0.087 412	0.173 646	宁夏	−0.106 600	0.160 380
山东	−0.223 600	0.178 488	新疆	−0.131 118	0.166 914

资料来源：2006~2016 年《中国税务年鉴》、2006~2016 年《中国统计年鉴》

表 4.12　PECH 和 SECH 对 EFF 的绝对影响

地区	PECH 对 EFF 的绝对影响	SECH 对 EFF 的绝对影响	地区	PECH 对 EFF 的绝对影响	SECH 对 EFF 的绝对影响
北京	−0.027 432	−0.141 085	河南	0.019 342	−0.134 676
天津	−0.121 375	−0.062 832	湖北	0.020 825	−0.011 022
河北	0.008 670	0.013 169	湖南	0.059 059	−0.223 184
山西	0.011 496	−0.129 258	广东	0	0
内蒙古	0.011 760	0	广西	−0.023 814	−0.072 420
辽宁	−0.005 838	0.008 874	海南	0	0.176 000

续表

地区	PECH 对 EFF 的绝对影响	SECH 对 EFF 的绝对影响	地区	PECH 对 EFF 的绝对影响	SECH 对 EFF 的绝对影响
吉林	0.018 375	−0.111 280	重庆	−0.007 227	0.060 000
黑龙江	−0.041 968	−0.268 380	四川	0.030 659	−0.166 880
上海	0	0	贵州	−0.005 712	−0.158 632
江苏	−0.030 294	0.014 130	云南	0	0.005 000
浙江	−0.033 972	−0.054 575	陕西	−0.004 435	−0.083 000
安徽	0.033 292	0	甘肃	0.004 050	0.078 605
福建	−0.003 480	−0.086 615	青海	0	0.057 000
江西	0.060 840	−0.143 880	宁夏	0	−0.100 000
山东	−0.059 337	−0.140 296	新疆	−0.034 447	−0.088 000

资料来源：2006~2016 年《中国税务年鉴》、2006~2016 年《中国统计年鉴》

表 4.13　2005~2015 年每年平均 Malmquist 指数变化

时间	技术效率指数（EFF）	技术进步指数（TECH）	纯技术效率指数（PECH）	规模效率指数（SECH）	征管效率指数（TFPCH）
1997~1998 年	0.970	0.965	0.997	0.973	0.936
1998~1999 年	0.834	1.282	0.997	0.837	1.070
1999~2000 年	0.943	1.124	1.000	0.943	1.060
2000~2001 年	1.171	1.007	1.007	1.162	1.179
2001~2002 年	1.032	0.917	0.997	1.036	0.947
2002~2003 年	0.924	1.147	1.010	0.915	1.061
2003~2004 年	1.001	1.151	0.990	1.011	1.153
2004~2005 年	1.060	1.028	1.005	1.054	1.090
2005~2006 年	0.908	1.088	1.007	0.901	0.988
2006~2007 年	0.847	1.325	1.003	0.845	1.122
均值	0.969	1.103	1.001	0.968	1.061

资料来源：2006~2016 年《中国税务年鉴》、2006~2016 年《中国统计年鉴》

就 30 个样本省（自治区、直辖市）而言，在 2005~2015 年的 11 年间，绝大部分样本省（自治区、直辖市）的税收征管效率都是不断提高的，平均提高量达到了 5.8%，这也体现了 1994 年税收改革以来，税收收入高速增长，随着税收征管效率的不断提高，超越 GDP 增速增长的现象也不断增加，同时也符合税收征管效率提高是税收超常增长的重要原因（吕冰洋和樊勇，2006）。另外，30 个样本省（自治区、直辖市）中，税收征管效率增长幅度排名的前五名分别为浙江、江苏、广东、上海、北京，增长幅度分别为 19.5%、16.3%、14.5%、13.0%、11.7%，增长幅度很大，但是除了绝大部分税收征管效率不断提高的省（自治区、直辖市）外，湖北与云南两省的税收征管效率存在着下降，分别下降 2.3%与 1.3%。值得注意的是，经济较为发达的地区税收征管效率增幅都较大，这说明经济发展水平对税收征管效率有着某种正面的影响，究其原因，可能有以下几点：第一，经济发达地区税源丰富，税收潜力较大，如2009年税收征管效率增长幅度最大的浙江省税务登记总数为3 251 077户，而降幅最大的湖北省同年税务登记总数为1 439 843户，浙江省税源数量是湖北省的2.26倍，即可近似认为当年浙江省税收潜力是湖北省的数倍。第二，经济发达地区较容易吸引人才。正如上文所说，税务人员的素质是决定税收征管效率的一个重要因素，一般而言，经济发达地区人才较为聚集，税务征管部门人员文化素质相对较高，如2009年浙江省税务人员本科以上学历比重为 61.45%，而湖北省 2009 年税务人员本科以上学历比重为 44.54%，比浙江省低近 17 个百分点。第三，经济发达地区税务人员积累了较多经验。纵观我国各地区经济发展，经济发达地区一般都是沿海省市且经济一直保持稳定增长，在这样一个税源较同期其他省（自治区、直辖市）更丰富的环境下，税务人员业务量大，积累的经验也更多，在一定程度上也促进了税收征管效率的提高，正如上文所说税收征管效率增长幅度排名前四的都是沿海省市。

就拆分的征管效率指数而言，因为征管效率指数（TFPCH）=技术效率指数（EFF）×技术进步指数（TECH），又因为技术效率指数（EFF）=纯技术效率指数（PECH）×规模效率指数（SECH），从所得数据初步观测，绝大部分省（自治区、直辖市）技术效率指数都小于1，而技术进步指数都大于1，也就是说，对税收征管效率提高的贡献主要来自于技术进步，此处所说技术进步主要指新的税收征管技术与方法的应用、税务部门信息化建设的增强等，我国的金税工程、重点税源监控系统工程等就是其中的代表。同理，技术效率指数的下降受纯技术效率指数与规模效率指数共同影响，但主要来自于规模效率指数下降的影响。

表 4.11 和表 4.12 是运用因素分析法中的连环替代法，分别评价技术效率指数、技术进步指数对征管效率指数的影响以及纯技术效率指数、规模效率指数对技术效率指数的影响，计算得到具体的绝对影响值。限于篇幅，本书仅采用 2012 年度省际各项指数作为标准指标、2013 年度省际各项指数作为实际指标。

就整体而言，由表4.13可知，1997~2007年的11年间，除了2001~2002年、2005~2006 年，我国税收征管效率都保持了一定幅度的增长，同样对税收征管效率增长的贡献主要来自于技术进步。

第二，区域税收征管效率动态评价。在以往的研究中，也有学者将各个省（自治区、直辖市）划分为不同区域进行研究，但是一般只是把我国省（自治区、直辖市）划分为东部、西部、中部三部分，并且每一部分的实证结果仅为该部分中各个省（自治区、直辖市）结果的平均数。与前人不同，本书采用我国行政区划分方法，将各个省（自治区、直辖市）划分为华北、东北、华东、中南、西南、西北六部分，并且在动态评价其税收征管效率时，将每一大类看作一个整体，重新计算各项投入产出指标，再通过基于 DEA 的 Malmquist 指数模型对税收征管效率进行动态评价，较之运用平均值方法计算而言更加精确合理，得到的结果如表 4.14 所示。

表 4.14　2005~2015 年我国各地区平均 Malmquist 指数变化及其分解

地区	技术效率指数（EFF）	技术进步指数（TECH）	纯技术效率指数（PECH）	规模效率指数（SECH）	征管效率指数（TFPCH）
华北	1.000	1.108	1.000	1.000	1.108
东北	0.956	1.111	1.000	0.956	1.062
华东	1.000	1.126	1.000	1.000	1.126
中南	0.989	1.101	1.000	0.989	1.088
西南	0.955	1.067	1.000	0.955	1.018
西北	0.979	1.063	1.000	0.979	1.041
均值	0.980	1.096	1.000	0.980	1.074

资料来源：2006~2016 年《中国税务年鉴》、2006~2016 年《中国统计年鉴》

从表 4.14 结果我们可以得到以下判断：第一，2005~2015 年我国六大行政区域的税收征管效率都是提高的，其中华东地区增长幅度最大，为 12.6%，同时华东地区也是我国经济最为发达的区域，再一次印证了经济发展程度对税收征管效率有着正面的影响。第二，对税收征管效率提高的贡献主要来自于技术进步，技术效率指数主要受规模效率的影响。

从区域征管效率的实证结果及其分析中我们可以得到如下结论：第一，在 2005~2015 年，我国税收征管效率不论按省际分类还是按区域分类，总体上都是不断提高的。第二，地区的经济发展水平对税收征管效率存在某种正面影响。第三，税收征管效率的提高主要源于技术进步而非技术效率即规模效率与纯技术效率，其中，剔除规模效率的纯技术效率指数代表了税收部门管理效率，也就是说，我国税收征管效率的提高主要来自于技术进步，而非税务部门本身效率的提高。结论与国税和地税部分的结论一致。

第三节　税收效率评价指标体系的研究现状

税收征管是各级税务机关依法对纳税人和扣缴义务人缴纳税款过程进行组织、管理、监督和检查等一系列活动的总称，其实质是将潜在的税源变为实际入库的税收收入，它是整个税收管理体系的中心内容，是实现税收职能的关键所在。

分税制改革后，原有的税收征管权限和资源在国税和地税之间进行了重新分配。此后，对于税收征管效率是否得到提高，许多学者对此做了相应的研究，并形成了较为成熟的税收征管评价体系。

在已有的研究中，多数学者从法规遵从角度和经济效益角度出发建立税收征管效率评价指标体系。目前采用的评价指标体系依据前面的两个视角自成两大板块：规范性指标和经济性指标。

现有的税收征管评价指标体系将征纳双方对税法的遵从度和税收征管的经济效益考虑在内，这对评价税收征管效率具有重要意义。但是，已有的评价指标体系有以下几个方面的不足。

第一，侧重于从法律角度和经济角度来评价税收征管，在评价的广度上有所欠缺。

第二，从经济效益角度进行评价时，忽略了对税收征管前期准备工作的评价。

第三，在进行经济性评价时，多从货币角度考虑投入产出率，忽略了非货币投入。

第四，评价体系鲜从社会效益角度对税收征管效率进行评价。

第五，在建立评价指标体系时甚少有学者对其理论依据进行阐述。

基于目前的税收征管评价指标体系的不足之处，本书研究从新公共管理理论、全过程控制论和资源稀缺理论出发，采用层次分析法对其进行了完善与创新。

第四节　税收效率评价指标体系的运用

一、已有相关研究梳理

建立税收征管效率评价指标体系是评价税收征管的前提，多数学者在研究和建立评价体系时，虽然角度不同，但是所持观点大同小异。

臧秀清和许楠（2005）认为完整性、层次性和适度性是建立指标体系的三原则，他们根据这三个原则提出从规范性、经济性和有效性三个方面对税收征管进行评价。在研究中，他们利用极大不相关的方法对已有的指标进行筛选，最终将登记率、申报率、入库率和处罚率归入规范性指标中；将征管成本率、人均征税额归入经济性指标；在有效性中下设税收计划完成度和税收收入增长率指标。

李大明（1998）从征税机构效率角度和征管制度效率角度建立了征管效率评价指标体系。征税机构效率的评价指标包括税收征管成本、税收征管成本率、税收征管净收益和税收征管净收益率。征管制度效率的评价指标有漏税率和漏税成本率。

谢滨（2008）认为税收理论界对税收征管效率进行评价时，多采用征管成本率和人均征税额，不能全面地评价税收征管，因此提出采用模糊综合评价法。通过选择评估指标集，建立模糊评价矩阵，确定权重后，用权重与模糊矩阵的乘积计算综合分数。

二、完善与创新税收征管效率评价指标体系的理论分析

（一）新公共管理理论与税收征管效率评价指标体系

新公共管理理论始于 20 世纪 80 年代西方发达国家主导的政府改革运动。这场运动现在仍在继续进行，它对西方政府管理产生了重大影响，对我国政府管理具有重要的借鉴意义。

新公共管理理论主张引入市场竞争机制，借鉴私人管理部门的管理理论、方法和技术，以服务对象（顾客或市场）为导向，对国家、社会和市场的关系进行调整，其目的是提高公共管理水平和公共服务质量。

新公共管理理论将私营部门的管理理论引入公共管理中，要求对公共服务部门的成本-效率、全面质量管理、人力资源等进行管理和分析，强调根据交易成本理论和成本效益理论，重视管理活动的投入与产出，关注公共部门所提供服务的质量和效率，并对外界环境的变化做出主动、灵活、低成本和富有成效的反应。

新公共管理理论的核心思想是以市场为导向，重塑政府与公众的关系，视公众为顾客、政府为企业家（厂商），要求政府奉行顾客至上的原则。它要求将“管制行政”转为“服务行政”，建立以“顾客”满意度为中心的考核机制。在对政府服务进行评价时，通过引入顾客，保证公共服务符合顾客的偏好，以此来提高公共服务的效率。

税收征管是国家赋予税收机关的权利和义务，是政府公共服务的重要组成部分。基于公共管理理论所持的观点和核心思想，税收征管被视为企业（国家）的一项服务业务。在对这项业务的效率进行评价时，应当从经济角度和顾客角度进行评价。因此，在完善税收征管效率评价指标体系时，应建立税收征管的业务效率和社会效率（顾客受益角度）指标。构建业务效率指标时，应对税收征管经济性进行重点考虑；而在构建社会效率指标时，应重点关注征管服务是否符合顾客偏好，是否让顾客满意。考虑到建立评价指标体系的目标是对税收征管效率进行评价，所以本书把税收征管效率作为目标层，而把税收征管业务效率和税收征管社会效率作为目标层下的根基层。

（二）全过程控制论与税收征管效率评价指标体系

全过程控制论主张在对某个项目或业务进行控制时，应采用事前计划、事中控制和事后分析的方法，以期达到控制和提高效率的目的。

（1）事前计划是一种预防性措施，它要求相关人员在开始某件事情之前对该事件进行计划。计划不能凭空想象，应该对可能出现的问题及影响因素做出预测，提出预防措施、关键控制点和保护性措施，并在全面考虑的基础上做出合理计划。

（2）事中控制是指在事件执行过程中，根据行动过程中及时获得的反馈信息，发现问题并做出灵活的反应，采取适当的措施加以纠正。事中控制是随着事件的执行过程而逐步向前推移的过程。

（3）事后分析是指在事件结束后，分析、比较实际情况与计划目标或标准之间的差异，然后采取相应的措施防错纠偏，并对后期的决策提供有用信息。事后分析主要是通过对比实际与计划、实际与历史，得出差异，然后寻找差异出现的原因，并在下期计划中予以考虑。

全过程控制论把税收征管分为事前、事中和事后三个阶段，而税收征管的实施也是一个事前计划、事中控制和事后分析的过程，因此，全过程控制论同样适用于税收征管。在税收征管过程中采用全过程控制论可以减少或及时纠正税收征管中出现的问题，更为高效地达到税收征管的目的。借鉴全过程控制论对事件的三阶段划分，本书将税收征管整个过程分为三个阶段：计划阶段、执行阶段和结束阶段。

本书依据新公共管理理论对税收征管效率评价指标体系的划分中，业务效率是对整个税收征管过程的评价，因此，对税收征管以下三个阶段业务效率的评价形成了业务效率下的支撑层：计划阶段的业务效率、执行阶段的业务效率和结束阶段的业务效率。

（三）资源稀缺理论与税收征管效率评价指标体系

现代微观经济学的基本命题是资源是稀缺的。西方经济学家认为，资源因为人的需求变得稀缺，具有稀缺性。

面对资源的稀缺性，唯一的解决方法是精心选择资源的用途，即节约利用资源或有效利用资源。要有效利用资源，就必须优化资源配置，以期在资源一定的情况下，效用最高或者是达到既定的效用所使用的资源最少。

根据主体的不同，可将资源配置分为市场配置和政府配置。市场配置鼓励市场形成价格并自由交易，强调效率和优胜劣汰的竞争机制；政府配置是指由政府发挥宏观调配的作用对资源进行配置。市场配置的理论假设是经济人和 X 理论，强调效率优先原则；政府配置提出的背景是1923年的经济危机，强调政府干预的合理性与必要性。

税收征管过程中会用到许多资源，包括人力资源、财力资源和物资资源。由于税务机关是国家管理的重要组成部分，所以，税务机关的征管资源在配置上存在政府配置。政府根据当地的实际情况给予当地税务机关一定的征管资源。在征管资源中，人力资源具有特殊性：21 世纪的中国实行的是人才与用人单位之间双向选择的用人机制，人力资源的配置受市场的影响，具有市场配置的一面。因此，不同地方的税务机关在所得到的资源上存在量和质的差异，这也导致了不同地方税务机关税收征管效率的不同。因而，评价税收征管效率时，应当对税收征管资源的配置效率进行评价。

根据资源稀缺性提出的税收征管资源配置效率指标，与前文根据新公共管理理论和全过程控制论提出的对税收征管效率的评价指标，二者之间不具有隶属关系，故将税收征管资源配置效率定为评价指标体系的根基层。又因为资源可以分为人、财、物三个方面，所以本书将人力资源效率、财力资源效率和物资资源效率作为资源配置效率的支撑层。

三、税收征管效率评价指标体系的架构及其权重的确定

考虑到建立评价指标体系的目的是对税收征管效率进行评价，所以本书把税收征管效率作为目标层。依据新公共管理理论和资源稀缺理论将税收征管效率评价指标体系的根基层分为业务效率、资源配置效率和社会效率。根据全过程控制论将计划阶段效率、执行阶段效率和结束阶段效率定为业务效率下的支撑层；又依据资源的分类将资源配置效率分为人力资源效率、财力资源效率和物资资源效率，并将三者作为资源配置效率下的支撑层；为了保持一致性，本书将社会效率分为征管服务满意度和税法普及度并将其作为社会效率下的支撑层。至此，本书中税收征管效率评价指标体系的基本构架已经完成。但是前文的分析只提出了评价指标体系的目标层、根基层和支撑层，没有对支撑层以下层次做出说明。为了使评价指标体系更为完善，本书将支撑层以下层次均归为具体层，并运用层次图（图 4.8）对税收征管效率评价指标体系的架构进行详细表述。

本书采用德尔菲法确定每个指标的权重。德尔菲法是指采用背对背的通信方式征询专家小组的预测意见，经过几轮征询，使专家小组的预测意见趋于集中，最后得出预测结论。

为了较为合理地得出征管效率评价指标体系中各指标的权重，笔者函询了税务局 5 位管理人员和 5 位从事税务研究的教授。经过多次征询和综合整理，

得出评价体系中各指标的权重约数，该权重并非精准数而是建议数，具体情况见图 4.8。

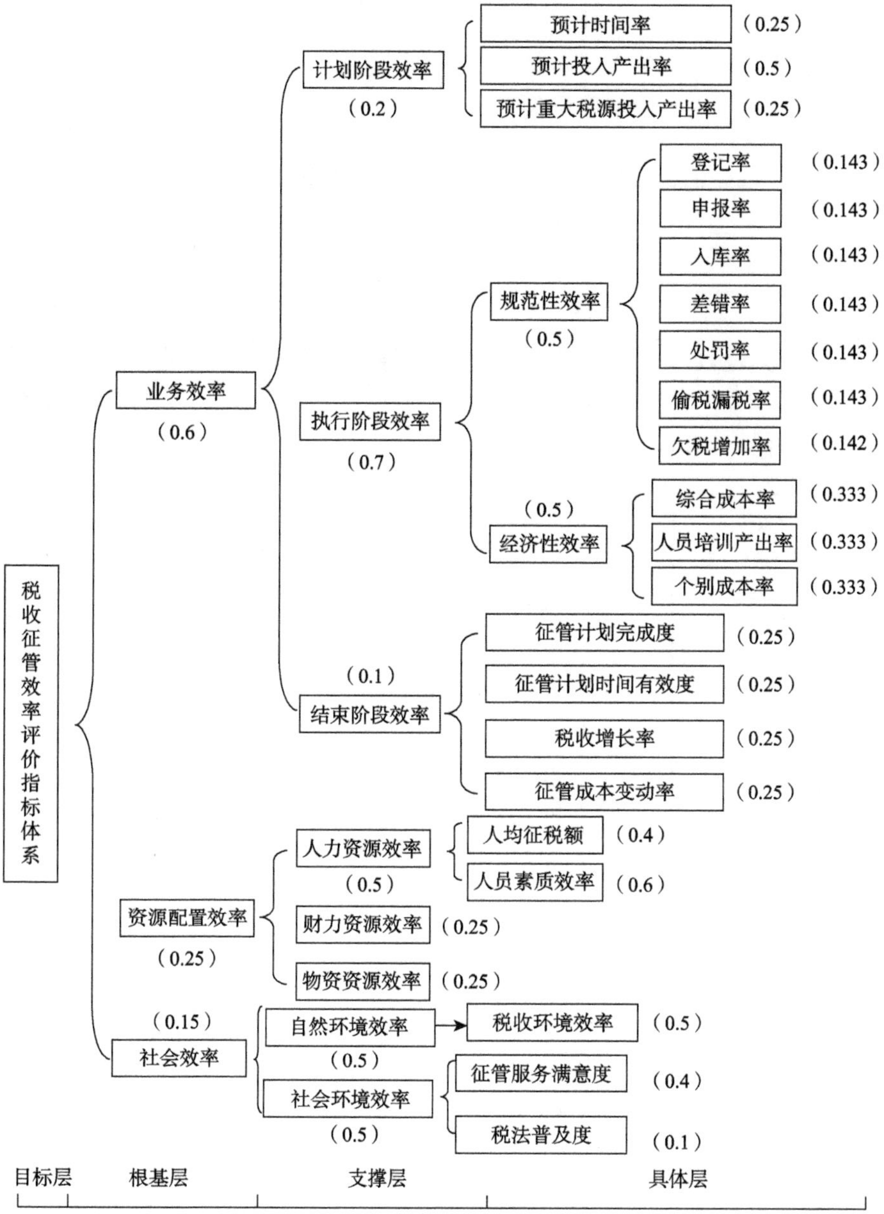

图 4.8　税收征管效率评价指标体系

四、具体指标的说明

（一）业务效率指标

税收征管效率业务效率指标说明见表 4.15。

表 4.15　税收征管效率业务效率指标说明

阶段	指标名称	计算公式	备注
计划阶段	预计时间率	预计税收收入/预计税收完成时间 × 100%	预计税收完成时间是指有关部门预计本期投在税收征管上的有效时间总额
	预计投入产出率	预计税收投入/预计税收收入 × 100%	它与预计时间率具有类似的作用，但是侧重于货币衡量
	预计重大税源投入产出率	预计重大税源投入/重大税源预计税收收入 × 100%	该指标中的预计重大税源既可以按照税种的重要性来衡量，也可以按照税户的重要性来衡量
执行阶段	登记率	实际办理税务登记户数/应当办理税务登记户数 × 100%	应当办理税务登记户数包括领取营业执照应办理税务登记户数和未领取营业执照但是应当办理税务登记户数
	申报率	按期申报户次数/应申报户次数 × 100%	反映了按期申报的纳税人比率
	入库率	本期实际入库税款/本期应当入库税款 × 100%	本期实际入库税款=本期申报实际入库的税款+缓征税款已入库税款+实际缴纳入库的查补税款+已入库罚款，本期应当入库税款=当期申报应缴纳入库的税款+缓征税款应入库税款+应缴纳入库的查补税款+应入库罚款
	差错率	本期发现的因税务人员的错误导致的累计差错金额/周期内累计税收收入	根据《中华人民共和国税收征收管理法》第五十二条规定，“因税务机关的责任，致使纳税人、扣缴义务人未缴或者少缴税款的，税务机关在三年内可以要求纳税人、扣缴义务人补缴税款，但是不得加收滞纳金”。公式中的累计数均是一个周期内的累计数
	处罚率	实际涉税处罚户次（金额）/查补税款户次（金额）× 100%	处罚包括对逾期未缴纳税款纳税人征收的滞纳金
	偷税漏税率	本期发现的偷漏税额/本期的税收收入 × 100%	与处罚率结合使用，用于评价期间内纳税人的税收不遵从度
	欠税增加率	本期增加的欠税额/期初欠税余额 × 100%	本期增加的欠税额=期末欠税余额−期初欠税余额
	人员培训产出率	累计培训投入资金/累计实际入库额 × 100%	人员培训不仅有益于本期，同时有益于以后各期，建议采用累计数来衡量
	综合成本率	当期综合征管成本/当期税收收入 × 100%	从整体上对某一段时期内某税务部门征管的所有税种的综合投入产出率进行评价
	个别成本率	当期某税种的征管成本/当期某税种的税收收入 × 100%	个别成本率是从个别税种出发，对个别税种的经济性进行评价
结束阶段	征管计划完成度	期初税收计划收入/本期实际税收收入 × 100%	该指标反映了计划脱离实际的情况

续表

阶段	指标名称	计算公式	备注
结束阶段	征管计划时间有效度	计划投入有效时间/实际投入有效时间 × 100%	对税务人员在有效时间内的办事效率进行评价
	税收增长率	本年税收增长额/上一年税收收入总额 × 100%	本期税收增长额=本期税收收入总额−上年同一时期税收收入总额
	征管成本变动率	税收成本变动率=本期税收成本变动额/上一年税收投入成本 × 100%	评价税务部门在本期的成本控制情况

（二）资源配置效率指标

（1）人均征税额。人均征税额=当期实际入库的税收收入/当期税务人员总数，人均征税额主要是对税务人员工作成果的评价。

（2）人员素质效率。人员素质效率=当期实际入库税收收入/当期本科及以上学历比重。当期本科及以上学历比重=当期本科及以上学历人数/总人数 × 100%，为了方便计算，可以将当期实际入库税收收入进行对数处理，降低数值。

（3）财力资源效率。财力资源效率=当期实际入库税收收入/本期以货币资金形式投入的成本 × 100%。

（4）物资资源效率。物资资源效率=当期实际入库税收收入/本期以物资形式投入的成本 × 100%。在税收征管过程中，会涉及很多物资资源，如果都将其考虑在内的话，评价工作会变得很烦琐，因此建议只对征管资源中价值比较高的物资纳入考虑范围，也可以对单项物资的使用效率进行评价。

（三）社会效率指标

（1）自然环境效率。税收自然环境效率测量的是税收的开征对自然环境改善的程度大小。在发达国家存在专门的环境税；2018 年 1 月 1 日《中华人民共和国环境保护税法》施行，环境保护税正式开征。存在专门的环境税的国家，可以通过自然环境的改善程度/环境税税率（收入）来衡量自然环境效率；不存在专门的环境税的国家，可以利用自然环境的改善程度/（高污染行业的平均税率−税收平均税率）衡量该效率。其中，自然环境的改善程度可以用年大气或水污染指数等的降低幅度加以衡量。

（2）征管服务满意度。对于征管服务满意度，可以通过意见簿或调查等形式获得服务对象对服务的需求和服务的满意度，最简易的方式是让服务对象对税收征管工作评分。

为了直观形象地反映人们对征管服务的满意度，本书从满足客户需求和服务态度两个维度建立征管服务评价坐标，见图4.9。在该坐标中，“满足客户需求”和“服务态度”的满分均为 5 分，允许服务对象对这两个维度进行负评价。

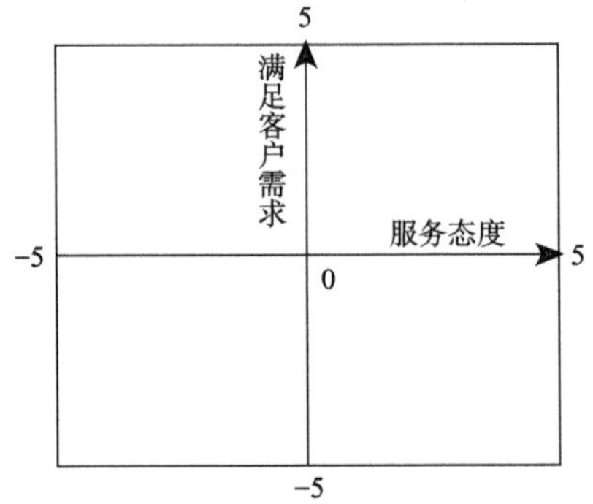

图 4.9　征管服务满意度计算

征管服务满意度总分为 10 分。计算方法：征管服务满意度=*N* 个顾客各自评价分数总和/*N*，单个顾客评价分数=sgn［max（满足客户需求，服务态度）］×abs（满足客户需求+服务态度）。例如，顾客甲、乙评分分别为（−2，5）、（4，3），则甲顾客评价分数=sgn（5）×abs（−2+5）=3，乙顾客评价分数=sgn（4）×abs（4+3）=7，则征管服务满意度=（3+7）/2=5。因为本章的指标都赋予了权重，所以为方便计算，可以计算出征管服务满意度率，它是征管服务满意度与征管服务满意度总分的比值。

（3）税法普及度。地区税法普及可以通过当地税务部门以公告、广告或宣讲等形式进行。税法普及度=地区税务机关普法涉及范围/地区税务机关管辖范围，该范围既可以按人数度量，也可以按区域面积度量。一定时期内，税务机关的普法活动是多次的，可以通过平均的方式进行衡量。

在具体计算时，各指标的计算口径存在差异，为了统一口径，可以以某一期作为基期，然后用基期数进行调整计算。

本章的税收征管效率评价指标体系在查阅前人对税收征管效率评价指标体系的研究成果的基础上，总结发现了已有研究的不足之处。本章依据新公共管理理论、全过程控制论和资源稀缺理论的观点，采用层次分析法将税收征管评价指标体系分为目标层、根基层、支撑层和具体层，并对具体指标进行了解释说明且给予了各指标权重，是对税收征管效率评价指标体系的完善与创新。

第五章　优化税收结构的构想及对策建议

税收结构的优化并非一朝一夕的事，也不是仅对某个方面进行小修小补就能够达到的，这是一个巨大的、复杂的工程，需要从全局考虑，综合调整，多角度配合，方能取得预期效果。针对本书的研究内容，就如何优化税收结构问题，我们试图从直接税和间接税角度以及国税（中央税）与地税（地方税）角度对此提出构想思路并给出对策建议。

第一节　直接税与间接税结构优化构想

一、我国直接税与间接税税收结构存在的问题

我国直接税和间接税结构的整体现状主要如下：其一，直接税与间接税在税收收入中所占比例严重失衡，间接税所占比例过大，直接税所占比例过小。其二，直接税所占比重有所上升，但是上升的速度不均匀，增加的绝对比例不高；与之相反，间接税所占比例有所下降，但是其下降比例的绝对额同样有限。其中，直接税与间接税比例的严重失衡是主要矛盾，不解决好二者之间的比例关系，我国税收结构就不可能得到优化，税收结构矛盾问题仍然得不到解决。

我国间接税内部结构的现状主要如下：其一，间接税税收种类具有多样性，但是间接税税收各税种之间的比例并未趋于均等化，增值税在间接税中所占比例表现出“一税独大”的高姿态；其二，增值税在间接税中所占比例有明显下降，营业税、消费税、资源税、城市维护建设税等在间接税中所占比例有所上升，但是变动的绝对比例数比较缓慢。

我国直接税内部结构现状主要如下：其一，直接税税收种类比较多，但是所得税是直接税税收收入的主要来源，其他直接税税种收入在直接税中所占比例比较小；其二，所得税虽然是构成直接税税收收入的主要来源，但是企业所得税与

个人所得税在直接税中的贡献程度具有很大的差异，企业所得税围绕 60%上下震荡波动，个人所得税在直接税中所占绝对比例略有下降；其三，其他直接税的税收收入在直接税中所占比例有增有减，但整体走势是下降的。

简而言之，我国税收结构面对的主要问题有以下几个方面：第一，直接税与间接税的比例结构严重失衡，就我国现阶段的经济水平而言，间接税的过高比例与直接税的过低比例结构不符合经济现实，也不符合税收结构的发展规律，同时削弱了政府的经济调控能力；第二，间接税中主体税种突出，但辅助税种所占比例不合理可能阻碍其各自调节功能的实现；第三，直接税中，企业所得税与个人所得税的比例构成存在问题，其他直接税的低比例现状限制了特定税收在目标领域应该发挥的作用。

1）直接税与间接税比重的严重失衡降低了政府对经济的调控能力，阻碍了经济转型

过高的间接税比例会推高物价，抑制内需，增加经济结构调整的难度。间接税的主要特征就是税收负担可以转嫁，主要发生在商品流转环节。政府在征收间接税时，商家通常可以将税收直接嵌入商品的售价当中，通过提高商品价格转嫁税负。合并在商品售价中的税收降低了税收的优化再分配能力，实际加大了恩格尔系数较高的中低收入阶层税收负担，增加了他们的“税收痛苦”。间接税多为企业流动负债的重要组成部分，较高的间接税要求企业必须具备一定的流动偿债能力，增加了企业运营资金的压力，影响了企业可用的资金，相应减少了企业投入技术研发和设备更新的资金，增加了企业转型的难度。高比例间接税和低比例直接税的税收结构使得税收收入总体呈现出“顺周期”的税收特征（当经济高速增长时，税收收入的增长速度可能高于经济增长速度；经济增长速度下滑造成税收收入增长速度的更大幅度下滑），这样的税收特征不利于政府逆周期宏观调控的有效施行。

税收具有调节收入分配的重要功能，而就我国目前开征的各种税收现状看，我国缺乏能够有力调节收入分配的税种。直接税很难进行税负转嫁，因而比间接税在调节收入分配方面更加有力。现行的税种中，增值税和营业税调节收入分配的功能比较弱；个人所得税虽然在收入调节上具有很好的禀赋，但是其在我国税收收入中所占比重明显不足，再分配功能没有得到充分发挥；直接税中的房产税也仅处于局部试点中，短期内仍无法全面开征。简而言之，我国现行以间接税为主体的税收结构使得税收的收入调节功能大大削弱，在缩小贫富差距问题上效果不甚明显。

间接税内部，资源税所占比例过低，远不能满足国际上资源税立法的初衷。资源税是对在中华人民共和国领域及管辖海域从事应税矿产品开采和生产盐的单位和个人课征的一种税。就我国现行资源税而言，其存在的问题如下。

第一，资源税的立法目的单一，不利于自然资源的可持续利用。我国现行的《中华人民共和国资源税暂行条例》于 1993 年底制定，2011 年修订，由于当时认识的局限性和资源环境问题还没有充分暴露，该条例在对资源税的征收方式上采取的是按销售量征税，按照“普遍征收、级差调节”的原则，就资源赋税情况、开采条件、资源等级、地理位置等客观条件的差异规定了幅度税额，其制度设计理念更多的是强调资源税调节不同资源企业的资源级差收入的功能，对资源税的资源环境保护以及经济的宏观调控功能重视不够。例如，资源税征收仅有七种：原油、天然气、煤炭、其他非金属矿原矿、黑色金属矿原矿、有色金属矿原矿、盐。这导致目前未列入征税范围的自然资源如森林资源、水资源等的大量浪费和破坏；从量征收，而不是从价征收，税额较低，在资源价格上涨时使生产者利润空间不断扩大，刺激生产者超采滥采，丢弃边角料；开采者交纳的资源税主要取决于资源的开采条件，而税率高低与该资源的利用效率无关，与资源的开采环境无关，没有考虑资源回采率、资源开采者是否超采、是否造成环境严重污染和地质塌陷等，以至不但造成资源的浪费，而且容易造成资源所在地区的重大环境危害。而且，我国的资源税没有考虑资源本身的内在价值和不同资源的经济功能，不利于去自觉发展循环经济，不能反映资源的不可再生性、需求稀缺程度和供求关系，没有将资源开采的社会成本内在化，无法起到保护资源和限制资源开采的作用。也就是说，在我国，对资源进行征税的目的主要在于调节资源开采企业因资源开采条件的差异所形成的级差收入，为资源开采企业之间开展公平竞争创造条件。而发达国家开征资源税的主要目的在于减少自然资源的采伐与提升自然资源利用效率。就资源税的开征目的而言，我国资源税的征税理念应该有所转变。

第二，资源税开征范围比较窄，不利于资源的全面保护和利用。我国现行的资源税覆盖面很窄，基本上只属于矿产资源占用税，对合理利用资源起不到明显的调节作用。现阶段，我国仅对原油、天然气、煤炭、其他非金属矿原矿、黑色金属矿原矿、有色金属矿原矿和盐等七种产品征收资源税，对大部分非矿产品资源没有征收资源税。这不仅不符合当今世界资源税的发展趋势，也与我国资源短缺、资源利用率低、资源浪费现象严重的现实不相称，扭曲了负税资源与非税资源的相对价格比。事实上，森林、草原、滩涂、海洋和淡水等自然资源的开发利用在我国已十分普遍，没有对这些资源征税，既不利于资源的全面保护，也不利于资源的持续有效的利用。这在客观上导致资源价格进入市场的成本过低，过度开发十分严重，不利于企业和国家经济发展方式的转变，从而影响整个社会的可持续发展。

第三，资源税计税依据欠科学，不利于提高资源的利用效率。我国现行《中华人民共和国资源税暂行条例》规定的资源税课税依据如下：①纳税人开采或生产应税产品销售的，以销售数量为课税依据；②纳税人开采或者生产应税产品自用的，以自用数量为课税依据。这使企业对已经开采而无法销售或占用的资源可以不付任何税收代价，间接鼓励了企业和个人对资源的无序开采，造成资源的积压与浪费。

第四，资源税的单位税额过低，不利于资源税调节功能的发挥。目前资源税的单位税额只是部分地反映了资源的级差收入，这也使应税资源的市场流通价格不能反映其内在价值，造成资源的过度使用。我国资源税的单位税额和总体税负偏低，而国内资源类产品价格已基本与反映长期成本的国际市场价格接轨。资源税单位税额偏低，近年资源产品价格上涨很快，也导致生产者的利润空间不断扩大，而资源税收却没有实现同比例的增长。过低的税额鼓励了浪费行为，无法有效发挥税收调节资源级差收入的功能，不仅使资源税收入增长缓慢，也不利于资源企业承担相应的社会责任。

城市维护建设税依附增值税、营业税和消费税三税而存在，存在明显弊端。它的税收地位在本质上没有得到有效肯定，并且其税收收入额受三税的影响非常大，严重缺乏独立性。这在一定程度上增加了城乡基础设施建设资金筹集的难度和风险。1985 年，国务院颁布并实施了《中华人民共和国城市维护建设税暂行条例》，依此征收城市维护建设税。该税的开征增加了地方财政收入，并对积累城市维护建设资金、改善城市环境以及推进地方经济建设都起到了很大的作用，但在征收过程中，其存在的问题也越来越凸显。其依附三税的特性具有以下弊端：独立性差；税基不具有稳定性，三税变动，其税基就会发生变动；在心理上给人以重复征税的错觉，影响纳税人的纳税自觉性。城市维护建设税只针对缴纳三税的纳税人征税，对不缴纳三税的纳税人不予征税，不具有公平性，同时也让某些不法分子有机可乘。

城市维护建设税税收收入规模过小，无法满足城市维护和市政基础设施建设的基本需要。在前面的分析中有提到，城市维护建设税在间接税中所占比例为 3%~4%，将这个比例乘以间接税在整体税收收入中的比重，其比重就更小。经济的发展对城市基础设施的配套发展要求更高，要求投入的资金量更大，因此城市维护建设资金的缺口变大，地方政府财政吃紧。

城市维护建设税的税款入库不仅不均匀也不及时，影响了财政对该资金的调度使用。城市维护建设税是以附加税的形式表现出来的，其计税依据依赖三税的征管情况，其入库的时间和金额也严重依赖三税。受三税征管入库影响，城市维护建设税当月的税收收入并不能真实反映城市维护建设税。例如，某企业当月的进项税额大于销项税额，当月不缴纳增值税，那么相应地，当月的城市维护建设税也不会发生，这明显与现实不相符合。

印花税在我国税收中所占比重较小，并非属于非常重要的税种。我国印花税存在的问题主要如下：其一，2007 年印花税改革后，该税的税收收入有一半以上均来源于证券行业。但是股市高额的印花税受到大部分股民的诟病，认为在股市低迷期征收印花税加重了股民的负担，所以在一定程度上受到抵触。其二，2011 年修正后的《中华人民共和国印花税暂行条例》依旧规定："印花税实行由纳税人根据规定自行计算应纳税额，购买并一次贴足印花税票（以下简称贴花）的缴纳办法。"这样的缴纳方式与我国现阶段纳税人纳税意识不强的现实并不匹配。其三，我国印花税是对在中华人民共和国境内书立、领受《中华人民共和国印花税暂行条例》所列举凭证的单位和个人就其合同、凭证、书据、账簿及权利许可等文件征收的税种。也就是说，印花税的征收有赖于某种具体实物凭证。但是随着网络经济的不断发展，B2C（business to customer，企业对顾客）以及 B2B（business to business，企业对企业）等交易方式的出现，某些交易行为并不存在具体的交易凭证，印花税票没有了载体。这为印花税的征管带来了不小的麻烦，因此，完善印花税时应对此有所考虑。

2）直接税内部结构不合理在宏观和微观上都会对我国经济发展产生阻力

直接税中的所得税中，企业所得税所占比例高于个人所得税，这与国际惯例明显不符。国际上，发达国家的直接税以个人所得税为主，而企业所得税占据次要位置。低比例的个人所得税弱化了其贫富差距调节功能，而高比例的企业所得税对企业而言是不小的负担，降低了企业内部的留存资金，使得企业在科技研发和创新等方面的投入有所不足，进而使得我国经济在创新上滞后于国际发达国家，自主知识产权处于劣势。

不合理的个人所得税现行制度在宏观上严重削弱了我国税收对经济的宏观调控能力，在微观上造成纳税人纳税不公。

税收超额累进机制具有极好的自动稳定器功能，但是该机制在我国的运用范围有限。在经济繁荣期，纳税人收入会有明显上升，纳税人的边际税率自动上调到高档税率，为过热的经济降温；与之相反，在经济衰退期，纳税人收入下降，纳税边际税率自动下降到低档，为经济升温。但是在我国个税体系中，只对工资薪金所得部分征税时采用超额累进机制，而其他税收并没有表现出明显的超额累进机制。中国财政学会副会长兼秘书长贾康在 2015 年受访时介绍：超额累进机制在我国工薪收入者中的覆盖面还不到 7%，与美国等发达国家的高覆盖率（美国联邦政府超过 40%的收入来自个人所得税，加上薪酬税，其比重达到 80%左右）相比，超额累进机制在我国税收与经济调节中所覆盖的作用范围非常有限。

2007 年以来，我国物价一直处于飞速上涨的状态。相对于物价的飞速上涨，人们的收入水平增速，特别是中低收入者的收入并没有同步增长，人们的生活压力增大。1980 年 9 月颁布施行的《中华人民共和国个人所得税法》规定开始征收个人所得税，免征额为 800 元；2005 年 10 月，全国人大常委会通过决议将个人所得税的免征额从 800 元调整到 1 600 元；2007 年 12 月，相关部门又将个人所得税免征额提高到了 2 000 元；2011 年 6 月，全国人大常委会表决通过，将个人所得税的免征额标准提高到了 3 500 元，并将超额累进税率中第 1 级的税率由 5%下降到 3%；2018 年 8 月 31 日，第十三届全国人民代表大会常务委员会第五次会议《关于修改〈中华人民共和国个人所得税〉的决定》，将个人所得税免征额由 3 500 元提高到 5 000 元。个人所得税免征额的调整变动主要考虑的是我国经济实际的变化，对降低个人税收负担有一定的作用。但我国个人所得税在征收时存在一些问题，具体如下。

第一，我国现行的个人所得税采用分类税制模式，对不同来源的所得采用不同的扣除方法和税率，在个人所得税内部打破了税收的公平性。同时，这种分类征收模式不能全面、完整地体现纳税人的真实纳税能力，为纳税人分解收入、多次扣除免征额达到逃税目的提供了可能，造成所得来源多且综合收入高的纳税人不用交税或交税较少，而所得来源少但收入相对集中的人却要多交税，难以实现税负公平，与个税通过再分配调节收入差距的目标背离，并且致使国家税款流失。

第二，不同来源的税收采用不同的税率，并且将最高级数的税率设定在高税率水平，不但计算方式复杂，而且使得纳税人逃税动机强烈，这增加了税收征管的难度。2018 年个人所得税改革后，个人所得税的税率调整为了 7 级，第 7 级的税率规定为 45%；个体工商户的生产经营所得与企事业单位承包经营和承租经营所得适用 5 级税率，第 5 级的税率为 35%；劳务报酬所得个人所得税适用 3 级税率，第 1 级为 20%，第 3 级为 40%；对以其他方式获得的收入采用其他相应的税率和征收方式。如此规定使得个人所得税的计算很烦琐，而且在高级次设定如此高的税率增加了纳税人的逃税动机。此外，过高的累进税率严重限制了私人储蓄和投资，妨碍经济发展。

3）2008 年新施行的企业所得税法仍然存在一些问题，需要进一步调整改善

2008 年，《中华人民共和国企业所得税法》得以正式确认。新企业所得税法统一了内外资企业税收标准，对营造内外资企业公平竞争的税收环境，进行税制改革，推进税制现代化建设，促进经济又好又快发展具有深远影响。这次改革在我国税收改革上具有重要意义。但同时，新企业所得税法在后续政策制定及配套管理上仍存在一些问题，需要被重视和解决。

新企业所得税法的某些规定不尽合理。根据《国家税务总局关于企业处置资产所得税处理问题的通知》（国税函〔2008〕828 号）中的规定，企业将资产用作对外捐赠，由于目标资产的所有权属已经发生改变而不属于内部处置资产，应按规定视同销售确认相关收入。若该资产是企业自制的资产，按规定应当按照企业同期对外销售的销售价格确定销售收入，缴纳相关税费；属于外购的资产，可按照购入时的价格确认销售收入。照此规定，企业外购商品用于对外捐赠时，根据视同销售原则，其销售成本可以作为企业所得税的扣除项目，企业不产生任何所得，但是在这

过程中增加的业务招待费、广告费和业务宣传费如果没有超出规定比例就可以作为所得税的税前扣除项目，这无疑增加了税前扣除的计算基数。

4）新企业所得税法实行的配套管理文件滞后或表达不清晰以及部分文件的不可操作性均致使新企业所得税法的施行效果未达到最佳状态

新企业所得税法的施行时间是2008年1月1日，并将非营利性组织的营利性收入纳入应税范畴。《中华人民共和国企业所得税法实施条例》要求非营利性组织的界定由财政部、国家税务总局根据非营利组织认定管理办法共同认定。但是直到2009年11月11日，财政部和国家税务总局才联合下发《财政部 国家税务总局关于非营利组织免税资格认定管理有关问题的通知》（财税〔2009〕123号）和《财政部 国家税务总局关于非营利组织企业所得税免税收入问题的通知》（财税〔2009〕122号），分别就非营利机构的认定条件和免税范围进行了明确。也就是说，相关配套政策的出台滞后于新企业所得税法。

2009年《企业资产损失税前扣除管理办法》中明确“单项或批量金额较小”的一个标准是“占企业同类存货10%以下、或减少当年应纳税所得、增加亏损10%以下、或10万元以下”，但这里讲的“同类”指的是大类、小类还是细类，并没有一个具体的标准。另外，对于“单项或批量金额超过上述规定标准的较大存货，应取得专业技术鉴定部门的鉴定报告或者具有法定资质中介机构出具的经济鉴定证明”，这里所说的专业技术鉴定部门具体是指什么部门，基层主管税务机关和纳税人在实际操作中感觉很难把握。尽管该管理方法在2011年由国家税务总局公告2011年第25号所代替，但是在2009~2011年，其范围界限并不明晰，而且更新后的公告也并未对技术鉴定部门做具体规定。

为加强对企业工资薪金和职工福利费的管理，2009年国家税务总局制定了《国家税务总局关于企业工资薪金及职工福利费扣除问题的通知》（国税函〔2009〕3号），明确税务机关在对工资薪金进行合理性确认时，可按五项原则掌握。但这些规定缺乏严重的可操作性，如“企业制订了较为规范的员工工资薪金制度”，“规范”怎么把握？“企业所制订的工资薪金制度符合行业及地区水平”，“行业及地区水平”怎么取得？“不符合行业及地区水平”怎么认定？这些在实际工作中都很难判断。

5）直接税中，除企业所得税和个人所得税外的直接税所占比例过低，在特殊领域内的调节力度有限

按照国际惯例，房产税税收收入是地方财政收入的重要组成部分。但是在我国，房产税在地方财政中所占比例很低，房产税地方政策比较混乱。房产税是国家以房产作为课税对象向产权所有人征收的一种财产税。其征税目的是运用税收杠杆，加强对房产的管理，提高房产使用效率，控制固定资产投资规模和配合国家房产政策的调整，合理调节房产所有人和经营人的收入。1950年，政务院发布《全国

税政实施要则》，将房产税列为开征的14个税种之一。1951年8月政务院发布《中华人民共和国城市房地产税暂行条例》，将房产税与地产税合并为房地产税。1973年简并税制，把对国营企业和集体企业征收的城市房地产税并入工商税，保留税种只对房管部门、个人、外国侨民、外国企业和外商投资企业征收。1984年工商税制改革，国家决定恢复征收房地产税，将房地产税分为房产税和城镇土地使用税两个税种。1986年9月15日国务院发布《中华人民共和国房产税暂行条例》，同年10月1日起施行，适用于国内单位和个人，但对住宅免征。

20世纪90年代以后，我国房地产业迅猛发展，商品化程度不断提高，房产购买主体的结构发生了重大转变，个人购房的比重逐步上升，而这些购房者多为中高收入人群。高收入阶层购房的本质是财富的形态转化。伴随着工业化进程的推进，农村城市化程度不断提高，农村房产规模急剧扩张。这些变化都呼吁废除免住宅税的规定。2008年12月31日，国务院第546号令要求自2009年1月1日起废止《中华人民共和国城市房地产税暂行条例》，外商投资企业、外国企业和组织以及外籍个人，依照《中华人民共和国房产税暂行条例》缴纳房产税。2011年1月28日，中国启动房产税改革，在重庆和上海正式启动对个人住房征收房产税的改革试点。2013年5月18日，国务院批转国家发展和改革委员会《关于2013年深化经济体制改革重点工作的意见》，确定扩大个人住房房产税改革试点范围。但是在试点改革中，存在不少阻力。

首先，试点改革存在技术性困难。当前试点的主要目的是抑制房价的过快上涨，所以其征收的主要对象是投机性买房的人群，但是如何鉴别哪些买房行为是投机性行为比较困难。此外，房屋的价值评估也是一个需要攻克的技术难题，需要花费巨大的财力、物力和人力。

其次，房产信息不完整为改革带来巨大阻力。要合理有效地征收房产税，首先应该弄清楚住房情况，并且及时动态地掌握住房信息的变更情况。这要求房屋主管部门和税务部门要建立全面统一的、实时动态的个人和家庭房屋持有数量。但是就目前看，我国对房地产的信息化建设远远滞后于房地产行业自身的发展速度，缺乏全国联网的房地产信息共享体系。

最后，银行监管体系的不健全，给纳税人提供了逃税机会，使房产税税款流失。为了抑制过热的房地产经济，近年来我国一直都致力于利用房贷利息对房屋购买进行限购，对第二套及以上的房屋实行高利率的房贷政策。政策规定虽然如此，但是在现实操作中，银行工作人员为了提升自身的工作业绩，在对贷款人房屋实际持有量的考察上比较松懈，甚至不做调查，直接根据贷款人的说辞确定其拥有的房屋情况。这在一定程度上给房产税的征收发送了错误信息，加大了房产税的征税难度。

城镇土地使用税的开征目的是合理利用城镇土地，调节土地级差收入，提高土地使用效益，加强土地管理，其纳税人是在城市、县城、建制镇和工矿区范围内使用土地的单位和个人，其计税依据是纳税人实际占用的土地面积。

城镇土地使用税是目前我国在土地保有环节征收的唯一一个税种，属于资源税类。现行的城镇土地使用税的计征依据以 1988 年的《中华人民共和国城镇土地使用税暂行条例》为蓝本，在 2013 年进行修订后确定。2013 年的修订主要是为了适应经济的发展、土地供求的增长以及土地价格的不断攀升。在修订中将每平方米税额在 1988 年暂行条例的基础上提高 2 倍，并且将外商投资企业和外国企业划入了纳税人的范围。在实际征税过程中，如何准确测量纳税人实际占用面积是城镇土地使用税征税过程中面对的难题之一。例如，矿山企业的实际使用面积就难以界定。矿山企业在土地上具有占地面积普遍偏大的特点，但是由于税务机关不具备测量能力，如煤炭行业的矸石山、排土场用地等面积都比较难以认定，实际测量成本过高，所以在实际税收征管工作中往往采用矿山企业提供的数字。对于企业范围内的荒山、林地和湖泊等占地，尚未被利用的，暂行条例规定暂免征土地使用税，但是对于荒山、林地和湖泊如何进行认定，条例并没有做出较为规范的规定。对于无土地使用证的纳税人，税务机关有权核定，但是却没有相关的核定技术。这些技术和费用限定都为城镇土地使用税的征管带来了难度。

中国的土地增值税于 1993 年开征，该税在抑制房地产投机问题上具有重要作用。土地增值税是调节房地产价格的主要经济工具之一，也是调控房地产行业利润的有效税种。我国土地增值税的征收对象是转让国有土地使用权、地上建筑物及其附着物并取得收入的单位和个人，因此征税范围很窄，仅将税收设定在转让环节，没有对出租、持有、作价入股等环节产生的增值额进行征税。在税率上，我国对土地增值税实行超率累进的征收方式，税率随着土地增值额的升高而升高，而在土地增值额居高不下的现下，资产泡沫的形成压力已经产生，这表明，土地增值税的调控功能已处于失效边缘。其主要原因在于：土地增值税监督管理缺乏力度，房产企业欠税严重；高税率的设置实际使得土地增值税逃税行为严重。房地产商经营的主要目的是利润，但是房地产行业的高税负让一些房地产商挖空心思逃避国家税收，税收征管效率低下。

2011 年 2 月 25 日第十一届全国人民代表大会常务委员会第十九次会议通过了新的《中华人民共和国车船税法》。该法将车辆分为乘用车和其他车辆并依此设定车船税的税率，乘用车一改以前的征税方式依据发动机气缸容量分级设计适用税率，而其他车辆则依据车辆类型进行征税。这样的改革有环保因素在内，是征收车船税的一大进步，但是对其他车辆仍实行按辆计征的方式缺乏合理性及可比性。

车辆购置税是以在中国境内购置规定车辆为课税对象、在特定的环节向车辆购置者征收的一种税，该税实行同一比例税率，税率为 10%，采用从价定率、价外征收的方法计算应纳税税额。这样的征收方式比较简单易行，但是并没有将环保因素考虑在内，没有区别对待那些具有环保性质但是价格高昂的车辆，这无疑加重了环保节能车辆的税收负担，不符合现阶段政府倡导的主流方向。

二、优化直接税与间接税税收结构

根据我国直接税与间接税的现状、存在的问题及国际常规惯例，本书以图 5.1 为思考主线，提出优化直接税与间接税的构想。

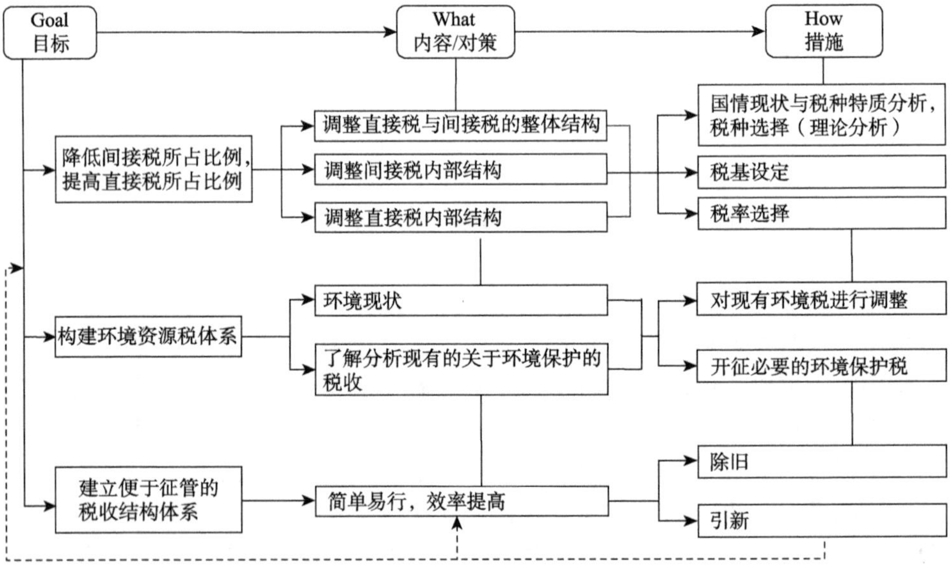

图 5.1　直接税与间接税税收结构优化构思图

（一）降低间接税所占比例，提高直接税所占比例

1983 年，Sah 对间接税归宿问题做了大量研究，他认为间接税的再分配功能非常有限。1984 年，Ahmad 和 Stern 以印度和巴基斯坦 1979~1980 年的数据为基础，利用反不平等的社会福利模型进行研究发现，对谷物、燃料和电力征收间接税比对服装征收间接税更加不可取。

高书生（2003）对再分配工具进行能力评估后，验证了直接税对降低收入不均等程度有至关重要的作用。刘怡和聂海峰（2004）以广东省城市住户的调查资料对中国三大流转税，即增值税、营业税和消费税这三种间接税在不同收入群体中的负担情况做了考察。他们的研究结果表明三种税收在低收入人群和高收入人群中的负担情况存在差异：低收入家庭负担的增值税和消费税的比例大于高收入家庭，而高收入家庭所负担的营业税的比例高于低收入家庭。他们得出的最终结论如下：增值税和消费税具有累退性；间接税恶化了收入分配。刘穷志（2011）通过构建间接税归宿的累退性和居民收入不平等关联的理论模型进行研究后发现：间接税的累退程度越高，居民的收入就会越不平等。在研究中，他以中国数据为基础，对累退性指标进行估算后得出中国间接税具有累退性的结论，认为它们在不同程度上恶化了居民收入的不平等性。高凌江（2011）对我国税收结构与经济增长关系的实证研究表明：财产税和所得税并没有发挥其应有的调节作用；流转税份额的增加会通过资本产出效率的提高，进而增加资本收入份额，加大资本所有者和劳动所有者的收入差距；流转税本身对经济的影响是负面的，没有体现其中性税收的作用。吕冰洋和谢耀智（2012）通过建立一般均衡模型对间接税与经济供需之间的关系进行实证分析后发现：生产型增值税对投资和消费都有抑制作用，整体上并不显著影响供需失衡；营业税的易转嫁性及双重征税的特征导致其增长严重强化了供需的失衡程度；以消费为计税基础的税种均为间接税，消费平均税率提高加剧了供需失衡局面。以所得税、财产税为主的直接税和以商品税为主的间接税各有其优点和缺点。虽然经济学家观点不一，但大都认为，直接税和间接税都有其存在的必然性，直接税与间接税两者的关系应当是相互补充，而非相互替代。

直接税较符合现代税法税负公平和量能负担原则，对于社会财富的再分配等具有特殊的调节作用。间接税则合乎普遍和效率的原则，对于经济社会发展的影响相对较小。以直接税为主体的税制结构在调节收入分配差距、发挥税收自动稳定器作用等方面的特点较为突出，但同时征纳双方税收成本较高。以间接税为主体的税制结构在迅速有效筹集财政收入方面的特点突出，但同时不能较好体现税负公平和量能负担原则。因此，推进税制改革、优化税制结构就是要求直接税与间接税之间合理搭配，充分发挥各自的优点，并尽量降低其缺点造成的影响。针对目前我国直接税比例过低，间接税比例过高的现状，税收结构调整的重点是提高直接税所占比例，降低间接税所占比例。

要优化直接税与间接税整体结构，调整直接税与间接税内部结构，应从以下几个方面着手考虑。

（1）分析我国国情及税收征管现状。

（2）明确已开征的税种，对其优缺点及作用进行重新评估。

（3）以国情为基础，调整已有税收，改革或摒弃不适宜的税种，开征必要的新税种。

（4）设定税基和税率。

就国情而言，我国经济水平有大幅度增长，税收征管水平虽与发达国家存在差距，但是相对以前而言有较大水平的提高。在综合考虑我国各方面的实际情况之后，我们建议通过调整已有的主要税种（因为契税、耕地占用税、烟叶税和船舶吨税在我国税收中所占比重很小，为了与前面的分析基本保持一致，在此不做单独讨论）、开征新税种的方式优化直接税与间接税结构。调整的主要原则是降低整体税负，进行结构调整。具体情况见表 5.1。

表 5.1　优化税制结构的建议

优化对象	税类	名称	调整建议	备注
已有税收	间接税	增值税	1. 因为增值税具有税收中性特点，且具有普遍征税的特点，应保持其主体税种之一的地位 2. 重视增值税链条的完整性，尽量减少对增值税链条的人为分割 3. 逐步扩大增值税的征税范围，将部分第三产业纳入该税范围，在宽税源的同时，降低单个纳税人的税负 4. 加快增值税立法进程，尽快提升其法律地位 5. 为了尽可能地实现税收公平，税率的改革方向应该向精简靠拢	1. 调低日常生活必需品及常用产品的税率 2. 融入更多的环境保护理念 3. 奖惩有别
		消费税	1. 根据经济发展变化和适用人群，调整消费税的子税目或者调低税率，如化妆品 2. 依据新出现的奢侈品，计征消费税，如私人飞机等	
		关税	1. 依据世界贸易组织（World Trade Organization，WTO）的《估价协议》，完善海关估价制度 2. 完善细化关税子目，尽量做到有法可依 3. 调整完善出口退税制度，在部分服务业实施出口退税试点	
		资源税	1. 扩大资源税的征税范围，将非矿产资源纳入征税范围 2. 调整资源税的税率，将矿产品的定额税率改为比例税率 3. 提高不可再生资源的单位税额	1. 按照资源禀赋或城市损耗有差别地征收 2. 体现环境（包括自然环境和社会环境）导向 3. 严格执行专款专用
		城市维护建设税	1. 提高其独立性，解除对三税的依赖，以营业收入作为计税基础 2. 将现今按照城市化程度实行差别税率改为按城市化与基础设施损耗程度确定税率	
		印花税	根据交易方式变化，以实质重于形式为原则，将互联网交易等无纸化交易纳入征税范围	
	直接税	企业所得税	1. 完善企业所得税法，关注新旧税法的衔接问题 2. 加快匹配政策的出台速度，尽量保持同步状态 3. 明晰企业所得税法中的用词，量化原则性规定	
		个人所得税	1. 实行普遍征收，根据物价水平及工资水平，定期调整免征额 2. 转变收入分类征税的方式，逐渐将对个人征税的方式改为对家庭征税，该费用分项扣除为整体扣除 3. 将对不同劳动来源实行不同征税方式的现状改为实行劳动报酬同额同税 4. 提高偶然所得税率 5. 降低边际税率，减少逃税漏税现象	
		房产税	1. 加快房产税立法 2. 建议将房产税的征税对象定位在高端消费	
		城镇土地使用税	1. 建议单列工矿区税目，提高工矿区单位税率 2. 规范明确城镇土地权属，建立所有权信息系统 3. 根据行业与城镇繁荣情况的关联情况分别计征城镇土地使用税，如对与城镇繁荣情况密切相关的娱乐业征高税，与之相反，对制造业征低税 4. 改从占用量计征的方式为从价计征，使税收收入与经济增长挂钩	二者同属于以土地为标的物的税收，应该配合使用

续表

<table>
<tr><th>优化对象</th><th>税类</th><th>名称</th><th colspan="3">调整建议</th><th>备注</th></tr>
<tr><td rowspan="3">已有税收</td><td rowspan="3">直接税</td><td>土地
增值税</td><td colspan="3">1. 扩大土地增值税的征税范围，将征税环节从转让环节扩大到出租、作价入股等获取收益环节
2. 适当降低土地增值税的税率
3. 建立房地产行业关联企业信息网，着力解决房地产行业偷逃税及欠税问题</td><td></td></tr>
<tr><td>车船税</td><td colspan="3">改革车船税的计税方式，将未转化为按气缸容量或排放量征税的子税目逐步改为该种征税方式</td><td></td></tr>
<tr><td>车辆
购置税</td><td colspan="3">区别对待新能源车辆及常规能源车辆，给予新能源车辆税收优惠</td><td></td></tr>
<tr><td rowspan="3">新开税收</td><td>税类</td><td>名称</td><td>征税对象</td><td>计税依据</td><td>税率</td><td>备注</td></tr>
<tr><td rowspan="2">直接税</td><td>遗产
赠与税</td><td>获得巨额遗产和赠与收入的单位和个人</td><td>巨额遗产和赠与收入，包括货币形态和非货币形态</td><td>实行分遗产赠与税（单独对每个遗产受益人或受赠人征税）累进制税率，规定免征额，适用高于个人所得税的税率；同时区别对待死者与遗产继承人的关系，对前辈实行低于后辈的遗产税率</td><td>保障社会自由竞争，抑制不劳而获的心理；必须同步配套出台遗产税管理办法，减少偷逃税问题</td></tr>
<tr><td>社会
保障税</td><td>获得工资薪金的个人以及受雇单位，自我雇佣者生产经营利润的个人</td><td>对低于当地平均水平的收入的个人不征税，但对受雇单位征税，以工资或利润为计税依据</td><td>实行基本税率和额外税率，对一般行业的从业人员实行基本税率，对高危险行业的人员实行额外税率</td><td>因该税种的开征不能影响个人基本生活，所以依据经济水平设定免征额及最高限额</td></tr>
</table>

（二）构建环境资源税体系

工业时代后，特别是第二次工业革命以后，世界环境问题凸显，经济与环境之间的矛盾越来越突出，大多数国家都面临着环境状况恶化的事实。为了控制经济对环境的破坏程度，基于市场的调控手段——环境税被越来越多的国家所青睐。

早在 1920 年，庇古就在其著作《福利经济学》中提出了环境税的最初模型——“庇古税”。该税要求根据污染所造成的危害程度对排污者征税，用税收来弥补排污者生产的私人成本和社会成本之间的差距，使二者相等。我们可以用图形来解释庇古税的合理性，见图 5.2。

假定成产某种产品降低了环境质量，图 5.2 中，MC_p 是私人边际生产成本，MC_s 是社会边际生产成本，ol 是生产该产品所带来的边际外部损失，MR 是边际收益线。若按市场自发确定，那么由 $MR=MC_p$ 确定产出 Q_p，但是实现社会资源有效配置的产出应该是由 $MR=MC_s$ 所确定的 Q_s。若对该产品征收相当于边际外部损失

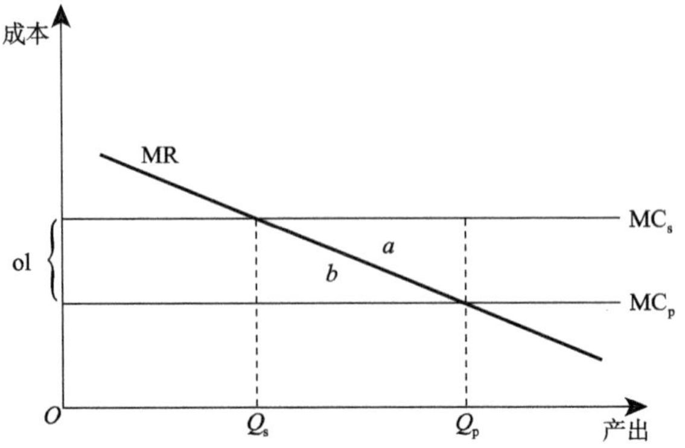

图 5.2　庇古税模型

（ol）的税收，则 $MC_p=MC_s$，社会资源配置达到帕累托最优。也就是说，庇古税的征收使得经济主体的外部性活动内部化了，其结果是社会福利增加，且福利净收益为 b，这源于环境改善的收益 $a+b$ 减去税收效率损失 a。庇古税告诉我们，如果没有环境税，存在外部性的经济无法达到最优，存在效率损失和经济扭曲。

随着环境经济效应研究的深化，“双重红利”的概念被提出。实施环境税产生双重红利的观点最先出现在 Tullock 等对水资源研究的课题中，在当时，他们称之为超额收益而非双重红利。20 世纪 90 年代初，Pearce 提出碳税（carbon tax）收入可以用来减少现有扭曲性税收的税率，因而会间接导致社会福利的增加，这样一种收入中性的改革可能在改善环境质量的同时获得第二份红利。至此，双重红利的提法被广泛接受。大多数环境经济学家认为环境税的开征可以改善环境质量，产生“绿色红利”。“绿色红利”的产生机制见图 5.3。

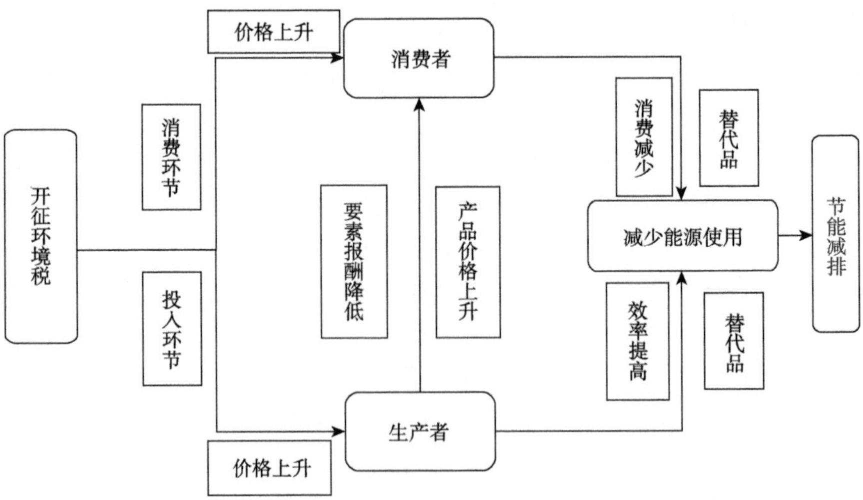

图 5.3　“绿色红利”的产生机制

如果征税所筹集的收入被用来削减具有扭曲效应的劳动税的税负，从而有助于减少税收制度对经济资源配置的扭曲程度，进而促使经济效率和社会就业水平的提高，“蓝色红利”又产生了。

不论是从环境角度还是从经济角度，环境税都具有开征的必要性。在我国环境问题越来越突出的现状下，开征环境税是非常必要的。

改革开放后，伴随着我国经济的快速增长，工业化和城市化进程的加快，环境污染问题也日益严重。近年来，政府采取了一系列措施进行节能减排并取得了一定的成效，但是我国的环境污染问题仍未得到根本改变。据环境保护部发布的《2012 中国环境状况公报》的报告内容，2012 年的监测结果显示，全国环境质量状况总体保持平稳，但形势依然严峻。

大气情况有所改善，但仍旧严峻。2012 年全国化学需氧量排放量为 2 423.7 万吨，氨氮排放量为 253.6 万吨，分别比上年减少 3.05%、2.62%；废气中二氧化硫排放量为 2 117.6 万吨，氮氧化物排放量为 2 337.8 万吨，分别比上年减少 4.52%、2.77%。2012 年的监测结果表明，全国环境质量状况总体保持平稳，但形势依然严峻。2012 年，325 个地级及以上城市环境空气质量仍执行《环境空气质量标准》（GB3095—1996），据此标准，达标城市比例为 91.4%，但执行《环境空气质量标准》（GB3095—2012）后，达标城市比例仅为 40.9%；113 个环境保护重点城市环境空气质量达标城市比例为 88.5%，按环境空气质量新标准评价，达标城市比例仅为 23.9%。酸雨分布区域主要集中在长江沿线及以南—青藏高原以东地区，酸雨区面积约占国土面积的 12.2%。

全国水环境不容乐观。长江、黄河、珠江、松花江、淮河、海河、辽河、浙闽片河流、西南诸河和西北诸河等十大流域中，Ⅰ~Ⅲ类、Ⅳ~Ⅴ类和劣Ⅴ类水质的断面比例分别为 68.9%、20.9%和 10.2%。珠江流域、西南诸河和西北诸河水质优，长江和浙闽片河流水质良好，黄河、松花江、淮河和辽河为轻度污染，海河为中度污染。在监测的 60 个湖泊（水库）中，富营养化状态的湖泊（水库）占 25.0%，其中，轻度富营养状态和中度富营养状态的湖泊（水库）比例分别为 18.3%和 6.7%。在 198 个城市的 4 929 个地下水监测点位中，优良-良好-较好水质的监测点比例为 42.7%，较差-极差水质的监测点比例为 57.3%。一、二类海水点位比例为 69.4%，三、四类海水点位比例为 12.0%，劣四类海水点位比例为 18.6%。四大海区中，黄海和南海近岸海域水质良好，渤海近岸海域水质一般，东海近岸海域水质极差。9 个重要海湾中，黄河口水质优，北部湾水质良好，胶州湾、辽东湾和闽江口水质差，渤海湾、长江口、杭州湾和珠江口水质极差。

农村环境问题日益显现。随着工业化、城镇化和农业现代化不断推进，农村环境形势严峻。突出表现为工矿污染压力加大，生活污染局部加剧，畜禽养殖污染严重。全国 798 个村庄的农村环境质量试点监测结果表明，试点村庄空气质量总体较好，农村饮用水源和地表水受到不同程度污染，农村环境保护形势依然严峻。

长期以来，我国在环境保护问题上一直都侧重于使用命令控制型的行政手段。随着经济形势的转变，单靠行政手段已远远不能解决环境污染问题，需要更多基于市场机制的税收经济手段。我国现行的税制已经初步体现了保护环境、限制污染的政策导向，但是我国尚未形成环境保护税体系，与发达国家相比存在很大差距。

要构建环境税体系需要从以下几个方面进行考虑：①我国现有的关于环境资源的税收有哪些？②依据我国环境污染现状，需要开征哪些环境税？③调整已有的税收，建立新的环境税种。

目前我国已有的关于环境保护的税收情况见表 5.2。

表 5.2　环境保护税收情况

独立性	税名	采用方式	属性	归属
独立	资源税	征税	间接税	共享
	车船税		直接税	地方
	城镇土地使用税		直接税	地方
	耕地占用税		直接税	地方
非独立	增值税	优惠	间接税	共享
	消费税	征税	间接税	中央

表 5.2 中独立性的区分标准是该税开征的主要目的是否是保护环境或限制环境污染、合理利用资源；采用方式中征税是指对资源占用、使用或环境污染进行征税，优惠是指在该税中对那些对环境保护有利的行业或企业给予税收优惠。

从表 5.2 看，具有独立性的关于环境的税主要是针对矿产品、盐和土地，车船税虽然对车船所有人进行征税，在一定程度上限制了汽车废气排放对空气的污染，但是由于其仅对乘务车采用按气缸容量征税，其他车辆按辆计征，所以在保护环境上的作用有局限性。非独立性税对环境的保护多是通过鼓励节能减排行业的发展达到目的，如在消费税中对成品油及木制一次性筷子等征收消费税达到环保目的。从税收归属看，已有的税收大部分属于地方管理，中央管辖的税种不多。

综合来看，中国环境税类的征税面很窄，而且缺乏单独的环境税惩治环境污染行为。许多存在污染的行业没有为其污染行为付出额外代价，环境污染税缺位。而且，多数税种归属地方管理，其执行力度和执行范围没有中央税广。因此，要建立较为有效的环境税体系，必须扩大环境税的征税面，设立单独的环境污染税，专款专用，而且应该强化中央税在环境税中的占有率。

根据我国环境和资源情况，我们建议通过调整或开征新税种建立环境资源类税收体系，并在环境资源税下分环境税和资源税两大类。其设计原则如下：区别对待环境污染和资源利用；有奖有罚；充分体现达标与不达标的差异；提高中央税在环境资源税中的比重。环境资源类税收建议见表 5.3。

表 5.3　环境资源类税收建议

<table>
<tr><th>优化对象</th><th>独立性</th><th>类别</th><th>性质</th><th>税种</th><th>征税对象</th><th>计税基础</th><th>税率</th><th>归属</th></tr>
<tr><td rowspan="11">环境资源税体系</td><td rowspan="9">独立</td><td rowspan="5">环境税</td><td rowspan="4">惩罚类</td><td>大气污染税</td><td>排放的各种有害气体</td><td rowspan="4">对能够测量的按实际排放计税，不能测量的按一定技术估计计税</td><td rowspan="4">对达标排放实行基本税率，对超标排放实行特殊税率</td><td>中央</td></tr>
<tr><td>水污染税</td><td>排放的有污染性的废水</td><td>中央</td></tr>
<tr><td>固体污染税</td><td>白色污染，煤灰、冶金和化工废渣等</td><td>地方</td></tr>
<tr><td>其他污染税</td><td>噪声等</td><td>地方</td></tr>
<tr><td>奖励类</td><td>环境补贴税</td><td colspan="3">对改善环境污染有明显作用的行业或企业给予补贴，其形式为返税、退税等</td><td>共享</td></tr>
<tr><td rowspan="4">资源税</td><td rowspan="3">惩罚类</td><td>矿产税</td><td>包括金属矿与非金属矿、盐</td><td>实际开采量</td><td>级差税率</td><td>地方</td></tr>
<tr><td>土地税</td><td>改变原有利用方式并对环境产生不利影响的土地</td><td>按照使用面积、使用目的分别征税</td><td>对不同的使用目的实行差别税率</td><td>中央</td></tr>
<tr><td>砍伐税</td><td>计划外砍伐的森林等</td><td>按照实际砍伐量计征</td><td>设定基本税率，对超额砍伐实行特殊税率</td><td>地方</td></tr>
<tr><td>奖励类</td><td>资源补贴税</td><td colspan="3">对研发替代资源或利用替代资源的企业进行返税或退税</td><td>共享</td></tr>
<tr><td rowspan="2">非独立</td><td rowspan="2">其他税</td><td rowspan="2">奖励类</td><td>增值税</td><td colspan="3" rowspan="2">对符合节能减排、提高资源利用率或开发新资源的行业或企业就该税给予优惠、低税或免税</td><td>共享</td></tr>
<tr><td>消费税</td><td>中央</td></tr>
</table>

（三）建立便于征管的税收结构体系

在介绍关于直接税和间接税结构以及各自内部存在的问题时，我们多次提到由于税制设置不合理以及相关技术手段无法满足税收评估水平，尽管有些政策规定在理论上可行，但是在实际征管当中却流于形式，无法真正实施。由于技术水平的限制，在实际中，我们不可避免会遇到这样或那样的问题。虽然我们不能避开这些问题，却可以利用某些方法手段降低这些征管阻力，所以在调整税收结构时，应该将征管的便利性与有效性考虑在内。因为在第六章我们会单独对如何提高税收效率进行分析，所以此处略过不提。

第二节　国税（中央税）与地税（地方税）税收结构构想及对策建议

一、我国国税（中央税）与地税（地方税）税收结构存在的问题

我国国税与地税的划分源自1994年分税制改革。改革后，财政收入得到大幅度提高，财政收入占GDP的比重不断提高，中央财政收入在全部财政收入中的比重也大幅度提高。中央财政危机得以解决，中央在处理宏观经济问题上也掌握了主动权。然而，随着分税制改革的深化，改革中的很多矛盾逐渐凸显并变得越来越棘手，亟待解决。

（一）国税（中央税）与地税（地方税）之间存在的问题

税收立法权和税收政策的制定权多集中于中央，地方在法律和政策制定上的权力比较小，这与分税制的分治程度存在差异。

分税制的核心内容是划分中央与地方的权力边界，为各级政府职能的行使奠定制度基础。分税制划分的主要矛盾应该是税权的划分，次要矛盾是税收收入的划分。税权过于集中于中央，导致地方政府为了满足基本支出需要，平衡地方预算，采取在正常税收之外开征其他费用的方式取得地方收入，造成税费混乱的状态，增加纳税人负担。

在我国，中央与地方共享税以及全国统一实行的地方税的立法权集中在中央，具体包括消费税、关税、车辆购置税、增值税、企业所得税、个人所得税和证券交易印花税等。地方依法所拥有的只有适当的地方税收立法权。税收立法权规定，省级人民代表大会及其常务委员会有根据本地区经济发展的具体情况和实际需要，在不违背国家统一税法、不影响中央的财政收入，不妨碍我国统一市场的前提下，开征全国性税种以外的地方税种的税收立法权。经省级人民代表大会及其常务委员会授权，省级人民政府有本地区地方税的解释权和制定税法实施细则、调整税目、税率的权力。地区性地方税的立法权只限于省级立法机关或经省级立法机关授权的同级政府，不能层层下放。由此可见，我国地方政府在税收立法上的权力很少且受到许多限制。

（1）分税制改革不彻底，税源划分不尽合理。

分税制的实行不仅是财力和财权的分配，还是中央政府与地方政府权责关系的重建与调整。在其他分税制比较成功的国家，国税与地税分设实行的是较

为彻底的分税制，只按税种划分中央税和地方税，中央和地方的税收征管各自独立，彼此不重叠交叉，产生摩擦的可能性小。与这些国家不同，我国的分税制虽然同样依据税种将税收划分为中央税、地方税和共享税，就税收征管过程分为国税和地税，而税收的归属最终分为中央税收和地方税收。可是我国的分税制在划分具体税源时，中央政府与地方政府之间的分配体制并不是完全根据税种确立的，在某些税源的分配上仍然受到企业行政隶属关系的影响，如资源税中，海洋石油企业缴纳的部分归中央政府，其余部分归地方政府；城市维护建设税中，中国铁路总公司、各银行总行、各保险公司总公司集中缴纳的部分归中央政府，其余部分归地方政府；等等。在税源划分上，分税制以税种和企业行政隶属关系为双重标准，这并不规范。

（2）财权与事权不匹配。

采用分税制将税收分为国税（中央税）和地税（地方税）后，依靠税收收入形成的财力集中于中央，地方财力削弱，难与地方经济同步发展。现阶段，我国的主体税种为中央和地方共享税（如增值税，中央政府享有 75%，地方政府享有 25%；企业所得税，中国铁路总公司、各银行总行及海洋石油企业缴纳的部分归中央，其余部分分中央政府和地方政府按 60%和 40%的比例分享）。而作为地方政府财政收入来源的税种，税源的分布零星分散，在全国税收收入中所占比重比较小，征管难度比较大，如营业税、地方企业所得税、个人所得税、固定资产投资方向调节税、城市维护建设税等。

财权是中央与地方关系中最重要又敏感的中枢神经。财政权限，简称“财权”，是指政府在取得财政收入、安排财政支出，以及对财政收入和支出过程进行管理等方面的权限。财政权限在各级政府间的划分，是分级财政的核心内容，也是任何一种财政体制的主要内容。可以说，财政体制所要解决的主要问题是如何在各级政府间划分财政权限，即“分权”；而不是分割财政收入，即“分钱”。财权关系从广义上的概念理解就是整体利益和局部利益的关系。正是由于中央与地方政府财权与事权的不确定，地方政府容易产生短期行为，或是突击把有限的资源耗掉；或是不敢动用资金，因为自己没有所有权。

事权是指政府的管理职责，各级政府都担负着一定的政治、经济和社会责任。科学合理地划分政府的事权范围是保证分税制顺利执行的基础，也是处理各级政府财政关系的关键。各级政府的事权范围划分清楚，方能确定财政的支出范围，根据支出定收入，划分相应的税源。这样才能保证各级政府的收入与支出相匹配，既不浪费也不至于导致某些政府出现入不敷出的现象。

我国宪法规定：“中央和地方的国家机构职权的划分，遵循在中央的统一领导下，充分发挥地方的主动性、积极性的原则。”同时也规定：“中华人民共和国国务院，即中央人民政府，是最高国家权力机关的执行机关，是最高国家行政机关。”它负责贯彻执行党的路线、方针、政策和全国人大及其常委会通过的法律、法令，统一领导国务院各部、各委员会和其他所属机构以及地方各级政府的工作，管理中国的外交、国防、财政、经济、文化、教育等事务，领导社会主义现代化建设。中央政府拥有最广泛的事权：行政领导权、行政立法权、行政提案权、行政监督权、人事行政权、建制权及全国人大及其常委会授予的其他职权。在地方组织法中所设立的地方政府的事权也是很大的，它们有行政执行权、行政领导权、行政监督权、行政管理权、人事行政权以及其他事项的办理权。

把法律规定与现实的中央政府事权和地方政府事权作一比较，我们可以看到：中央政府对地方政府的控制是有充分的法律依据及前提的，宪法明文规定的国务院职权是极其广泛的，几乎涵盖了所有方面。宪法对中央和地方各级政府各自的职责范围做出的规定，没有明显的区别而几乎是一致的，除了少数事权如外交、国防等专属中央政府外，地方政府拥有的事权几乎全是中央政府的事权翻版。在单一制-集权型政府结构中，中央政府对地方政府拥有足够的领导权，而这种领导关系在中国又往往以行政领导的方式出现。它一方面体现在国务院对地方政府的直接领导方面；另一方面体现在中央政府的主管部门对地方政府的各工作部门的领导或业务指导，而地方政府各部门又是地方政府的组成部门方面。因此，中央政府对地方政府的领导是双重的、垂直的领导关系。有了这种领导关系再加上前述的事权划分上的模糊，地方政府基本处于一种软弱无力的地位。近些年来，这种状况虽有所改观，但总体框架没有实质性变动。也正是由于财权与事权的模糊，既使中央政府陷入了繁杂的小事之中，没有太多的精力考虑全盘的事务，也使得地方政府在处理本区事务中受到财力及权限的束缚而缺乏责任感。

中央投资和管辖的公共事务主要如下：国防、外交外事、对外援助、武警部队、全国性基础设施和公共设施、中央政府机关和中央事业单位、国家公检机关。地方投资和管辖的公共事务主要如下：地方性基础设施和公共设施、地方政府机构和地方事业单位、地方公检法和民兵。中央与地方共同承担的公共事务如下：教育、科技、卫生、文化体育、抚恤和社会福利救济、劳动就业和社会保障补助，对不发达地区的援助和灾难救助。在对“383”财税改革方案的解释中，中央党校教授周天勇统计的数据显示，地方政府用45%的预算财力承担了75%的事务。

（二）国税（中央税）内部存在的问题

生态环境保护的意识在国税中体现得并不明显，有较少的调控环境的独立税种（如环境保护税）。

我国仅有的几个独立的关于环境资源保护的税收除资源税共享以外，均属于地方税种，如土地增值税、城镇土地使用税等。作为国税（中央税）税收主要来源的增值税和消费税，它们在环境保护问题的处理上选用的是辅助形式，仅以税收优惠（增值税对环保企业实行税收优惠）形式存在或对部分产品（如木制一次性筷子属于消费税的征税范围）征税。

（三）地税（地方税）内部存在的问题

（1）地方税税收收入规模相对较小，现行的地方税税种虽多，但是其对地方财政收入的贡献不突出。

现有税收中，归属于地方税收收入的税种包括城镇土地使用税、耕地占用税、契税、土地增值税、房产税、车船税、契税和筵席税。在前面分析国税（中央税）和地税（地方税）的比例时，已经提到，中央税在总税收收入中所占比重虽有下降趋势，但是仍维持在60%附近，而地方税所占比例不到40%，国税与地税之间的比重差距更大。而在地方税中，作为完全属于地方的地方税所占比例仅在10%左右，其他收入均来自中央与地方共享税。

（2）由于财权与事权的不匹配，地方催生出了形式多种多样的非税收入和地方债务。

税收财政收入的严重不足和地方财政支出之间存在的缺口在客观上刺激了地方政府及地方政府所属部门在税收之外寻找其他非税收入，尤以土地财政收入最为明显。地方政府寻找的这些非税收入游离在严格的财政预算体系之外，这些非税收入通常是利用举债等金融安排提前变现，导致地方财政收入的约束被弱化，地方债务危机风险飙升。2013 年 7 月国际货币基金组织（International Monetary Fund，IMF）首次公布其对中国政府债务水平的评估，称 2012 年广义政府债务（包括中央和地方预算内及未列入地方预算内的，如地方基础设施建设支出）已超过 GDP 的 45%。而 2013 年渣打银行发布的《亚洲债务大起底》报告估算，截至 2012 年末中国政府债务占 GDP 的 78%。

（3）地方主体税种缺位，地方税制不完善导致现有的地税结构无法发挥其对地方资源优化配置的职能。

由于税权高度集中于中央，地方政府的税权限制颇多，在很大程度上缺乏征税自主权。由于地方主体税种较少，地方税体系不健全，就地方收入而言，其收入多依靠共享税税收收入，高比重的共享税收入不利于地方政府之间的公平竞争。在某种程度上，分税制有变相沦为财政分成机制的危险。这样的分成机制难以发挥地方政府相对于中央政府的信息优势，削弱了地方税制应具备的资源配置功能。

（4）生态环境保护在地方税种中的体现程度不强，环境问题没有得到应有的关注。

一方面，现行税制没有从预防的角度开征污染产品税、一般环境税，没有体现引导整个社会消费习惯、消费方式崇尚资源节约、强调生态保护的政策导向；

另一方面，现行税制一味配合了以经济建设为中心的政策导向，导致有条件的地方搞经济发展，没条件的地方也要创造条件盲目搞发展，其结果必然是破坏性开发，从而导致生态、环境、资源全面恶化。

二、优化国税（中央税）与地税（地方税）税收结构

目前我国的税制体系仍存在着一些问题和不尽完善之处。建立适合我国国情的税制体系，需要注意财权与事权相结合、以事权为基础划分各级政府的收支范围及管理权限。优化税收结构应坚持权、责、利相结合的原则：一方面，要维护中央财政的主体地位，对于中央税和全国性的地方税，其立法权仍应集中在中央，以保证全国范围内税收政策的总体统一，消除地方之间的恶性税收竞争。另一方面，在分税制下，地方政府承担着提供区域性公共品的职责，在地方经济社会发展中发挥着重要的作用。地方财政应该拥有举足轻重的、稳定的收入的主体税种，以保证有足够的和相对稳定的收入来源。因此，在保证中央统一立法和加强监管的前提下，可以适当下放部分税收征收和调节的权力，以利于地方政府根据本地经济情况，挖掘税收潜力，改善财政状况，建立起真正的地方财政。此外，无论是国税还是地税，在环境保护问题上都明显缺乏执行力度，应强化这方面的考虑。

根据国税（中央税）和地税（地方税）存在的结构问题，本书的税收结构优化思路见图 5.4。

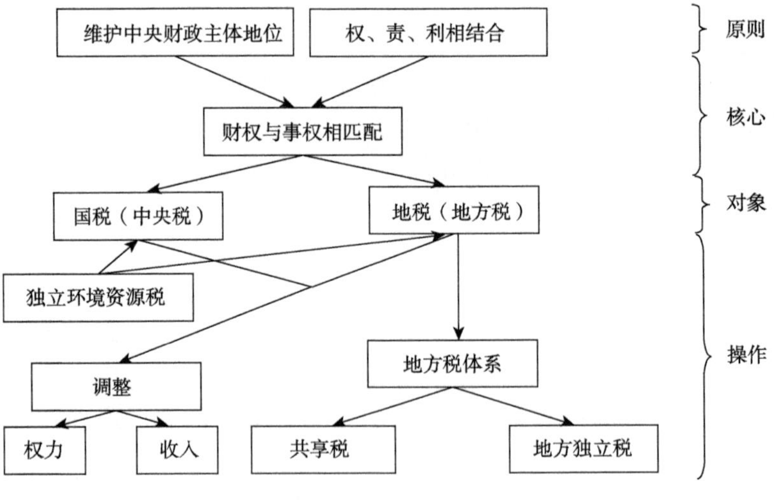

图 5.4　本书的税收结构优化思路

1）维护中央财政主体地位

集中力量方能办大事，这里所说的集中力量并不是指搞人海战术，以量取胜

等。按照社会发展理论，集中力量办大事是指有效地整合社会资源达到预期目的。分税制改革以前，中央政府的财政收入与GDP的增长速度严重不相符，中央财政出现危机，并且呈现出向地方借债后无法偿还的尴尬局面，许多必要的、行之有效的宏观政策得不到有效执行，其主要原因在于中央财政收入与中央财政支出之间的缺口过大。

在行政事务上，中央政府需要管理外交、国防、财政、经济、文化等各个方面，中央财政需要对国防、武警部队等影响国家安全的事务负责，需要对全国性基础设施和公共设施等影响国计民生的事务负责，对外交外事、对外援助等对外交流事务负责，还要对维护公众利益的国家公检机关负责。其支出范围涵盖的均是影响国家安全、关乎国计民生的大工程，故而所需要的经费投入也是相当大的。

维护中央财政的主体地位，关乎国家的整体安全及综合发展。同时，中央财政还起着调控宏观经济的重要职能，以保证宏观经济健康发展。所以中央财政的主体地位决不能动摇。

2）权、责、利相结合

任何组织结构都会涉及权、责、利的分配，权力的分配意味着利益的分配。理论上，权力和利益是一对孪生子，但是责任与权利却是对立的。社会学在讲权利与义务的关系时指出，没有没有权利的义务，也没有没有义务的权利。

管理学同样阐述了一个相同的道理，即权责对等，没有没有权力的责任，也没有没有责任的权力，权力大的岗位担负的责任也大，而权力小的岗位担负的责任小，它们遵循线性耦合关系。

权力相当于利益，而责任意味着某种付出，获得一定量的权力应该用等量的付出进行等价交换。将这些理论放在国家税收问题上也是成立的。中央和地方在收入上获得的权力与利益必须担负与之相匹配的责任。

3）财权与事权相匹配

十八届三中全会对全面深化改革做出了重要部署，其中一项重要的目标就是建立事权和支出责任相适应的现代财政体制。从 1994 年分税制改革实施至今，各级政府的财权与事权一直没有得以明确划分。近年来，由于收入来源稳定、税源集中、增收潜力较大的税种，多数都被列为中央固定收入或中央与地方共享收入，中央财政得到了极大的充足，地方政府的收入占整个财政收入的比重则呈下降趋势。

在分税制体制下，虽然中央政府调控能力和平衡地区财政的能力在增强，但基层政府财权与事权不匹配的矛盾日渐突出，引发的问题也不断增多，如“跑部钱进”引发的腐败问题、通过卖地引发的土地财政问题、地方债务风险问题，多与不科学的财政体制相关。

地方政府财权与事权不相匹配，实际上已经不是一个新问题，早在 21 世纪初，地方政府就提出了这一问题。十一届全国人大期间，全国人大常委会组成人员在审议预算和审计工作报告时，曾多次明确提出要合理划分财权与事权，建立财权与事权相匹配的财政体制。但近年来，这一问题解决的进度与社会的期待还存在不小的差距。其主要原因在于财权的调整涉及深层次利益问题，涉及行政管理体制改革等更深层次问题，需要顶层设计，统筹规划，多方推进。税收作为我国财政收入的主要来源，如何将其依据各自承担的事权在中央和地方进行合理划分不仅关乎中央和地方利益矛盾的缓和，以及现代财政体制的顺利构建，更是中央和地区各项任务健康正常有序进行的有力保证。

财权与事权的不匹配是我国国税（中央税）和地税（地方税）之间存在的最主要的矛盾。要优化二者之间的结构，最主要的是解决二者之间的权力与责任分配问题。只有这个问题解决了，国税（中央税）和地税（地方税）之间的结构优化才可能行之有效。正是由于财权与事权在优化税收结构问题上有着重要的不可替代的作用，所以成为优化税收结构的核心任务。

4）国税（中央税）与地税（地方税）结构优化

国税（中央税）与地税（地方税）之间存在的主要矛盾是财权与事权的不匹配。站在税收角度，主要是税收权力和税收归属在中央和地方进行划分时存在不合理之处。所以优化税收结构首先应该对税收权力和税收归属进行调整。

一是税收权力的调整。

在税法统一的指导思想下，我国税收立法高度集中，地方在税收立法上的权力很小。地方虽然可以根据本地实际情况，拥有部分地方税收的立法权，但是更常见的是，地方所拥有的多是在暂行条例规定范围内的对征税对象、税率和税收优惠等方面的有限决定权。

由于我国地域辽阔，各地的经济资源具有地方特色，各地区的经济发展不平衡，而且地方经济资源和税源存在明显差异。高度集中的税收立法权难以适应客观现实的需求，严重影响到了税收的调节力度。所以在统一税法的前提下，应该赋予地方更多的立法自主权，因地制宜地制定地方性税收法规，促进地方经济发展。

税收权力可进行如下调整。

中央税与共享税的税收立法权全部集中在中央。其中包括税目税率调整权、税收开征停征权、税收减免权等，以加强中央的统一领导，维护中央权威，保证全国统一市场的正常运行，增强中央的宏观调控能力。但如果共享税的减免涉及地方利益和税收收入，中央应当充分考虑地方的实际情况，防止出现地方收入的大幅度波动。

部分重要地方税种可适度下放权限。对于事关市场体系统一，事关地区间的平衡与协调，或者事关中央税税基，在宏观调控中有着与中央税种同等重要作用的地方税种，如个人所得税、遗产税、赠与税、资源税等，为防止出现由地方自主立法造成的税基异常流动（如居民流向个人所得税税率较低的地方）、税收宏观调控功能减弱、自然资源分布不均衡加剧等问题，其立法权、解释权、开征停征权等必须集中在中央，而将部分政策调整权下放给地方，由地方在中央规定的幅度范围内结合当地经济发展及其他本土资源状况自行确定，如对税率、扣除标准等可规定一定的浮动幅度，以增强这些地方税种的灵活性和适应性。

地方小税种的税权应该大幅度下放。对于那些全国虽然普遍开征，但是作用范围仅限于地方，对全国统一市场没有大影响，且对宏观经济不产生较大影响的小税种，如城市维护建设税、印花税、遗产税、赠与税等，适宜增强地方的立法权，除税法制定权由中央保留外，其他的权力，如税法解释权、开征停征权、税目税率调整权、税收减免权、税收加征权和实施办法的制定权等应该下放地方，方便地方利用税收调控手段发挥地域资源优势。

提高地方自行决定税种的权力。对于那些税源在地区之间分布极不平衡又不会对中央税基构成威胁，不会对宏观经济产生直接经济影响的税种，应由地方政府根据本地情况和特点决定是否开征，也由地方自己解释、自定税率和减免范围以及违章处理办法。

二是税收归属的调整。

税收归属调整要达到的主要目的是适当增加地方税收收入。具体可以通过两种方式达到目的：其一，调整现有系统；其二，开征新的归属于地方的税种。

调整现有系统是指通过对中央和地方共享税的分享比例进行调整。增值税是我国第一大税种，在税收中所占比例过半，其分享比例的微小调整能够对中央和地方税收收入结构产生大影响。而且，增值税的分享比例是 75%：25%，中央拿大头，而地方仅拿到小部分的税收收入，与地方在促进经济增长问题上的投入不相配。为了维护中央税的主体地位，建议将分享比例改为 55%：45%，这样在不改变中央税地位的同时也增加了地方税收入。

开征新的归属于地方的税种。因为地方主体税种缺乏，且地方税体系不完整，地方税种的开征不可避免。新开的地方税种在增加地方财力上也具有重要作用。更为具体的情况，我们在后面地方税收体系的构建部分将有详细说明，此处略过。

前面有提到，我国国税（中央税）和地税（地方税）税收结构中存在的主要问题是其所设计开征的税种中，独立环境资源税缺位，仅在部分流转税中以优惠或税收子目征税的方式体现对环境和资源的保护。中央税中独立环境资源税的缺乏削弱了中央在环境保护和合理调整资源配置方面的能力，无法起到总控作用。

结合前面我们在优化直接税和间接税税收结构问题中对资源税调整的建议，我们对表 5.3 中各税种的归属问题做出解释和说明。

大气和水流具有流动性，纳税人排放的废气废水等，不可能仅污染某一个地方。若将大气污染税和水污染税划归为地方所管辖，那么污染源头地和受污染受影响地为了自身目的，肯定存在税收竞争。若是法律明文规定大气污染税和水污染税归属于某个地方管辖，势必对另外受污染影响且没有得到税收收入的地方造成不公平。此外，大气污染和水污染是全国性也是全球性的问题。该问题不是依靠单个地方政府的能力就能够解决的，需要集中力量，统筹规划。在我国，能有效办成这件事的机构只有中央政府，当然，这也需要地方政府的全力支持和配合。将大气污染税和水污染税划归中央所有，是该税的特性决定的。

固体污染税和其他污染税划归地方所有主要是出于两个方面的考虑。其一，固定污染有明确的地理位置，污染源的治理具有地方特性。由于地缘问题，地方政府在解决这类具有明显地域归属的污染时更具有效率。其二，在现阶段，我国地方财政本就缺乏，赋予其治理当地环境某个方面的权力，而又不给专项资金，那么，该项任务极可能完不成，还会增加地方政府的财政负担，恶化地方现有财政形势。

将矿产税划分为地方所有，主要是考虑我国地域辽阔，各种矿产资源类别多样，且在各地分布不均。每种矿产都具有自身独有的特性，将矿产税划分给地方不仅可以提高地方在合理配置该地所有矿产时的调控能力，还可以给予地方依据本地实际情况进行资源保护、提高资源利用效率的能力。

土地税归属中央。在中国，土地属于国家和集体所有，其所有权归属国家和集体，个人拥有的是土地的使用权。因为地方财政吃紧，为了满足地方财政支出的需要，许多地方都选择了“土地财政”。“土地财政”是指一些地方政府依靠出让土地使用权的收入来维持地方财政支出，属于地方财政收入的一种。中国的“土地财政”主要是依靠增量土地创造财政收入，也即通过卖地的土地出让金来满足财政需求。中国搞城市经营和土地财政，最早是从香港兴起的。但是因为内地土地国有，往往凭借公权力和专政机关力量强行征地拆迁，低价收购他人的土地所有权，所以其交易并不公平。土地财政造成个别地方政府官员乐于寅吃卯粮、竭泽而渔，根本不考虑下一任政府官员如何解决财政收入的问题。“土地财政”恶化国民收入分配，抑制民间投资，影响产业结构调整，加剧房地产行业等的产能过剩，造成资金和资源的严重浪费。土地税的开征目的是保护土地资源，提高资源的利用率。如果将土地税划分给地方政府，因该税与其利益有很大关系，难以保证该税的实际施行。所以建议将该税划归中央。

砍伐税划归地方。砍伐税的对象是计划外的砍伐量。我国幅员辽阔，由于地形、气候等原因，每个地区的植被覆盖率相差很大。在植被覆盖率高的地区，当地政府可以根据预计需求与森林存量状况计划砍伐量，比中央更能把握本地植被覆盖的变化情况。而且由于自然环境的差异，各地的植被量差异大，如果将砍伐税划归中央，那么中央在该税征管问题上的投入效率必定低于划归地方时的状态。

环境补贴税和资源补贴税为共享税。从本质上讲，环境补贴税和资源补贴税更是一种财政补贴。与其他补贴的主要不同是其补贴方式是通过税收返还，在税收内部完成整个交易。环境和资源的保护不是中央或地方某个整体能够单独完成的，需要二者的有序配合。在税收收入分配上，中央和地方都是受益人。按照权力与责任对应的原则，在鼓励环保和合理利用资源问题上，二者也应该有所划分。因为在税收设计时，中央主导的是全国性的环境资源问题，而地方主要负责的是具有明显地域界线的税收。所以在补贴共享时，建议中央给出基本补贴，地方根据本地的实际情况给予补充补贴。

非独立税收中，增值税划分为共享税，消费税划分为中央税，主要是因为现行的税收体制在进行税收归属划分时采用了这样的划分方式。短时间内，其各自的征收范围不会发生太大改变。若强行拆分，则会导致税收混乱，不利于税收征管。

5）地方税体系建设

关于地方税体系建设的理论依据，已有学者提出了许多观点。福利改进说认为，相比于中央政府，地方政府因更了解本地公众对公共产品的需求和偏好，所以在提供地方公共产品时更有效率，能够改进福利。既然地方政府要为地方提供地方公共产品，那么就需要建立地方税体系，为地方提供独立财力。一级事权一级财权一级税权说认为，政治体制既然实行的是分级管理，那么财政也应该实行分级管理，每级财政均应当有独立的财政，并有相应的地方税体系作为支撑。地方无税权导致收费泛滥说认为我国出现税收外收费泛滥的主要原因是地方政府没有税收立法权。要解决收费泛滥问题，应规范财政分配关系，因而必须建立地方税体系。调动地方积极性说认为地方税体系的构建一方面可以提高地方政府采取措施调整产业结构、促进经济增长的积极性，另一方面也会促使地方政府配置税源，加强税收征管，提高当地公共服务水平的意识。

不论是哪种观点，都赞成建立地方税体系。我们比较赞成一级事权一级财权一级税权说。但是税权在各级之间的分配并不是绝对断裂的，地方税体系也不可能孤立存在。所以我们建议从两个方面来构建地方共享税体系和地方独立税体系，具体情况见图 5.5。

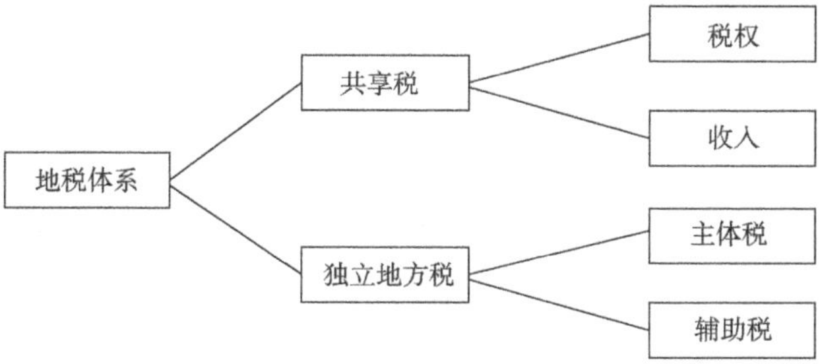

图 5.5　建立地方税体系的思路

地方税体系当中，因为共享税的立法权在中央，就这方面，地方并没有太大权力，处于较为被动的接受地位。但是在前文中，我们也提到由于现实需要，中央和地方在税权和税收归属问题上应有所调整。就共享税而言，应该提高地方在共享税具体征收问题上的权力，提高其灵活性。就税收收入归属问题而言，具体的建议见表5.4。

表 5.4　建立地方税体系的建议

税种	原归属情况	建议归属情况	备注
增值税	中央 75%，地方 25%	中央 55%，地方 45%	在主体税种上保持中央税的主体地位
企业所得税	中国铁路总公司、各银行总行及海洋石油企业缴纳部分归中央，其余按 60%和 40%划归中央和地方	取消“中国铁路总公司、各银行总行及海洋石油企业缴纳部分归中央”的规定，并按 60%和 40%划归中央和地方	取消企业行政隶属在税源划分上的影响；保持中央税的主体地位
个人所得税	储蓄存款利息所得的个人所得税归中央，其余按 50%：50%划分	不变	储蓄存款利息可以反映居民整体存款状况，应由中央征收
资源税	海洋石油企业缴纳部分归中央，其余归地方	取消该规定，按照前面环境资源税处的建议划分	
城市维护建设税	铁道部、各银行总行、各保险公司集中缴纳部分归中央，其余归地方	全额归属地方	取消企业行政隶属在税源划分上的影响；更改后变为独立地方税
印花税	证券交易印花税收入 94%归中央，6%归地方	证券交易印花税收入全归属中央，其余归地方	证券市场状况对我国经济发展意义重大，影响范围非常广，应由具有宏观调控的中央政府整体调控

独立地方税是指地方具有自主立法权或具有重大决定权的、收入完全归属地方所有的税种。在构建独立地方税时不能违反税法规定，不能挑战税法的整体统一性，同时应该建立符合地区经济的主体税种。具体情况见表 5.5。

表 5.5　建立地方主体税和辅助税思路

类别	税收	说明
主体税	主体税	随着营改增的全面铺开，地方可以根据自身的实际情况培养主体税以保证地方财力的稳定性
辅助税	城镇土地使用税	三者同属于以土地为标的物的税种，应该配合使用，互为补充协调，作为地方税的重要来源
	土地增值税	
	耕地占用税	
	车船税	
	契税	
	筵席税	
	遗产赠与税	遗产赠与税是建议新开征的税种，将其归为地方所有不仅可以增加地方财力，还能够引导人们加入家乡建设

第六章　提高税收效率的思路及政策建议

第一节　中国税收效率存在的问题

一、各地区差异较大，目前整体仍处于低效率阶段

就总体而言，我国税收效率是提高的，但是相较而言，仍处于低效率阶段，而且各地区之间仍存在比较大的差异。

从国税、地税角度看，国税地税系统税收征管效率是提高的，一个特定地区国税、地税系统的税收征管效率增减波动情况相当。较高的国税系统税收征管效率增长率往往伴随着较高的地税系统税收征管效率增长率出现。

在国税系统中，仅安徽、湖北、湖南、云南四省的税收征管效率有所下降；在地税系统中，内蒙古、安徽、江西、湖北、广西、海南、四川、甘肃八省（自治区）的税收征管效率下降，其余样本省份的税收征管效率都是提高的。

税收征管效率的提高，是由技术效率指数和技术进步指数共同作用的，但大多数省（自治区、直辖市）税收征管效率的提高是由技术进步指数的提高推动的，技术效率在提高税收征管效率中产生的是负影响。

就区域看，我国税收征管效率不论按省际分类还是按区域分类，总体上都是不断提高的。经济发达地区税收征管效率往往较高，即较高的税收征管效率增长率往往伴随着较发达的经济出现，地区的经济发展水平对税收征管效率存在某种正面影响。

二、征税成本连年攀升，高于世界水平

我国税收收入大幅度上升的同时，征税成本也连年攀升，高于世界水平。

据《中国经济周刊》报道，按美国国内收入局 1992 年年报统计，当年税收征收成本 65 亿美元，占税收收入总额 11 207 亿美元的 0.58%。新加坡的税收征收成

本率为0.95%，澳大利亚为1.07%，日本为1.13%，英国为1.76%。根据中国国家税务总局公布的数据测算，1994年征税成本占税收收入的3.12%，1996年征税成本率为4.73%，2008年征税成本率约为8%；从经济合作与发展组织2008年测算的税收征税成本来看，2007年美国征税成本约占税收收入的0.28%，英国为0.95%，加拿大为0.25%。中央财经大学教授刘桓和天津财经大学教授李炜光都认为中国税收成本高是一个不争的事实。从更细致的数据来看，我国的征税成本可能在5%~8%。例如，基于对两个地级市的分析，广东商学院于海峰教授调研认为，一个地级市的国家税务局的税收成本是8.87%，如果加上基建成本，税收经费占税收收入的比重是13.14%。而另一个地级市地方税务局税收经费占税收收入的比重达19.29%。一些研究人员在更低的层级（区县级）的调研发现，税收成本占到税收收入的26%，一些地区征税成本更是达到50%。

2008年8月，时任审计署署长刘家义在第十一届全国人大常委会第四次会议上做了一次审计工作报告。此报告的第七部分提及征税成本审计调查情况。审计署确认了税务部门征收成本率在2002年后出现下降的态势，不过，征税管理仍存在较大问题：人头经费偏高；办公用房面积大幅超标；小汽车购置有大量的违规行为；各种招待费、会议费、培训费和出国费用严重超标。

国内税收征管成本较其他发达国家较高，存在很大的优化空间，降低税收成本、提高税收征管效率成为亟待解决的问题。

第二节　中国税收效率低下、发展不均的原因分析

中国税收效率低下、发展不均是经济、税收制度和税收征管等多方面的因素综合影响下的产物。

经济因素通过税源影响税收征管效率。一是经济发展水平。经济发展的水平越高，税源的总量越大，越容易带来税收征管的规模效应，进而降低单位税额的税收成本，最终提高税收征管效率。二是经济结构的复杂性。经济结构越复杂，税收征管受到的阻碍越多。复杂的经济结构要求税收征管方式和手段具有区别性和针对性，并且要求税务人员要有与之相适应的知识结构和管理能力，这必将增加税收成本，导致税收征管效率的降低。三是税源分布的集中程度。税源分布集中，意味着较低的税收征管成本，相应地，税收征管效率也就比较高。与之相反，税源的分布分散，那么征管成本会相应增加，这必然导致征管效率降低。四是经济组织的规范化程度。经济组织的规范化程度主要是指财务核算体系的完善程度以及经济组织在理财活动中遵守相关法律法规的自觉程度。我国各地区经济

发展不均衡，导致税源和配套设施存在地域分布差异，影响各地的征管效率。

税收制度的繁简对税收征管效率产生影响。简单明了的税收制度有利于明晰税收义务，减少不确定性，在降低征税成本的同时也降低纳税成本，从而提高税收征管效率。而复杂的税收制度不但要求更为严密的、更为完善的征管制度与之配套，而且要求纳税人花费更多的时间和精力去理解和履行纳税义务，导致征税成本和纳税成本增加，从而降低了税收征管效率。我国税收制度本身也有不合理之处。许多税种的开征、论证都不足。在开始实施之后，税务机关要发布大量的实施细则和补充规定来加以修正。此举不仅增加纳税人的成本，也给税务人员的工作带来挑战。

分税制改革带来高成本。改革的直接成果就是中央和地方分设税务机构。按地税局人员的说法，地税机关人员被“扫地出门”。因此，从省地税局再到乡镇的税务所，都是在“一穷二白”的基础上兴建起来的。在国税和地税分设的几年间，税务基础建设费用、人员培训费用等大增。

税务机关设置的不合理阻碍了税收效率的提高。长期以来，我国都是比较条块化的管理模式。几乎所有的机关都是按照行政区划进行设置的，因此有几级政府就有几级税务机关。但是国际经验显示，税务机构应该根据不同的经济规模和税源灵活设置。

税收征管因素，如税收征管模式的选择、税收征管手段的高低、税收管理体制形式和税务人员素质等对税收征管效率都有重要影响。

税收征管模式是税务机关为了实现税收征管职能，在税收征管过程中由税收征管机构、征管人员、征管形式和征管方法等要素相互作用所形成的组织形式，一般表现为征收、管理、稽查的有机组合，从中反映出税收征管的制度和技术水平。征、管、查各部门之间分工是否合理，职责是否明晰，衔接是否顺畅，信息传递及反馈和共享是否到位，都影响着征管效率水平。

税收征管手段主要是通过各种先进手段在税收工作中的应用程度来影响税收征管效率。充分挖掘现有资源，加快税收信息化建设进程，是提高税收管理水平的保障。通过计算机技术，实现税务登记、纳税申报、税款征收、税务稽查、税源监控等税收征管各环节的信息化管理，将各项税收执法行为以规范的形式固化到税收征管软件中，使执法人员进行标准化操作，可以有效减少执法的随意性。对纳税人涉税信息的电子采集、网络传输，可以加强税源监控，有效打击涉税违法行为。同时，税收征管信息化是整个社会信息化的一个组成部分，如果社会信息化程度滞后于税收征管信息化，那么与税收征管相关的外部信息将难以获取，提高税收征管效率之路必然受阻。

在中央集权的税收管理体制下，税收征管机构是单一垂直体系，征税成本相对较低。对纳税人而言，只需面对一家税务机构办理纳税事宜，相应的纳税成本也较低。但是集权管理的管理幅度大，管理权限高度集中，管理链条长，信息的上传下达、分析决策以及决策的执行，无论是在时效性上还是在正确性上，都很可能要打折扣，从而使工作效率大大降低。我国税收管理体制的集权度比较高，而且实行双重领导体制模式，税收政策的实效性不强，传递的信息也可能出现不对称。

税收征管人员的素质方面，税收征管人员职业道德和业务水平高，有利于提高税收征管效率。但是就目前看，我国税务人员的文化水平、职业道德及业务水平与其他国家相比，还不是很高，从业人员的素质水平有待提高。

第三节　提高税收效率的思路及政策建议

提高税收效率必须要有针对性，不能广撒网，造成不必要的浪费，增加无效成本。前面我们已经就导致我国税收效率低下的原因做了分析，要提高税收效率就必须将这些障碍因素逐一排除。正因如此，如图 6.1 所示，我们建议从经济、制度和征管三个角度着手。

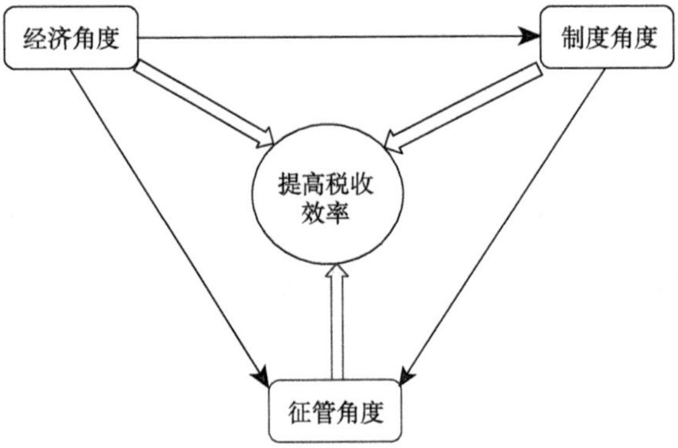

图 6.1　提高税收效率的思路图

一、经济角度

（1）发展经济，培养成熟税源，加强税源管理。经济发展方能为税收提供更多的、更为优质的税源。税源集中度的提高，便于税收管理，降低征税边际成本，发挥税收征管的规模效应。

我国经济发展一直处于不平衡之中，经济发展水平呈现从东到西依次降低的状态。改革开放初期，为了发展经济，国家提倡先富带后富，支持一部分人先富起来，所以在沿海开放了许多城市发展贸易。沿海经济发展起来了，各种思想、制度、基础设施建设等也在探索中不断完善，并与经济发展形成良性循环。与之相反，中西部地区经济比较落后，其配套设施没有得到有效提高。因为政策和设施的差异，各地在吸引投资方面存在差异。为了获得良好的发展机遇，许多大企业和新兴企业在条件允许的情况下都愿意驻扎在经济发达的地区，这为经济发达地区税源充足优化提供了条件，而经济较为落后的地区却失去了这样的机会。

基于经济对税收征管效率的影响，国家政策应该继续向中西部地区倾斜。西部大开发和中部崛起等政策必须一贯执行，而且当地政府还应当根据各地区所具有的特殊之处有针对性地发展本地经济，培养适合本地的主体税源，进行集中管理。

（2）优化产业结构。非优的产业结构不利于经济的健康发展，影响税源的质量，加大税收征管成本。坚持市场调节和政府引导相结合的原则，实现资源优化配置，加快自主创新水平，推进信息化与工业化融合，促进产业协调健康发展。实现复杂无序的经济结构向有序健康的结构发展，降低税收征管难度。

二、制度角度

建立简便的税收制度，既要简化税制又要设计便于征管的税收制度，同时保证税制的明晰性。

简化税制并不能走极端，为了降低成本而把应有的制度都去除，那不仅不能达到提高税收效率的目的，更可能适得其反。我们所说的简化税制是指在现有的税制基础上剔除那些重复的、效率不高的、复杂的制度设计。同时，根据需要在现有的基础上完善所需的税制，增加必要的规定，做到税制的结构性增减，优化税制结构。

（1）设计便于征管的税收制度。目前我国实行的土地增值税、增值税和所得税等的计算和纳税制度都非常烦琐，不便于税收征管，增加了征纳双方的办税成本。改变现有复杂的计税纳税方式，可以减少不必要的支出。简化纳税人申报纳税的程序，将许多现场作业改为网络作业，既可以节省纳税人的排队等候时间，也便于税收机关的录入登记，提高双方的办税效率。修改现有的不合理的税收制度，如降低所得税的边际税率，减少纳税人的逃税动机，方便计税，减少税款流失；将个人所得税的分项计税方式改为合并计税，既可减少偷逃税的条件，也可降低个人所得税计税方式的复杂性。

（2）保证税制的明晰性。要保证税制的明晰性，最主要的是税法、暂行条例和实施办法中有关税收的规定应该准确明晰，尽量减少原则性词语的运用。税种的定义界限及征纳管理范围应该很明确，应减少因为规定不明确而导致的各种争议，尽量不采取浮动处理方式。税收政策的制定原则上应保持一贯性和一致性，对于修改的地方应有明确的配套解释。

（3）建立成本核算制度，对税收征管成本进行考核和评价。

长期以来，我国税务部门较注重税收收入量以及是否完成既定税收收入，很少对税收进行成本核算，税务部门成本意识较为淡薄。全国税收总成本和分税种成本等均没有准确数字进行评估核算，即便是公布的少数区域性成本，其统计口径也存在很大区别，可比性不高，准确度也值得怀疑。

为了准确核算税收成本，应尽快建立一个规范的、系统的和科学的税收成本核算制度。即由主管国家税务的国家税务总局制定统一的成本核算目标管理制度，就税务成本的开支范围、税收成本核算方法、税收成本管理责任、固定资产的管理办法、成本监督以及违章处理等内容进行明文规定。着重关注税务成本的开支范围与税务成本核算方法。

税务成本的开支范围包括：人员经费，主要有人员工资、补助和相关福利基金等；办公费用，如培训、宣传、差旅、科研、印刷等费用；购置设备设施费用，如固定资产的折旧费、租赁维修费等。税务成本的核算方法可以借鉴会计中对产品费用的核算方法：将税收征管过程中发生的各种费用先进行归集，然后选择适当的方法，将发生的费用分配到受益对象中去。定期统计分析税务成本并进行分析，做到定期向政府报告，向公众公开，让人们了解成本动向，接受全民监督。

（4）加强国税与地税之间的合作。

国税与地税两套税务机构分设在确保中央收入及中央权威的同时导致了重复管理、重复征收、重复检查等问题，加大了税收的征收成本和纳税成本。但是，如果将国税和地税合并，可能带来以下问题：第一，回到 1994 年改革之前的状况，中央的权威地位受到威胁；第二，税收管理链条变长，税收政策等信息的传递时间变长，执行力度和效度降低；第三，由于管理权距加大，信息不对称会更加明显，政策制定的适宜性受到影响，税收效率降低。因此，合并国税和地税的方法并不可取，但是可以通过国税与地税合作来解决分设带来的问题。

分税制后，国税和地税各有各的管理范围和内容，信息共享程度不高。在某种程度上还为了各自利益，存在各种矛盾。要提高税收征管效率，加强国税与地税的合作是必要的。国税和地税合作的前提是明晰各自所管辖的范围，职责明确，避免利益冲突。各地国税局和地税局应该积极采取措施，加强国税与地税之间的信息沟通，开展联合办证、联合评定纳税人信用等级工作；扩大国税与地税之间的交流与合作，就新的征管方式手段及方法进行交流，互相促进，共同发展。

三、征管角度

（1）优化办税、纳税程序，加强税收法律制度的宣传和税务咨询辅导，为纳税人提供必要的、有效的纳税条件。在提高纳税人纳税意识的同时提高纳税人完成纳税工作的能力，保证纳税人能够及时、足额纳税，降低经济成本和时间成本。税务机关可以通过公告、网络或现场咨询等方式就纳税政策、纳税方式及纳税事项等向纳税人予以解释说明。这要求各级税务机关应该完善其网络信息平台建设，及时更新各式信息，切勿让网络信息平台流于形式或者内容陈旧。同时应要求纳税人，特别是具有集中性特点的重点纳税人应时常关注税收政策的变化动向，及时准确地了解相关税务动态。

（2）加强与纳税人的交流，提高税务机关与纳税人之间的和谐程度，方便纳税。可以通过举办座谈会、在税务办公厅建立信息咨询处或者走访纳税人等方式加强与纳税人的联系。就纳税人所关心的问题进行实际思考，就纳税人提出的好的建议或者意见，在评估可行性之后进行采纳。这样不仅可以与纳税人建立良好的合作关系，同时可以吸取众人所长，改善征管现状。

（3）切实减轻纳税人办税负担，在降低纳税人办税负担的同时也能减轻税务机关的办税负担。办税负担重是我国纳税人办税过程中存在的重要问题。例如，办理涉税事项时需要申报的资料很多，重复报送资料，办税服务厅经常出现排长队的现象，同一纳税人因为所纳税种的归属不同而不得不在不同的税务服务厅之间来回奔跑等。这些现状都是影响税收征管效率的细节因素。建议从细节上减轻纳税人和税务人员的办税负担。例如，建立“一户式”管理模式，对一个纳税人的纳税信息以及其报送的资料进行一个口子接受并及时录入，征税部门就同一纳税人的纳税信息实现部门共享。在纳税人办理税务登记时应对纳税人的基本信息资料和其他办税需要的各种资料以及以后办理其他涉税事项时所需要的资料进行整合管理。转变传统管理观念，善于运用信息化技术整合和应用现有资源，加强部门协调配合，降低双方负担。对于排队纳税问题，可以由税务负责机关和纳税人就纳税时间进行协商，预先分配办税时间，有计划地引导纳税人分期申报纳税。各税务机关应根据税收征管工作的规律就征管程序中出现的问题进行具体分析。按照既利于税务管理又方便纳税人的基本要求，降低办税的复杂程度，优化办税程序，减少办税负担，降低征纳双方的办税成本，提高征纳双方的办税效率。

（4）采用相关措施提高消费者的税务意识，扩大信息渠道，监督纳税人依法纳税。在这方面，应用税控器具和有奖发票的推广作用是明显的。它们不仅利于流转税的税收管理，也有利于所得税的税收管理。但是目前我国税控器具的推广应用程度还不是很高，而且发展也不平衡，应采取有效措施对此进行改善。

（5）现代的技术手段和科学的征管方法是提高税收效率的重要手段。跟以前相比，现代化征管手段的运用程度在我国税收征管过程中有很大程度的改善，但是相较于其他国家仍存在很大的差异，特别是软件技术在税收征管中的应用更少。运用信息技术、网络技术等科技含量高的征管手段和方法，构建税收征管信息化平台。采用先进的税收征管理念和手段，加快税收征管信息化建设步伐。以网络硬件和特定软件为依托构建技术平台，逐步实现总局和分局数据与信息共享。尽快开发和运用功能齐全、安全可靠的业务管理软件，加大计算机在税收征管中的运用范围，推行电子报税以及税款征收无纸化，减少人工成本，提高税收征管效率。

（6）在征管对象上，税收征管力量应当倾向于那些能带来大额税收收入的纳税人。例如，将个人所得税的主要征管力量放在大型个体私营业主、歌星等高薪人员身上。对个体户应该采取抓住大户、促进小户、带动中户的方式降低税收征收成本。加大抽样审计在税收征管中的运用比例。每年对所有纳税人进行普遍检查的办法并不可取，这既会增加税收成本又会影响检查深度。改用科学的抽样技巧，把检查密度、实际执行次数和造成纳税人不依法纳税的因素联系起来，尽量使收入与成本的边际效益最高。

（7）提高税务人员的职业素质，合理配置税务人员。目前，我国税务征管人员素质普遍不高，要提高人员素质，应加强对在职税务人员的培训和考核。除了要求从业人员熟悉税收法规、财会制度、调查研究和查账技术外，还应要求从业人员有良好的职业道德。在培训在职人员之外应同时培养专门的税务储备人才。在我国，许多高校都开设了经济管理类专业，培养后备人才。但是，税务专业在各高校并不多见，单独的税务学校更是寥寥可数。虽然经济管理各专业之间存在许多共通性，但是培养专门的税务专业人才可以为税务工作培养更具有针对性的人才，更加对口的专业有利于提高税收效率。

由于税务人员的分配不合理，有的地区人手不够，无法满足征税需要，而有的地区人员过多，造成人员浪费。除此之外，由于东部地区经济条件好，更多的高素质人才更愿意去东部和高层税务机构就职，造成地区间、各层级间税务从业人员的素质分配不均，税收征管效率也发展不平衡。合理配置税务人员应该贯彻“面向征管、面向基层”的精神，引导高素质人才向中西部，向基层就业，相对均匀地配置税务人员。

参考文献

曹燕萍，付淑琴. 2004. 缩小我国区域经济差距的税收政策探讨[J]. 财经理论与实践，25（6）：81-84.

陈工，陈习定，何玲玲. 2009. 基于随机前沿的中国地方税收征管效率分析[J]. 税务研究，（6）：82-85.

陈金保，赵晓，何枫. 2011. 税收负担、税收结构对我国服务业增长影响的实证分析[J]. 中国农业大学学报（社会科学版），28（3）：184-190.

陈诗一，张军. 2008. 中国地方政府财政支出效率研究：1978—2005[J]. 中国社会科学，（4）：65-78，206.

程永昌. 1995. 我国税收效率问题研究[J]. 财贸经济，（3）：32-34.

崔治文，王蓓，管芹芹. 2010. 我国税收结构与经济增长关系的实证检验[J]. 涉外税务，（6）：28-32.

董晓岩. 2010. 税收征管效率研究综述与内涵辨析[J]. 税务与经济，（6）：79-85.

高凌江. 2011. 中国税收结构合理性实证研究[J]. 财贸经济，（10）：25-30.

高书生. 2003. 我国收入再分配规模估算[J]. 经济学动态，（5）：31-35.

龚志坚，鄢明海，晏争鸣. 2009. 区域税收征管效率损失模型的解构与运用——基于税收征管资源配置视角的分析[J]. 江西社会科学，（7）：106-108.

顾长虹，承玉松，任洪彬. 2000. 提高税收效率之探析[J]. 税务研究，（5）：52-57.

国家税务总局“直接税与间接税的关系”课题组. 2004. 直接税与间接税税负水平和税收结构的国际比较[J]. 涉外税务，（4）：34-38.

何平林，石亚东. 2012. 基于数据包络分析的税收征管效率探究[J]. 税务研究，（7）：81-84.

何茵，沈明高. 2009. 政府收入、税收结构与中国经济增长[J]. 金融研究，（9）：14-25.

胡怡建. 1994. 市场经济与税收效率[J]. 税务研究，（2）：9-13.

黄夏岚. 2012. 地区间的税负差异与税收结构——地区税负基尼系数的税种分解[J]. 经济体制改革，（3）：112-116.

吉淑英. 2004. 提高我国税收征管效率的基本思路[J]. 税务研究，（5）：64-66.

蒋小平，叶子荣. 2013. 税收结构与中小企业发展——基于中国省际面板数据的实证分析[J]. 财经问题研究，（2）：123-129.
李大明. 1998. 税收征管效率与深化征管改革[J]. 财政研究，（2）：56-57.
李建军. 2012. 我国国税机关税收征管效率及其影响因素[J]. 财经论坛，（4）：41-46.
李建军. 2013a. 税收征管效率与实际税率关系的实证研究——兼论我国“税收痛苦指数”降低的有效途径[J]. 当代财经，（4）：37-47.
李建军. 2013b. 个人所得税征管效率：理论与实证分析[J]. 经济科学，（2）：109-119.
李建军，张雯，余喆杨. 2011. 地方税收效率及公平性实证研究[J]. 中南财经政法大学学报，（5）：68-73.
李建军，赵桂芹，单年宏. 2012. 我国税收征管效率实证分析——基于修正的三阶段 DEA 方法[J]. 税务与经济，（1）：85-91.
李绍荣，耿莹. 2005. 中国的税收结构、经济增长与收入分配[J]. 经济研究，（5）：118-126.
李燕凌，欧阳万福. 2011. 县乡政府财政支农支出效率的实证分析[J]. 经济研究，（10）：110-122，149.
李占国，王波冰. 1997. 试论我国的税收效率[J]. 山西财经学院学报，（5）：53-57.
林江，徐世长. 2012. 税收收入监管、税收结构与经济增长[J]. 财政监督，（25）：12-15.
刘凤良，于泽，李彬. 2009. 持续经济增长目标下的最优税负和税收结构调整[J]. 经济理论与经济管理，（3）：41-47.
刘海庆，高凌江. 2011a. 税制结构与经济增长——基于我国省级面板数据的实证研究[J]. 税务与经济，（4）：83-90.
刘海庆，高凌江. 2011b. 税制结构与经济增长关系的实证研究——基于中国 30 个省级面板数据[J]. 东北大学学报（社会科学版），13（6）：492-498.
刘穷志. 2011. 间接税归宿的累退性与居民收入不平等[J]. 经济管理，（1）：166-171.
刘穷志，卢盛峰，陈思霞. 2009. 税权分配与税收征管效率——基于中国省际面板数据的实证分析[J]. 经济评论，（5）：60-67.
刘怡，聂海峰. 2004. 间接税负担对收入分配的影响分析[J]. 经济研究，（5）：22-30.
吕冰洋，樊勇. 2006. 分税制改革以来税收征管效率的进步和省际差别[J]. 世界经济，（10）：69-77，96.
吕冰洋，郭庆旺. 2011. 中国税收高速增长的源泉：税收能力和税收努力框架下的解释[J].中国社会科学，（2）：76-90，221-222.
吕冰洋，谢耀智. 2012. 间接税对供需失衡的影响分析[J]. 经济理论与经济管理，（1）：73-81.
吕术业，刘晓光. 1998. 浅谈我国的税收效率[J]. 中央财经大学学报，（7）：20-22.
马拴友. 2001. 中国经济增长的财政政策分析[D]. 中国社会科学院研究生院博士学位论文.
马拴友. 2002. 税收结构与经济增长[J]. 税务与经济（长春税务学院学报），（1）：4-6.

祁毓，郭均均. 2012. FDI 会影响地方政府效率吗？[J]. 数量经济技术经济研究，（2）：21-36.
阮家福. 1997. 刍议我国税收效率[J]. 税务与经济（长春税务学院学报），（2）：6-10.
申嫦娥. 2006. 中国的经济增长、需求约束与税收结构[J]. 税务与经济（长春税务学院学报），（6）：64-68.
石子印. 2008. 财产税效率的作用机制考察[J]. 改革，（2）：67-70.
宋庆瑜. 2010. 优化中国税收结构的几点思考[J]. 湖北经济学院学报（人文社会科学版），7（5）：65-66.
宋英杰. 2012. 基于 SUPER-SBM DEA 模型的税收征管效率区域评价[J]. 统计与决策，（19）：80-83.
谭韵. 2012. 税收遵从、纳税服务与我国税收征管效率优化[J]. 中南财经政法大学学报，（6）：43-47.
涂俊，吴贵生. 2006. 基于 DEA-Tobit 两步法的区域农业创新系统评价及分析[J]. 数量经济技术经济研究，（4）：136-145.
汪柱旺. 2011. 我国税收结构、人力资本与经济增长的关联分析[J]. 税务研究，（12）：68-73.
王宝顺，于海峰. 2012. 我国税收征管效率评价问题实证研究[J]. 税务研究，（3）：77-81.
王德祥，李建军. 2009. 我国税收征管效率及其影响因素——基于随机前沿分析（SFA）技术的实证研究[J]. 数量经济技术经济研究，（4）：152-161.
王乔，龚志坚. 2010. 对我国大城市税收征管效率的思考[J]. 当代财经，（12）：34-40.
吴玉霞. 2009. 中国税收结构的经济增长效应研究——基于省级面板数据的统计分析[D]. 天津财经大学博士学位论文.
肖加元. 2009. 税收效率思想发展演进及其前沿研究[J]. 财经理论与实践，30（1）：69-73.
谢滨. 2007. 税收征管效率评估——基于随机前沿模型研究[J]. 税务研究，（11）：68-70.
谢滨. 2008. 税收征管质量和效率的模糊综合评价探析[J]. 税务研究，（1）：84-86.
许崴. 2011. 试论中国税收结构优化的政策与策略安排[J]. 经济与管理，25（8）：58-61.
杨得前. 2008. 中国税收征管效率的定量测算与分析[J]. 税务研究，（11）：67-70.
杨得前. 2010. 基于 DEA 方法的我国税收征管效率研究[J]. 税务与经济，（3）：77-81.
杨格 A. 1996. 报酬递增与经济进步[J]. 经济社会体制比较，（2）：52-57.
杨小凯，黄有光. 1999. 专业化与经济组织[M]. 北京：经济学出版社.
叶静. 2010. 税收结构的决定因素——政治经济学视角下的研究述评[J]. 中共浙江省委党校学报，（4）：86-90.
尹吉明. 2012. 税收结构影响因素及演变轨迹[J]. 中国管理信息化，15（9）：59-61.
应亚珍，陈洪仕. 2004. 税收征管效率影响因素评析[J]. 税务研究，（11）：73-74.
于海峰，姚凤民，吴丽芬. 2005. 全面建设小康社会的财政政策思考[J]. 财政研究，（11）：7-9.
臧秀清，许楠. 2005. 税收征管效率综合评价指标体系研究[J]. 燕山大学学报（哲学社会科学版），（4）：61-64.

张江雪，朱磊. 2012. 基于绿色增长的我国各地区工业企业技术创新效率研究[J]. 数量经济技术经济研究，（2）：113-125.

张胜民. 2012. 税负水平上升对我国税收结构变动的影响[J]. 财贸研究，23（3）：76-84.

张胜民. 2013. 我国税收结构变动的经济增长效应分析——兼论税收结构变动与区域经济非均衡增长[J]. 财贸经济，（9）：16-27，66.

张婷婷. 2012. 宏观税负、税收结构与区域经济非均衡发展[J]. 经济问题，（5）：17-20.

赵志耘，杨朝峰. 2010. 经济增长与税收负担、税制结构关系的脉冲响应分析[J]. 财经问题研究，（1）：3-9.

郑榕. 1998. 论我国税收效率原则的理论和实践[J]. 税务与经济（长春税务学院学报），（4）：4-6.

周建军，王韬. 2002. C-D 函数在税收效率分析中的应用[J]. 税务与经济，（4）：5-9.

邹薇，刘勇. 2008. 习惯形成与最优税收结构[J]. 世界经济，31（2）：55-64.

Afonso A，Aubyn M S. 2005. Cross-country efficiency of secondary education provision：a semi-parametric analysis with nondiscretionary inputs[EB/OL]. https://depeco.iseg.ulisboa.pt/wp/wp052005.pdf，2009-03-10.

Ahmad E，Stern N. 1984. The theory of reform and Indian indirect taxes[J]. Journal of Public Economics，25（3）：259-298.

Aidt T S，Jensen P S. 2009. The taxman tools up：an event history study of the introduction of the personal income tax[J]. Journal of Public Economics，93（1~2）：160-175.

Aizenman J，Hutchison M，Jinjarak Y. 2013. What is the risk of European sovereign debt defaults? Fiscal space，CDS spreads and market pricing of risk[J]. Journal of International Money and Finance，34（4）：37-59.

Aizenman J，Jinjarak Y. 2008. The collection efficiency of the value added tax：theory and international evidence[J]. Journal of International Trade and Economic Development，17（3）：391-410.

Aizenman J，Marion N P. 1993. Policy uncertainty，persistence and growth[J]. Review of International Economics，1（2）：145-163.

Allingham M G，Sandmo A. 1972. Income tax evasion：a theoretical analysis[J]. Journal of Public Economies，1（3~4）：323-338.

Amromin G. 2003. Household portfolio choices in taxable and tax-deferred accounts：another puzzle? [J]. Review of Finance，7（3）：547-582.

Anderson S P，Palma A D，Kreider B. 2001. The efficiency of indirect taxes under imperfect competition[J]. Journal of Public Economics，81（2）：231-251.

Anderson S P，Schmitt N. 2003. Non-tariff barriers and trade liberalization[J]. Economic Inquiry，41（1）：80-97.

Araujo L，Arvate P. 2016. Institutional quality and capital taxation[J]. International Tax and Public

Finance，23(1)：25-47.

Ashworth J，Heyndels B. 2001. Political fragmentation and the evolution of national tax structures in the OECD[J]. International Tax and Public Finance，8（4）：377-393.

Ashworth J，Heyndels B. 2002. Tax structure turbulence in OECD countries[J]. Public Choice，111（3~4）：347-376.

Atkinson A B，Stiglitz J E. 1976. The design of tax structure：direct versus indirect taxation[J]. Journal of Public Economics，6（1~2）：55-75.

Atkinson R D. 2007. Expanding the R&E tax credit to drive innovation，competitiveness and prosperity[J]. The Journal of Technology Transfer，32（6）：617-628.

Borck R. 2003. Voting on redistribution with tax evasion[C]. DIV Berlin Discussion on Paper，No.329.

Breeden C H，Hunter W J. 1985. Tax revenue and tax structure[J]. Public Finance Review，13（2）：216-224.

Brennan G，Buchanan J M. 1980. The Power to Tax：Analytical Foundations of a Fiscal Constitution [M]. Cambridge：Cambridge University Press.

Caves D W，Christensen L R，Diewert W E. 1982. The economic theory of index numbers and the measurement of input，output，and productivity[J]. Econometrica，50（6）：1393-1414.

Clemens J，Veldhuis N，Palacios M. 2007. Tax efficiency：not all taxes are created equal[J]. Economic Prosperity，4：1-32.

Coelli T. 1998. A multi-stage methodology for the solution of orientated DEA models[J]. Operations Research Letters，23（3~5）：143-149.

Cullen J B，Gordon R H. 2002. Taxes and entrepreneurial activity：theory and evidence for the U.S. [C]. NBER Working Paper，91（7~8）：1479-1505.

Das S P. 2011. The political economy of revenue pressure and tax collection efficiency[J]. Indian Growth and Development Review，4（1）：38-52.

Fare R，Grosskopf S，Norris M，et al. 1994. Productivity growth，technical progress，and efficiency change in industrialized countries[J]. American Economic Review，84（1）：66-83.

Gemmell N，Morrissey O. 2010. Distribution and poverty impacts of tax structure reform in developing countries：how little we know[J]. Development Policy Review，23（2）：131-144.

Gemmell N，Morrissey O，Pinar A，et al. 2004. Tax perceptions and preferences over tax structure in the United Kingdom[J]. The Economic Journal，114（493）：117-138.

Gentry W M，Hubbard R G. 2000. Tax policy and entry into entrepreneurship[J]. American Economic Review，90（2）：283-287.

Gentry W M，Ladd H F. 1994. State tax structure and multiple policy objectives[J]. National Tax Journal，47（4）：747-772.

Gill H L，Haurin D R. 2001. The choice of tax base by local authorities：voter preferences， special interest groups, and tax base diversification[J]. Regional Science and Urban Economics, 31（6）: 733-749.

Goodspeed T J. 2000. Tax structure in a federation[J]. Journal of Public Economics, 75（3）: 493-506.

Goodspeed T J. 2002. Bailouts in a federation[J]. International Tax and Public Finance, 9（4）: 409-421.

Gordon R K. 2010. On the use and abuse of standard for law: global governance and offshore financial centers[J]. Social Science Electronic Publishing, （9）: 2958-2972.

Gravelle J G. 2009. Tax havens: international tax avoidance and evasion[J]. National Tax Journal, 62（4）: 727-753.

Hamilton. 1983. The flypaper effect and other anomalies[J]. Journal of Public Economics, 22（3）: 347-361.

Hayes K J, Razzolini L, Ross L B. 1998. Bureaucratic choice and nonoptimal provision of public goods: theory and evidence[J]. Public Choice, 94（1~2）: 1-20.

Hettich W, Winer S L. 1984. A positive model of tax structure[J]. Journal of Public Economics, 24（1）: 67-87.

Hettich W, Winer S L. 1988. Economic and political foundations of tax structure[J]. The American Economic Review, 78（4）: 701-712.

Hines R D. 1988. Financial accounting: in communicating reality, we construct reality[J]. Accounting, Organizations and Society, 13（3）: 251-261.

Huang Y, Mesak H I, Hsu M K, et al. 2012. Dynamic efficiency assessment of the Chinese hotel industry[J]. Journal of Business Research, 65（1）: 59-67.

Ismagilova L A, Orlova E V. 2007. Simulation of efficient tax load in groups of subjects of taxation[J]. Journal of Computer and Systems Sciences International, 46（1）: 107-110.

Jarass L, Obermair G M. 2008. Tax on earnings before interest and taxes instead of profit-fair, simple and competitive a conceivable initiative of EU Member States for a common consolidated corporate tax base[J]. ec Tax Review, 17（3）: 111-117.

Jha R, Mohanty M S, Chatterjee S, et al. 1999. Tax efficiency in selected Indian states[J]. Empirical Economics, 24（4）: 641-654.

Kamalakanthan A, Laurenceson J. 2005. How important is foreign capital to income growth in China and India? [C]. ABERV Discussion Paper, No. 14.

Kirjavainen T, Loikkanen H A. 1998. Efficiency differences of finnish senior secondary schools: an application of DEA and tobit-analysis[J]. Economics of Education Review, 17（4）: 377-394.

Koenig T, Wagener A. 2013. Tax structure and government expenditures with tax equity concerns[J]. Journal of Economic Behavior and Organization, 90: 137-153.

Lee Y, Gordon R H. 2005. tax structure and economic growth[J]. Journal of Public Economics,

89（5~6）：1027-1043.

Lewis B D. 2006. Local government taxation：an analysis of administrative cost inefficiency[J]. Bulletin of Indonesian Economic Studies，42（2）：213-233.

Malmquist S. 1953. Index numbers and indifference surfaces[J]. Trabajos de Estadistica，4（2）：209-242.

Merkert R，Hensher D A. 2011. The impact of strategic management and fleet planning on airline efficiency—a random effects Tobit model based on DEA efficiency scores[J]. Transportation Research Part A，45（7）：686-695.

Milligan K，Moretti E，Oreopoulos P. 2004. Does education improve citizenship? Evidence from the United States and the United Kingdom[J]. Journal of Public Economics，88（9）：1667-1695.

Mintz J. 2002. European company tax reform：prospect for the future；company taxation and the internal market[J]. CESifo Forum，3（1）：3-9.

Mintz J. 2003. Conduit entities：implications of indirect tax-efficient financing structures for real investment[J]. International Tax and Public Finance，11（4）：419-434.

Misiolek W S，Elder H W. 1988. Tax structure and the size of government：an empirical analysis of the fiscal illusion and fiscal stress arguments[J]. Public Choice，57（3）：233-245.

Mourougane A. 2007. Toward a more efficient taxation system in New Zealand[J]. OECD Economics Department Working Papers，（6）：251-254.

Plamondon R E，Zussman D. 1998. The compliance costs of Canada's major tax systems and the impact of single administration[J]. Canadian Tax Journal，46（4）：761-785.

Raghbendra J，Mohanty M S，Chatterjee S，et al. 1999. Tax efficiency in selected Indian states[J]. Empirical Economics，24（4）：641-654.

Raimondos-Moller P，Woodland A D. 2004. Measuring tax efficiency：a tax optimality index[C]. CESifo Working Paper，No. 1236.

Sah R K. 1983. How much redistribution is possible through commodity taxes?［J]. Journal of Public Economics，20（1）：89-101.

Shephard R W. 1970. Cost and Production Functions[M]. Princeton：Princeton University Press.

Slemrod J，Nikki S. 1984. The compliance cost of the U.S. individual income tax system[J]. National Tax Journal，37（4）：461-474.

Stanford C T. 1973. Hidden Costs of Taxation[M]. London：Institute for Fiscal Studies.

Vlassenko I. 2001. Evaluation of the efficiency and fairness of British，French and Swedish property tax systems[J]. Property Management，19（5）：384-416.

Warskett G，Winer S L，Hettich W. 1998. The complexity of tax structure in competitive political systems[J]. International Tax and Public Finance，5（2）：123-151.

Widmalm F. 2001. Tax structure and growth：are some taxes better than others?[J]. Public Choice，107（3~4）：199-219.

Zhou X，Li K W，Li Q. 2011. An analysis on technical efficiency in post-reform China[J]. China Economic Review，22（3）：357-372.